이건희의 **천하불패**
제일경영

초 판 1쇄 인쇄일 | 2014년 9월 20일
초 판 1쇄 발행일 | 2014년 9월 25일

**지은이** | 신동준
**펴낸이** | 하태복

**펴낸곳**    이가서
**주소**      경기도 고양시 일산서구 주엽동 81, 뉴서울프라자 2층 40호
**전화·팩스**  031-905-3503    031-905-3009
**홈페이지**   www.leegaseo.com
**이메일**     leegaseo1@naver.com
**등록번호**   제10-2539호

ISBN  978-89-5864-310-4  03320

# 이건희의 천하불패 제일경영

신동준 지음

이가서
Leegaseo publishing

삼성이 위기다. 2014년 초 갑자기 빚어진 총사령탑 이건희 회장의 건강 악화 때문이다. 이재용 부회장이 나름 선방하고 있기는 하나 '슈퍼 거인' 이 회장의 공석이 커 보이는 게 사실이다. 특히 이 회장의 건강 악화 이후 삼성군단의 주력군인 삼성전자의 영업이익이 어닝 쇼크를 보이면서 일각에서는 "삼성전자의 전성기는 끝났다."라는 성급한 우려마저 나올 정도다. 2013년 4분기 8조 원대로 회귀했다가 다시 9조 원의 벽을 넘지 못한 채 2014년 2분기에 7조 원대까지 떨어진 만큼 기우로만 치부할 일도 아니다.

고금을 막론하고 난세에는 지도자의 리더십이 더욱 중요하기 마련이다. 안방과 문밖의 구별이 사라진 21세기의 경제전에서 세계시장을 무대로 무한경쟁을 벌이고 있는 글로벌 기업의 경우는 더 말할 게 없다. 삼성은 단순히 하나의 기업에 그치고 있는 게 아니다. 한국의 경제를 좌우할 만큼 막대한 비중을 차지하고 있기에 이 회장의 건강은 국민들의 지대한 관심을 끌 수밖에 없다. 이 회장이 그간 국가총력전 양상을 보이고 있는 경제전에서 삼성군단을 진두지휘하며 부국강병의 견인차 역할을 수행했기에 많은 국민은 그의 쾌유를 진심으로 빌고 있다.

영국의 저명한 경제주간지 〈이코노미스트〉는 지난 2014년 5월 31일자 기사에서 이 회장의 와병 중에 삼성군단이 큰 혼란 없이 위기관리를 성공적으로 해나가는 배경을 분석해놓았다. 삼성은 이 회장의 뛰어난 리더십 덕분에 기업 문화 글로벌화, 성과 기반 보상시스템 구축, 외국인 채용 등을 배경으로 일본 모델을 극복하고 삼성 고유의 경영 모델을 구축할 수 있었다는 게 골자이다. 〈이코노미스트〉보도에 한 달 앞서 전격 단행된 삼성그룹의 심장 격인 미래전략실의 임원 인사는 '포스트 이건희 체제'의 포석이라는 해석이 나왔다. 분명한 것은 위기감이 극도로 치닫는 상황에서 전격 단행된 이번 인사로 안팎의 우려를 진화하는 데 나름 성공했다는 평이 나오고 있는 점이다. 이 부회장의 리더십이 간단치 않음을 엿볼 수 있는 대목이다.

그럼에도 일각에서는 여전히 이 회장이 설령 쾌유할지라도 과거처럼 뛰어난 판단과 초스피드의 결단으로 삼성군단을 이끌 것인지의 여부에 의문을 제기하고 있다. 여기에는 이 부회장이 과연 이 회장만큼 뛰어난 리더십을 발휘할 수 있을까 하는 우려를 담고 있다. 이런 우려가 설령 기우에 그칠지라도 감군監軍 차원에서 삼성군단을 진두지휘하고 있는 이 부회장의 선전이 절실히 요구되는 상황이다. 매사가 그렇듯이 유비무환의 자세로 임할 경우 득이 되면 됐지 실이 된 적은 없기 때문이다.

비상한 시기에는 비상한 방략이 필요하다. 나라 안팎의 경제상황이 심상치 않기에 삼성군단은 그 어느 때보다 심기일전心機一轉의 각오와 불퇴전不退轉의 정진이 절실하다. 이 부회장은 창업創業에 성공한 조부 이병철 전 회장과 뛰어난 수성守成으로 오늘의 삼성을 만든 부친이 회장의 리더십을 본받을 필요가 있다. 두 사람 모두 비상한 시기에 비상한 결단으로 삼성을 한 단계 더 위로 도약하게 만드는 데 결정적인 역할을 수행했다. 필자가 본서를 펴낸 이유다. 이 부회장을 비롯한 삼성그룹의 전 임직원은 물론 삼성의 놀라운 성장배경을 알고자 하는 모든 이에게 두 사람이 발휘한 '난세의 군주리더십'을 전하고자 한 것이다.

필자는 박사학위 취득을 전후로 수십 년 동안 춘추전국시대에 활약한 제자백가의 치국평천하 방략을 연구해왔다. 결론은 매우 간단하다. 난세에는 치세와 다른 난세만의 독특한 이치가 작동한다는 게 그것이다. 이를 간과한 채 만연히 치세의 리더십을 발휘하는 것은 패망을 자초하는 길이다. 한비자를 비롯한 법가와 손무를 위시한 병가 등이 이런 이치를 통찰했다. 필자가 지난 2010년 이 전 회장과 이 회장이 발휘한 '난세의 군주리더십'을 제자백가의 치국평천하 방략에 비춰 세밀히 분석한 《득천하 치천하》를 펴낸 이유다. 본서는 이 회장의 와병을 계기로 일부 내용을 수정한 개정판에 해당한다.

필자가 이번에 《득천하 치천하》의 개정판인 본서를 펴낸 것은 아직도 서구의 경제경영 이론을 금과옥조처럼 여기는 풍조가 만연해 있는 사실과 무관치 않다. 모든 것이 초고속으로 변화하고 있는 21세기 디지털시대에 이미 한물 간 서구 이론을 금과옥조로 삼고 있는 것은 매우 위험한 일이다.

21세기는 말 그대로 G1의 자리를 놓고 미국과 중국이 한 치의 양보도 없이 치열한 경쟁을 벌이는 G2시대이다. 하늘에 2개의 태양이 있을 수 없듯이 이는 일종의 과도기에 해당한다. 내로라하는 학자들 내에서도 전망이 엇갈리고 있으나 세상에 영원한 1등이 있을 수 없듯이 그간의 추세에 비춰 G1의 자리가 조만간 바뀔 것은 분명한 사실이다. 단지 시간이 문제일 뿐이다.

최근 미국의 미래학자인 나이스빗은 《차이나 메가트렌드》에서 민주주의는 서양 전래의 '수평민주주의' 말고도 동양 전래의 '수직민주주의'가 존재한다고 역설한 바 있다. '군주리더십'과 '민주리더십'은 결코 배치되는 개념이 아니라고 주장한 것이다. 사실 이는 이미 수천 년 전에 아리스토텔레스가 《정치학》에서 설파한 것이기도 하다. '사회주의 시장경제'에 기초한 중국의 비상은 '사회주의'와 '자본주의'는 양립할 수 없다는 서구의 기존 통념을 깨뜨린 대표적 사례에 속한다.

미국 내 일부 정치학자들도 이제 '미국식 민주주의'만이 옳다는 환상에서 깨어나 중국의 사례를 깊이 연구할 필요가 있다고 주장하고 있다. '군주리더십'에 대한 재평가의 필요성을 제기한 것이다. 사실 부강한 나라를 만드는 방도가 꼭 영미 식이어야 하는 것도 아니고 그럴 필요도 없다.

이미 '아이폰 돌풍'으로 상징되는 애플의 비상은 남을 좇아가는 것으로는 결코 1등이 될 수 없다는 사실을 새삼 상기시켜주고 있다. 1등도 결코 안심할 수 없다. 방심하는 순간 후발주자에 의해 이내 역전의 위기를 맞이하기 때문이다. 소니의 하청업체에서 출발한 삼성이 하드웨어 부문의 최강자로 우뚝 선 게 그렇다.

같은 맥락에서 삼성도 결코 안심할 수 있는 상황이 아니다. 기민하게 대처치 못할 경우 이내 애플과 구글 등이 선도하고 있는 소프트웨어는 말할 것도 없고 그간 절대왕자로 군림해온 하드웨어 부문에서조차 후 발주자에게 추월당할지 모를 일이다. 이 회장의 와병 이후 이런 우려의 목소리가 부쩍 높아지고 있다. 끊임없는 자강불식自强不息이 요구되는 이유다. 이 회장의 리더십을 상징하는 이른바 '삼성웨이'는 현재 전 세계 글로벌 기업의 바람직한 CEO리더십 모델로 각광을 받고 있다. 많은 전문가들이 동의하고 있듯이 '삼성웨이'는 이건희 회장의 탁월한 '인간경영' 토대 위에서 나온 것이다. 이는 동양고전에 대한 깊은 이해가 있기에 가능했다는 게 필자의 판단이다.

《논어》와 《주역》, 《춘추좌전》, 《사기》, 《삼국지》, 《자치통감》, 《정관정요》 등 주옥같은 동양고전 모두 어떻게 해야 '인간경영'에 성공할 수 있는지를 많은 사례를 들어 상세히 보여주고 있다. 그런 점에서 '인간경영'을 중시한 동양3국의 역사문화 전통은 21세기 경영전략의 보고에 해당한다. 동양고전에 대한 깊이 있는 탐색이 요구되는 이유다.

저간의 상황은 새삼 동양3국의 역사문화 전통에 대한 깊이 있는 탐색을 주문하고 있다. 본서는 동양고전을 토대로 이병철 전 회장과 이건희 회장의 '인간경영' 리더십을 정밀 탐색한 최초의 저서에 해당한다. 빌 게이츠 및 스티브 잡스를 '롤 모델'로 삼고 있는 서구의 접근방식과는 다른 각도에서 바람직한 21세기 글로벌 기업의 CEO리더십 모델을 찾고자 한 것이다. 본서의 출간을 계기로 동서양의 구분을 뛰어넘는 바람직한 21세기 기업CEO 리더십에 대한 학계 및 업계의 활발한 논의가 전개되길 기대해본다.

    끝으로 본서는 전·현직 대통령을 포함해 모든 사람의 직함을 일체 생략했음을 밝혀둔다. 이는 전적으로 객관성을 높이려는 의도에서 나온 것이다. 결코 당사자들의 명예를 조금이라도 손상케 하려는 의도가 아니라는 점을 널리 양해해주기 바란다.

2014년 가을 학오재<sub>學吾齋</sub>에서 저자가 쓰다

서문 · 004
들어가는 글 : 인간경영 · 014

 상도商道 리더십

❶ 天천下하 經경營영 – 홍익인간으로 천하를 품다　　029
홍익인간 정신과 유상儒商　　031
중농과 중상　　034
청해진과 세계경영　　038
기술 일본과 후발국 한국　　041

❷ 報보國국 經경營영 – 사업보국에서 목표를 찾다　　045
사업과 보국　　047
국력과 기업인의 사명　　051
위국위민과 부국부민　　054
마르크스와 공자　　057

❸ 人인 本본 經경 營영 – 인본주의로 인재를 구하다　　063
일자리 창출과 천재구국론　　065
천재경영의 실체　　070
인본 · 민본 · 민주　　072
이건희와 빌 게이츠　　078
인재경영과 인간학　　080
득인과 삼고초려　　084
용인과 유재시거　　087
메기론과 우언寓言경영　　095

④ 正정道도經경營영 - 일석오조로 상생을 꾀하다     099

달동네와 **일석오조론**     101

국시와 **사시**     105

발렌베리와 **삼성**     110

대기업과 **중소기업**     114

법 논리와 **도의적 책임**     120

기름유출과 **윤리경영**     127

## 2부   상략商略 리더십

❶ 知지識식經경營영 - 중지수렴으로 정보를 얻다     133

지식과 **정보**     135

목계와 **지식경영**     139

목계 연마와 **실천**     142

중지와 **지식정보**     145

❷ 創창造조經경營영 - 기화가거에서 앞날을 읽다     153

여불위와 **스티브 잡스**     155

애플과 **삼성**     159

지·행·용·훈·평과 **창조경영**     163

세종과 **창조경영**     169

❸ 革혁新신經경營영 - 마불정제로 마음을 다잡다     175

마불정제와 **자강불식**     177

고식양간과 **프랑크푸르트 선언**     183

칩거와 **사자후**     192

창조적 파괴와 **혁신경영**     196

도전과 **응전**     199

자폐와 **개방**     202

오너십과 **결단**     207

**④ 體**체 **系**계 **經**경 **營**영 - 상하소통으로 터를 다지다     213

합리경영과 **체계경영**     215

빅딜과 **체계경영**     219

삼성웨이와 **체계경영**     222

소통경영과 **체계경영**     226

복합경영과 **체계경영**     232


**⑤ 自**자 **律**율 **經**경 **營**영 - 무위지치로 군령을 세우다     237

만기친재와 **자율경영**     239

벤허와 **자율경영**     242

목계와 **무위지치**     246

무노조와 **자율경영**     252

계급투쟁과 **무노조**     256


**⑥ 戰**전 **略**략 **經**경 **營**영 - 신상필상으로 진을 펼치다     259

현장경영과 **위기 리더십**     261

전략과 **전술**     268

신상필상과 **인센티브**     272

패자부활의 **용인술**     277


**⑦ 速**속 **度**도 **經**경 **營**영 - 속전속결로 자웅을 겨루다     283

벌본갈원과 **골드러시**     285

반도체와 **속도전**     290

결단과 **속도**     294

동풍과 **군자쾌쾌**     298


**⑧ 攻**공 **擊**격 **經**경 **營**영 - 왕패병용으로 기선을 잡다     301

경제와 **경영**     303

공격과 **수비**     307

궤도와 **공격경영**     314

# 3부 상혼商魂 리더십

**① 品품質질 經경營영** – 천하명품으로 시선을 모으다    325

품질과 **상혼**    327
격물치지와 **기술중시**    330
연수원과 **연구개발**    336
리콜과 **복귀**    341
잡스와 **이건희**    344

**② 顧고客객 經경營영** – 고객제일로 감동을 자아내다    347

갑과 을의 **역전**    349
기업흥망과 **고객**    353
장파인간과 **서비스화**    357

**③ 品품位위 經경營영** – 일등삼성으로 위신을 높이다    361

브랜드와 **품격**    363
브랜드가치와 **스포츠 마케팅**    369
노렌과 **상호**    375

**④ 文예化술 經경營영** – 문화입국으로 향기를 남기다    379

21세기와 **인문학**    381
여성과 **예술경영**    385
여성관의 **왜곡**    389
디자인과 **예술경영**    393
동양의 '우미'와 **예술경영**    398
상혼과 **한국문화의 결합**    404
삼성웨이와 **문화입국**    407

나오는 글 : 동풍東風과 서풍西風 · 409
참고문헌 · 415

# 디지털시대와
# 인간경영


한국의 전자산업을 대표하는 글로벌 기업을 꼽으라면 단연 삼성과 LG를 들 수 있다. 양자는 출발 때부터 상호 앞서거니 뒤서거니 하면서 선의의 경쟁관계를 이어가고 있다. 마치 일본의 도요타와 혼다가 치열한 국내경쟁을 통해 경쟁력을 강화하면서 세계 자동차시장에서 상호 점유율을 키워가는 것에 비유할 만하다. '최고의 스승은 라이벌' 이라는 속언이 절로 상기되는 대목이다.

두 회사의 '인재경영' 을 둘러싼 각축전도 볼거리다. 삼성이 성취한 인재경영의 산 증인을 꼽으라면 비록 박근혜 정부가 들어서면서 국가지식재산위원회 위원장으로 자리를 옮겼지만 한때 삼성의 상임고문으로 활약한 윤종용을 들 수 있다. 1944년생인 윤종용은 경북사대부고와 서울대 전자공학과를 거쳐 미국 매사추세츠 공과대학원을 나온 엘리트다. 이건희의 핵심측근으로 분류되고 있는 그는 원래 1980년대 중반 삼성의 핵심사업인 VCR의 높은 불량률로 인해 이병철로부터 여러 차례 질책을 받고는 현대전자로 옮긴 적이 있다. 이건희는 회장 취임 직후 그를 다시 불러들였다. 일단 삼성을 떠난 사람은 결코 다시 쓰지 않은 이병철의 용인술에 익숙했던 임직원들이 경악한 건 말할 것도 없다. 결국 그는 IMF환란 때 성공적인 구조조정을 주도함으로써 삼성전자를 한 단계 도약시키는 대공을 세웠다. 그는 이건희가 구사하는 '인간경영'의 놀라운 성과를 생생히 보여주고 있는 산 증인에 해당한다.

윤종용에 대한 LG의 맞수로는 LG유플러스의 사령탑을 맡고 있는 이상철을 들 수 있다. 윤종용보다 4세 어린 그 역시 경기고와 서울대 전기학과를 나와 미국 듀크대에서 전자공학 박사학위를 취득한 엘리트 공학도다. 한국전기통신공사 사장과 정보통신부 장관, 광운대 총장 등을 역임하다 2009년 말에 통합 LG텔레콤 대표이사로 영입됐다. 그는 자타가 공인하는 당대 최고의 정보통신기술 이론가로 꼽히고 있다.

윤종용은 지난 2010년 6월 부산에서 막을 올린 하계 대학 총장세미나에 참석해 '대학의 초일류화와 창의적 인재양성'이란 기조발표를 통해 이같이 역설한 바 있다.

"과거 IMF환란 당시 이를 극복한 후 삼성전자를 어떻게 할지 늘 고민했는데 결국 21세기는 디지털시대로 변한다는 판단 하에 연구개발 인력을 2배 이상 늘린 것이 현재의 성공에 크게 기여했다. 과거에 대학은 패러다임의 변화를 이끌었지만 지금은 여기에 뒤따라가고 있다. 이제 디지털시대로의 변혁기를 맞아 창의성과 적응력 등을 갖춘 인재를 길러내야 한다. 디지털시대에는 인재와 기술, 정보, 스피드가 중요하다. 대학이 다시금 사회의 변화를 가장 잘 아는 통찰력과 지혜를 지닌 집단이 되어야만 한다."

이제 지식의 암기보다는 창의성, 상황대처, 의사소통, 리더십 등에서 뛰어난 인재가 필요한 까닭에 21세기 경영에서 가장 중요한 자원인 인재를 육성하는 대학이 다시 분발해야 한다고 촉구한 것이다. 이는 대학이 상아탑이라는 과거의 틀 속에 안주하며 사회의 '리더'가 아닌 '팔로워'에 그치고 있는 현실을 질타한 것이기도 하다.

비슷한 시기에 이상철도 〈중앙일보〉 오피니언 칼럼을 통해 유사한 내용을 주장해 디지털시대의 요체가 '인재경영'에 있다는 사실을 거듭 상기시켰다. 그는 이 칼럼에서 2010년 이후 경제전쟁의 성패를 좌우할 정보통신기술의 요체로 4가지 트렌드를 들었다.

첫째, '융합Convergence'이다. 이는 의료, 건강, 교육, 관광 등 대부분 서비스가 정보통신기술과 융합해 급속히 발전하고 있는 현상에 주목한 것이다. 그는 인터넷에서 정보를 찾아주는 '검색엔진'이 점차 퇴조하고 소위 '두 엔진Do Engine'이 대안으로 나온 것을 예로 들고 있다. 실제로 지금은 인터넷이 스스로 다양한 정보를 검색하고 융합해 사용자가 원하는 결과를 찾아 명령까지 수행하고 있다. 주변의 소문난 일식집을 검색하면 '두 엔진'은 지리적으로 가장 가까우면서 사용자가 종전에 자주 찾은 정보까지 종합해 특정 식당에 예약까지 해주는 게 그 실례다. 그는 이를 '융합의 자동화'로 규정했다.

둘째, '간명화Smarting'다. 이는 정보통신기술이 급속히 발전하면서 새로운 효율과 가치를 만들어가고 있는 상황에 주목한 것이다. IBM은 '스마트 시티'를 기치로 내걸고 교통 · 운송 · 전력시스템과 상 · 하수도 등을 디지털화해 도시효율을 극대화한 방안을 제시한 바 있다. 과거 이명박 정부도 지능형 전력망인 소위 '스마트 그리드'를 포함해 20여 가지 '스마트 SOC' 사업을 국책 과제로 추진했으나 소기의 성과를 거두지 못했다. 박근혜 정부는 미래창조과학부를 신설해 유사한 사업을 추진하고 있으나 아직 그 성과는 미미한 실정이다. 당시 이상철은 조만간 똑똑한 기계가 반란을 일으켜 인간을 지배하는 할리우드 공상과학 영화가 현실로 나타날지도 모른다는 전망을 내놓아 사람들을 놀라게 했다. 목도하는 바와 같이 그의 말이 점차 현실화하고 있다.

셋째, '개방혁신Open Innovation'이다. 이는 모든 기술을 혼자 끌어안고 가기보다는 널리 개방해 많은 사람이 참여토록 함으로써 훨씬 효율적인 혁신을 이뤄나가고 있는 점에 주목한 것이다. 그는 애플이나 구글이 전 세계 개발자에게 문호를 개방해 수십만 개의 응용 프로그램을 만든 것을 예로 들고 있다. 사실 전 세계의 모든 사람이 자발적으로 참여해 해결책을 찾는 위키피디아는 이미 '한 사람의 천재보다 1억 명의 보통 사람이 더 똑똑하다'는 사실을 극명하게 보여주고 있다. 그는 시대에 뒤떨어진 사례로 미국의 벨연구소나 항공우주국NASA을 들고 있다. 한때 세계 최고의 신기술 제조창으로 명성이 높았지만 이제는 원자폭탄 설계도조차 인터넷에서 쉽게 구할 수 있는 정보의 보편화로 인해 '폐쇄혁신'의 늪에서 빠져나오지 못하고 있다는 것이다. 정반대로 과학기술에서 상대적으로 뒤처진 것으로 알려진 중국이 지난 2013년 6월 유인우주선 신주 10호의 우주정거장 자동도킹에 성공했다. 세상이 하루가 모르게 바뀌고 있다는 증거다.

넷째, '인본주의Humanism'다. 이는 과거처럼 물건을 만드는 사람을 기준으로 하는 것이 아니라 이를 구입하는 고객의 관점에서 그들의 편의성을 감안해 물건을 만드는 것에 주목한 것이다. 그는 탁월한 '사용자 인터페이스'를 자랑하는 애플의 아이폰을 대표적인 예로 들었다. 아이폰이 여타 스마트폰을 제압할 수 있었던 것은 제품이나 서비스에 인간 중심의 감성적인 면을 부각시킨 결과라는 것이다.

그는 전 세계 네티즌을 열광시키고 있는 '트위터'와 '페이스북'을 그 백미로 꼽고 있다. 현재 '트위터'는 이를 사용하는 개개인들로 하여금 마치 거대한 네트워크의 주인이 된 듯한 착각을 불러일으킬 정도로 폭발적인 인기를 얻고 있다. '트위터'도 수억 명의 가입자들과 그들의 추종자들이 열린 네트워크 속에서 상호 신속히 정보를 주고받는 거대한 정보 사랑방으로 자리잡아가고 있다. '위계적 소통' 대신 '분산 소통'을 택함으로써 성공을 거뒀다는 게 그의 분석이다.

통상 '인간주의' 내지 '인문주의'로도 번역될 수 있는 '인본주의'를 두고 그는 소위 '인간 중심주의'로 규정하고 있다. '인간경영'의 중요성을 강조하려는 취지인 듯하다. 그는 21세기 정보통신기술 시대의 요체가 바로 여기서 결판난다고 단언하고 있다. 하드웨어와 소프트웨어의 융합으로 인한 정보통신 분야의 지각변동 상황을 이처럼 일목요연하게 정리한 것은 찾아보기 힘들다. 많은 사람들이 LG의 앞날을 밝게 보는 것도 이와 무관치 않을 듯싶다.

사실 불확실성이 더욱 높아지고 있는 미래는 스스로 만들어가는 자의 것이다. 정보통신기술 강국의 꿈은 누구나 꿀 수 있으나 이는 스티브 잡스처럼 창조적으로 생각하는 사람만이 이룰 수 있는 것이다. 유연한 사고와 폭넓은 인문학 교양을 지닌 CEO가 절실히 요구되는 이유다. 2010년을 강타한 아이폰 돌풍을 반면교사로 삼을 수만 있다면 삼성과 LG도 능히 유사한 성공을 거둘 수 있다.

# 목계와
## 인간경영

현재 이건희 회장은 비록 와병 중이지만 삼성이 잘 나갈 때마다 이른바 '위기론'을 들먹이며 임직원의 긴장감을 자극한 것으로 유명하다. 현실에 안주할 경우 이내 추락하게 된다는 사실을 통찰한 결과다. 특히 정상에 서 있는 경우는 더욱 그렇다. 개인이든 국가든 잘 나갈 때가 가장 위험하다. 그는 분기마다 경이적인 실적을 올리던 2010년 벽두에 이같이 경계한 바 있다.

"지금 국내도 그렇고 국제적으로도 그렇고 기업뿐 아니라 모든 분야에서 항상 자기 위치를 쥐고 가야만 앞으로 '변화무쌍한 21세기'를 견뎌낼 수 있다."

그가 지난 2010년 3월에 '절체절명의 위기'를 언급하며 23개월 만에 복귀한 건 바로 안팎의 이런 우려가 반영된 결과였다. 당시 일부 언론은 그의 복귀를 '한국의 스티브 잡스 귀환'으로 비유하기도 했다.

그러나 영국의 경제주간지 〈이코노미스트〉는 매우 비판적으로 보았다. '재벌의 난제'라는 논평을 통해 향후 삼성이 중소기업의 육성에 발 벗고 나설 것을 주문한 게 그 실례다. 그럼에도 '군주의 귀환' 제목의 다음 분석 기사는 약간 문제가 있다.

"이 회장의 복귀는 서구식 기업경영 도입 흐름을 거꾸로 되돌리는 것으로 보인다. 이는 LG처럼 더 투명한 지주기업 구조를 받아들일 여지를 없애는 것이다. 도요타의 가족경영 방식이 장점이 될 수도 있지만 엄청난 단점이 될 수도 있다는 최근의 교훈을 외면한 듯하다."

이는 그의 리더십을 극히 부정적인 의미의 '제왕적 경영'으로 규정한 데 따른 것이다. 그러나 '제왕적 경영'은 동양 전래의 역사문화 전통에 비춰볼 때 오히려 바람직한 면이 있다. 위기상황에서는 더욱 그렇다. 강력한 추진력과 단호한 결단이 요구되기 때문이다.

서양도 위기상황에서는 별반 다르지 않았다. 영어 '딕테이터'의 어원인 라틴어 '딕타토르'는 원래 로마가 게르만족과의 전쟁에서 승리를 거두기 위해 카이사르를 '독재관獨裁官'으로 임명한 데서 나온 말이다. 로마군의 총사령관으로서 독자적인 판단에 따라 전쟁을 수행하라고 주문한 것이다. 요즘의 '독재자' 뜻과는 뉘앙스가 사뭇 다르다.

주목할 건 19세기 초 프랑스 혁명군에게 형편없이 무너진 프로이센과 러시아가 20세기 초까지 군주정을 유지한 점이다. 이는 앞서 나가는 영국과 프랑스를 따라잡기 위해서는 '카이저'와 '차르'의 강력한 영도 아래 체계적인 개혁을 추진할 필요가 있다고 판단한 결과였다. '카이저'와 '차르'는 각각 '카이사르'의 독어 및 러시아어 철자법에 따른 발음으로 '황제'를 뜻한다. 이들의 이런 전략이 주효한 건 말할 것도 없다.

일본이 메이지유신 이후 강대국으로 발돋움하게 된 것도 바로 영국이나 프랑스 대신 프로이센의 개혁방식을 도입한 데 따른 것이었다. 빈국으로 분류되던 중국이 덩샤오핑의 개혁개방 이래 비약적인 성장을 거듭한 끝에 마침내 'G2'의 반열에 오르게 된 것도 마찬가지다. 〈이코노미스트〉의 '서구식' 운운은 대영제국 시절의 편견에 지나지 않는다. 실제로 이런 잣대로는 21세기 동북아 지역의 역동적인 현상을 제대로 설명할 길이 없다.

동서고금을 막론하고 경제는 정치와 구분된 적이 없고 구분돼서도 안 된다. 나라의 근간이 흔들리기 때문이다. 이는 동양에서 경제를 '세상을 다스리고 백성을 구제하다.' 뜻의 '경세제민經世濟民'으로 풀이한 사실이 뒷받침한다. 《논어》의 '위정爲政'이 '위국위민爲國爲民'으로 해석되는 것과 같은 취지다. '위국'의 주류는 정치, '위민'은 경제이다. 그러나 주된 역할의 차이만 있을 뿐 '위국위민'의 기본취지에서는 하등 다를 바가 없다.

21세기 현재 '위국위민'의 선봉 역할을 수행하는 엘리트 집단은 삼성과 같은 초일류 글로벌 기업에 투신해 전 세계를 무대로 뛰는 '비즈니스맨'들이다. '위국위민'의 관건이 '부국부민富國富民'이기 때문이다. 정치인과 관료, 군인은 '부국부민'을 토대로 한 '강국강병强國强兵'의 당사자일 뿐 '부국부민'의 주체는 아니다. 이들은 '부국부민'의 선봉 격인 이들 '비즈니스맨'이 내는 세금에 의지해 살아가는 자들이다. 맡은 바 직무에 충실해야 하는 건 물론 단 한 푼의 '혈세'도 허투루 쓸 수 없는 이유다. 실제로 과거의 제왕은 수라상에 오른 음식을 단 하나도 허투루 버리지 못하게 했다.

21세기에 들어와 '혈세'를 가장 많이 내는 주체는 말할 것도 없이 삼성 및 LG 등과 같은 초일류 글로벌 기업들이다. 이를 가능케 한 건 이들 회사에

봉직하고 있는 '비즈니스맨' 들이다. 특히 삼성의 '비즈니스맨' 들이 보여주는 활약은 눈부신 바가 있다. 현재 삼성은 세계시장에서 TV와 LED, D램 반도체 등 11개 품목에서 부동의 1위를 달리고 있다. 그러나 아직 갈 길이 멀다. 원천기술도 확보해야 하고 아이폰 돌풍이 보여주듯이 소프트웨어를 주요 무기로 내세운 애플과 구글 등의 위협도 미연에 제압할 필요가 있다.

이건희 회장도 이런 사실을 숙지하고 있음에 틀림없다. 그가 던진 소위 '구멍가게론' 이 그 증거다. 2010년 초 그는 미국 가전제품 박람회를 둘러보던 중 미래사업 준비상황을 묻는 기자들의 질문에 이같이 답했다.

"아직 멀었다. 10년 전에 삼성은 지금의 5분의 1 크기의 구멍가게 같았다. 까딱 잘못하면 지금의 삼성도 그렇게 된다."

이는 《주역》에서 말하는 '자강불식' 의 자세와 통한다. 겸허한 자세로 부단히 스스로를 채찍질하며 앞으로 나아간다는 뜻이다. 경영일선에서 물러난 후 내공이 더 쌓인 게 분명하다. 그의 '자강불식' 자세는 기본적으로 선친이 내려준 좌우명과 무관치 않다.

아호가 '호암湖巖' 인 삼성의 창업주 이병철은 생전에 업계의 라이벌이었던 현대의 창업주 정주영과 함께 '제왕적 경영' 을 한 것으로 유명하다. 그러나 그 내막을 들여다보면 적잖은 차이가 있다. '아산峨山' 을 아호로 삼은 정주영은 말 그대로 가파른 산과 같은 개척자의 삶을 살고자 했다. 중후장대重厚長大로 표현되는 선박과 자동차 등을 주력 사업으로 삼고, 말년에 비록 실패하기는 했으나 대권에 도전하는 등의 기행을 보인 게 그 증거다.

이에 반해 이병철은 '호암' 이 암시하듯이 그림자를 드리운 호숫가의 바위처럼 주변과 혼연일체가 된 군자의 삶을 살고자 했다. 그가 정밀한 기술을 요하는 경박단소輕薄短小의 전자제품과 반도체 등을 핵심 사업으로 삼고 시끄러운 정치와 일정한 거리를 유지한 게 이를 뒷받침한다. 아들 이건희에게 남의 말을 열심히 들으라는 취지의 경청傾聽과 '사업보국'의 외길을 의연하게 걸어가라는 취지의 목계木鷄를 좌우명으로 내려준 것도 이런 맥락에서 이해할 수 있다.

'목계' 일화는 《장자》〈달생〉편과 《열자》〈황제〉편에 나온다. 시기적으로 볼 때 《열자》가 앞선다. 이에 따르면 하루는 주나라 대부 기성자가 투계鬪鷄를 좋아하는 주선왕을 위해 싸움닭을 길렀다. 열흘 후 왕이 물었다.

"닭을 이제 싸움판에 내놓을 만한가?"

"아직 안 되었습니다. 헛되이 교만하여 자기 기운만 믿는 상태입니다."

열흘 후 다시 물었다.

"아직 안 되었습니다. 다른 닭만 보면 싸우려 드는 상태입니다."

열흘 후 또 물었다.

"아직 안 되었습니다. 상대방을 노려보며 기운이 성한 상태입니다."

열흘 후 재삼 묻자 마침내 이같이 대답했다.

"다 됐습니다. 닭이 비록 주변의 변화에 민감하게 반응해 소리를 내지르는 짐승이라고는 하나 이제 변화가 없게 되었습니다. 저 놈을 바라보면 마치 '목계'와 같습니다. 다른 닭들이 저 놈을 보면 감히 도전하지 못하고 이내 꽁지 빠지게 달아나고 있습니다."

'목계'는 외부의 크고 작은 변화에 아랑곳하지 않고 의연하게 자신이 나아가야 할 길을 걸어가는 지인知人을 상징한다. 이건희의 '자강불식'

행보와 닮았다. 이건희는 고비 때마다 삼성의 영빈관인 승지원承志園에 들어가 숙고를 거듭한 뒤 결단해 난관을 돌파한다. 선친이라면 과연 어떻게 판단했을지 끊임없이 물은 결과다. '사업보국'의 유지遺志를 잇는다는 뜻의 '승지원' 이름이 빛을 발하는 대목이다.

실제로 현재 이건희가 평소에 보여주는 리더십의 덕목은 '경청'과 '목계'의 범주에서 벗어나지 않는다. '경청'은 먼 미래를 내다보는 원모遠謀와 사안의 본질을 꿰뚫어보는 식견識見, 상식의 허를 찌르는 독보적인 창견創見 등으로 나타나고 있다. '목계'는 신속하면서도 통이 큰 과단果斷과 일단 결단하면 반드시 일을 성사시키고야 마는 투지鬪志, 스스로를 쉼 없이 채찍질하며 전진하는 '자강불식'의 덕목 등으로 표출되고 있다.

그가 '국내에서 가장 영향력 있는 인물'에 선정된 것도 이런 행보와 무관치 않을 것이다. 최근 디아지오 코리아가 성인 남녀 4천여 명을 대상으로 실시한 여론조사에서 그는 12% 지지율로 1위에 선정됐다. 이 조사에서 해당 인물이 아예 '없다'는 응답자가 2위를 차지했고, 3위 이하는 모두 5% 미만으로 나타났다. 국민들이 그에 대해 거는 기대가 어느 정도인지를 짐작케 해주는 대목이다.

'거시사'의 관점에서 볼 때 삼성이 장차 소프트웨어마저 석권할 경우 이는 아편전쟁 이래 근 200년 만에 동양이 세계경제의 주도권을 되찾아오는 상징적 사건이 된다. 그런 점에서 그간 그가 보여준 일련의 행보는 '대순소자大醇小疵'로 요약할 수 있다. 전체적으로 순수한 까닭에 과거의 작은 하자는 크게 문제 삼을 게 없다는 뜻이다. '삼성비자금사건'과 같은 '소자'를 문제 삼아 '사업보국'의 '대순'마저 부정하는 건 빈대 잡으려다 집에 불을

놓는 격이다.

　앞으로도 그가 '목계' 노선을 변함없이 견지하면 그에 대한 지지는 더욱 올라갈 것이다. 격변하는 21세기 동북아를 제대로 파악하고자 하면 삼성을 알아야 하고, 그러기 위해서는 사령탑인 이건희의 리더십부터 알아야 한다는 주장이 설득력을 지니는 이유다. 필자가 그의 '제왕적 경영'에 대한 재해석을 시도한 것도 바로 이 때문이다.

# 1부

# 상도商道 리더십

그는 기업이 인류와 국가에 공헌하는 방법은 정치방식과 다르다고 생각했다. '천하경영'과 '보국경영' 차원에서 보면 기업은 크게는 질 좋은 제품을 싸게 널리 공급해 인류의 이용후생利用厚生에 도움을 주고, 작게는 나라와 종업원에게 많은 세금과 임금을 지급해 국가재정과 가계경제에 기여한다.

홍익인간으로
천하를 품다

"기업인에게 필요한 덕목은 무엇인가? 사회지도층 인사에게 선비정신이 있다면 기업인에게도 널리 인류에 도움이 되고자 애쓰는 홍익인간의 정신이 있다. 사회지도층 인사와 기업경영자 모두 선비정신과 홍익인간의 이념을 앞장서서 구현해 나아가야 할 의무가 있다. 이제 우리 기업도 세계적 기업으로 커나아가기 위해서는 우리 정서 속에 면면히 흐르는 홍익인간의 이념을 정신적 기둥으로 삼고, 경영력과 기술력으로 당당히 승부하려는 각오를 다져야 한다."

# 홍익인간 정신과
# 유상儒商

    ▪▪▪▪ 현재 세계의 언론은 삼성의 '갤럭시 시리즈'와 애플의 '아이폰 시리즈'의 대결을 '세기의 대결'로 표현하고 있다. 지금은 비록 유명을 달리했으나 애플의 창업주 스티브 잡스는 아이폰을 처음 출시했을 때 검은 티셔츠와 청바지를 입고 연단에 올라 "아이폰을 한 번 사용해보면 다른 휴대폰으로 돌아갈 수 없을 것이다."라고 호언한 바 있다. 당시 삼성의 대응은 점잖은 편에 속했다.

"삼성의 휴대폰 제조 20년 역사가 녹아든 슈퍼 스마트폰이다."

지금 삼성은 비록 하드웨어 부문에서 세계 최강을 자랑하고 있지만 모바일 운용체계OS와 애플리케이션 분야에서는 아직도 애플에 크게 밀리고 있는 게 사실이다. 프로세서, 화질, 처리속도, 멀티미디어 시스템, 배터리 등 하드웨어 차원을 넘어 애플의 시장 지배력이 돋보이는 애플리케이션과 디자인 부문까지 크게 보강했지만 여전히 뭔가 2%가 부족하다. 지속적인 지원과 분발이 요구되는 대목이다. 현재 '갤럭시S'는 슈퍼 애플리케이션, 슈퍼 아몰레드, 슈퍼 디자인 등 소위 '3S'로 요약되고 있다. 삼성의 자부심과 '타도 애플'의 취지가 선명히 드러나는 대목이다.

아직 스마트폰시장에서 전개될 두 거인의 승패를 예단하기는 이르다. 많은 전문가들은 누가 하드웨어와 소프트웨어를 유기적으로 결합시킨 최적의 모델을 빨리 만들어낼 수 있느냐에 따라 희비가 엇갈릴 것으로 보고 있다. 최근에는 새로운 복병이 등장했다. '좁쌀'을 뜻하는 중국의 토종업체 샤오미小米 등의 급부상이 그렇다. 비록 중국시장에 한정되기는 했으나 2014년 상반기에 삼성과 애플을 제치고 모바일 시장에서 1등을 차지했다. 삼성의 입장에서는 안팎으로 위기에 처한 셈이다. 삼성은 이런 안팎의 위기를 극복해야만 진정한 챔피언이 될 수 있다. 21세기 IT시장에서 과연 누가 '진정한 패자覇者'가 될지의 여부에 세계인의 관심이 쏠리는 이유다.

미래학자들은 이구동성으로 21세기는 한·중·일 3국을 중심으로 한 아시아의 시대가 될 것이라고 말하고 있다. 이는 헌팅턴이 《문명충돌》에서 강조한 것과 대비된다. 인류의 역사를 개관하면 충돌보다는 공영을 택해왔다고 보는게 타당하다. 과거와 현재는 물론 미래 역시 이런 흐름에서 크게 벗어나지 않을 것이다.

삼성이 '홍익인간弘益人間'을 기업 존재의 제1의第一義로 내세우는 것도 이런 맥락에서 이해할 필요가 있다. 이는 이병철의 소신이기도 했다. 지난 1997년 호암재단이 펴낸 《호암어록》에 따르면 그는 평소 이같이 말하곤 했다.

"기업의 궁극적 목적은 크게는 인류의 행복을 증진시키는 홍익인간에 있고, 작게는 나라에 보답하고 국민을 위하는 보국위민報國爲民에 있다."

프랑스는 대혁명 이래 공화국 이념인 자유와 평등, 박애를 자랑스럽게 내세우고 있으나 박애는 홍익과 차원이 다르다. 박애는 단순히 인간을 두루 존중한다는 소극적인 의미에 그치나 '홍익'은 인류의 행복을 증진시킨다는 적극적인 의미를 지니고 있다. 이건희 역시 선친의 유지를 받들어 홍익인간의 정신을 구현하는 데 혼신의 노력을 기울이고 있다. 그는 지난 1997년에 펴낸 《생각 좀 하며 세상을 보자》에서 이같이 주장한 바 있다.

"기업인에게 필요한 덕목은 무엇인가? 사회지도층 인사에게 선비정신이 있다면 기업인에게도 널리 인류에 도움이 되고자 애쓰는 홍익인간의 정신이 있다. 사회지도층 인사와 기업경영자 모두 선비정신과 홍익인간의 이념을 앞장서서 구현해 나아가야 할 의무가 있다. 이제 우리 기업도 세계적 기업으로 커나가기 위해서는 우리 정서 속에 면면히 흐르는 홍익인간의 이념을 정신적 기둥으로 삼고, 경영력과 기술력으로 당당히 승부하려는 각오를 다져야 한다."

'홍익인간'의 정신을 구현하기 위해 스스로를 끊임없이 채찍질하는 '절차탁마切磋琢磨' 행보는 구도자의 모습을 방불하고 있다. 이는 군자의 길이다.

# 중농과
# 중상

•••• 성리학이 등장한 남송대는 가식의 시대였다. 사대부는 무릇 재물과 거리가 멀어야 한다는 그릇된 관념이 그 증거다. 남송대의 사대부는 '돈'이라는 단어를 입에 담는 것조차 비루하게 여겨 '그것'이라고 표현했다. 이는 기본적으로 《맹자》가 역설한 소위 정전법井田法을 최고의 경제정책으로 삼는 '중농주의'에 함몰된 결과였다. 아편전쟁 이후 동양이 '중상주의'에 충실했던 서구 열강에 일방적으로 패퇴한 배경이 바로 여기에 있다.

동아시아 전 역사를 통틀어 중상주의가 중농주의를 누르게 된 것은 20세기 이후의 일이다. 1950년대 마오쩌둥毛澤東이 앞장서 전개한 '대약진 운동'의 처참한 실패는 수천 년 동안 이어진 중농주의의 종언을 암시한 것이었다. 그러나 마오쩌둥은 죽을 때까지 이를 깨닫지 못했다. 1960년대 중엽에 다시 '문화대혁명'을 일으켜 중국을 혼란의 도가니로 몰아넣은 게 그 증거다.

중국이 덩샤오핑 이래 중상주의를 견지하고 있는 것은 중국의 전 역사를 통틀어 초유의 일이다. 원래 춘추전국시대만 해도 중상주의는 중농주의와 어깨를 나란히 했다. 《사기》〈화식열전貨殖列傳〉의 다음 대목이 그 증거다.

　"자공은 공자 제자 중 가장 부유했다. 그가 많은 수레에 속백束帛：나라 사이에 서로 방문할 때 공경의 뜻으로 보내던 예물을 들고 제후들을 방문하면 마당에 나와 항례抗禮：대등한 예절를 하지 않은 자가 없었다. 무릇 공자가 천하에 명성을 떨친 건 자공이 앞뒤를 보살폈기 때문이다."

　사마천이 역설했듯이 고금동서를 막론하고 부를 얻는 데 일정한 직업이 따로 있을 리 없다. 천하의 재화 또한 주인이 고정돼 있는 것이 아니다. 사업능력이 있는 자에게는 부가 집중되고, 우매하고 불초한 자에게는 부가 흩어지기 마련이다. 사마천이 학문을 닦으며 상업에 종사해 성공한 자공 등의 소위 '유상儒商'을 기린 이유다. 다음 대목을 보면 입만 열면 '인의仁義'를 떠벌이며 상업을 천시한 자들을 사마천이 얼마나 경멸했는지 쉽게 알 수 있다.

　"집이 가난해 명절이 되어도 제수를 마련할 길이 없고, 평소 음식과 의복을 스스로 조달할 길이 없는데도 부끄러워하지 않는다면 말할 가치조차 없다. 오랫동안 빈천하면서도 입만 열면 인의를 말하는 자들 또한 같다."

　이는 후대의 성리학자들과 정반대되는 모습이다. 조선조 북학파北學派들이 피폐한 나라 살림에도 불구하고 부국강병을 꾀하기는커녕 인의를 입에 달고 살며 공론이나 일삼는 사대부들에게 속히 상업에 종사해 국부 증진에 기여할 것을 역설한 것도 같은 맥락이다.

사실 전국시대만 해도 사·농·공·상의 사민四民 중 가장 높은 위치의 '사士'와 가장 낮은 위치의 '상商'은 비록 신분상의 차이는 있었지만 그 신분이 고정된 것은 아니었다. 그러던 것이 사마천이 활약하는 전한제국 초기에 들어와 오직 사만을 높이고 상을 천시하는 잘못된 풍조가 퍼지기 시작했다. 사마천이 의도적으로 〈화식열전〉을 따로 편제해 자공과 같은 유상을 높이 기리고 나선 이유가 여기에 있다.

그런 점에서 《논어》 등 고전을 탐독하며 홍익인간을 기업 존재의 제1의로 내세운 이병철과 이건희 부자는 유상의 21세기 버전인 소위 '상사商士'의 전형에 해당한다. 상사는 부단히 학문을 연마하며 부국부민에 매진하는 '비즈니스맨'을 뜻한다. 실제로 이건희는 자전적 에세이인 《생각 좀 하며 세상을 보자》에서 이같이 역설하고 있다.

"아직도 아프리카의 여러 나라는 20년 전이나 지금이나 변화도 진보도 없이 그대로인 상태에 있다. 이는 그 나라 지도자들에게 국민과 나라를 위한 '공인정신'과 '공복公僕정신'이 없기 때문이다. 풍요로운 세상, 행복한 삶을 만들어가는 데 기여하는 기업의 사명은 바로 홍익인간의 정신과 통한다."

삼성의 홍익인간정신은 '열린 민족주의'에 기초한 '세계주의'를 지향하고 있다. 이는 실천을 전제로 한 것이다. '열린 마음'과 '열린 시장'을 전제로 한 세계경영이 실현돼야만 진정한 사업보국을 이룰 수 있다는 사실을 통찰한 결과다.

대외의존도가 높은 우리나라는 해외통상을 하지 않고는 국부를 쌓을 길이 없다. 삼성전자는 외국인 지분율이 60퍼센트를 상회한 적도 있다. 적대적인 M&A 위협에 상시 노출돼 있었던 것이다. 실제로 지난 2003년에 외국계 펀드 소버린Sovereign이 SK의 경영권을 위협한 일도 있다.

삼성이라고 장차 이런 일이 일어나지 말라는 법도 없다. 국내 GDP의 20퍼센트를 차지하고 있는 삼성을 적대적인 M&A 대상으로 계속 방치할 경우 이는 국가적 재앙을 초래할 수도 있다는 뜻이다. 소버린이 SK 경영권을 위협할 때처럼 'SK주식 갖기 운동'을 뒤늦게 벌이느니 미리 유사한 움직임을 보일 필요가 있다. 관련법 개정을 서둘러야 하는 이유다.

# 청해진과
# 세계경영

    &#9642;&#9642;&#9642;&#9642; 홍익인간정신을 구현하기 위한 삼성의 노력은 크게 두 가지 형태로 나타나고 있다. '세계경영'과 '공영共榮경영'이 그것이다. 세계경영은 기본적으로 열린 마음과 열린 시장을 전제로 한 것이다. 이미 1970년대에 이병철은 이같이 말한 바 있다.

"이제는 삼성의 임직원은 국내시장만 바라보지 말고, 세계무대로 나아가 삼성의 깃발을 휘날리자."

홍익인간과 보국위민을 구체화하기 위해서는 부를 축적해야 하고, 이를 위해서는 지구 끝까지라도 달려가는 결의가 필요하다고 역설한 것이다. 이건희도 이를 통찰하고 있다. 다음과 같은 언급이 그 증거이다.

"과거 아시아는 서양을 따라가는 모방자였고, 서방의 정보를 받아들이는 수신자였다. 그러나 이제는 세계를 향해 정보를 보내는 발신자가 되어야 할 때이다."

매사가 그렇듯이 실천이 뒤따르지 않는 목표는 한낱 구호에 지나지 않는다. 이병철과 이건희가 공히 세계경영의 롤 모델로 삼고 있는 사람은 '해상왕 장보고'다. 지난 1980년대 초 이병철의 비서팀장을 맡았던 K씨는 이같이 증언한 바 있다.

"이 회장은 바다를 통해 중국·동남아까지 활발히 통상활동을 펼쳤던 장보고의 정신을 이어받아 해상무역을 적극 개척해야 한다고 여러 차례 강조했습니다."

우리나라에서 사상 처음으로 장보고를 해상왕으로 칭한 사람은 최남선이다. 그는 1929년 한 잡지에 기고한 글에서 장보고를 '신라 해운의 영광을 표상하는 천고千古의 위인'으로 기렸다. 장보고의 활약상은 당시 당나라에 유학했던 일본 승려 엔닌圓仁이 쓴《입당구법순례행기》에 자세히 나와 있다. 이를 영어로 번역한 라이샤워Edwin Oldfather Reischauer도 장보고를 '당·일본·신라에 걸친 해상 상업제국의 무역왕'으로 평했다.

장보고에 대한 이건희의 평가 또한 남다른 바가 있다.《생각 좀 하며 세상을 보자》에서 장보고의 해상무역을 이같이 기렸다.

"장보고의 지도력으로 이뤄진 국제해운과 삼각무역은 오늘날의 무역과 비할지라도 전혀 손색이 없다. 우리 민족은 지구상의 그 어떤 민족보다 우수했고, 국제적 감각 또한 탁월했다. 이런 우수한 민족이 어쩌다 우물 안 개구리가 되었고, 끝내 나라까지 두 동강으로 쪼개져버리고 말았는지 안타깝기 그지없다. 오늘의 경제전쟁에서 우리의 위치는 1000년 전 청해진을 세울 때와 비슷하다. 이런 때에 민족적 자부심으로 힘을 합쳐 제2의 청해진을 세울 필요가 있다."

현재 삼성은 그가 염원한 바대로 '제2의 청해진'을 이미 구축한 것이나 다름없다. 세계 각지에 퍼져 있는 방대한 규모의 해외지사가 그 방증이다. 이들 해외지사는 모두 사회공헌 활동에 적극적이다. 대표적인 곳이 세계 최대 시장인 중국에 설치된 '중국삼성' 이다. 산하의 모든 사업장은 '중국 국민에게 사랑받고, 중국사회에 기여하는 기업'을 슬로건으로 내걸고 있다. 활약도 눈부시다. 이미 중국 전역에 학교 100여 개를 세웠고, 매년 수천 명의 빈곤층 환자에게 개안시술을 지원하고 있다.

# 기술 일본과
# 후발국 한국

    ▪▪▪▪ '공영경영'을 삼성의 홍익인간정신이 구체화된 두 번째 사례에 해당한다. 이는 수레의 두 바퀴처럼 세계경영과 짝을 이루고 있다. 《호암어록》에 따르면 이병철은 생전에 세계 제1의 기술을 자랑하는 일본기업과의 긴밀한 제휴를 통해 공존공영을 꾀했다. 역사적으로 볼 때 한반도는 '가깝고도 먼 이웃'인 일본과 수천 년에 걸쳐 숱한 인연을 맺어왔다. 한국인 모두 일본에게만은 무슨 일이 있어도 결코 져서는 안 된다는 생각을 공유하게 된 것도 이런 역사적 배경에서 비롯된 것이다. 어렸을 때부터 일본에 유학하며 민족차별의 서러움을 겪은 이건희는 유독 이런 생각이 강하다. 삼성이 소니를 누른 정신적 근기根氣가 여기에 있다.

  그러나 일본은 결코 만만한 상대가 아니다. 요즘 중국에 추월당하기는 했으나 오랫동안 미국에 이어 세계 제2의 경제대국의 위세를 떨친 사실이 이를 뒷받침한다. 일본을 제압하기 위해서는 일본을 보다 철저히 연구할 필요가 있다. 이건희가 지금까지도 일본연구를 멈추지 않는 이유다. 《손자병법》의 '지피지기知彼知己' 행보에 해당한다.

주목할 대목은 수천 년 동안 아시아의 변방으로 존재하던 일본이 19세기 중엽에 메이지유신을 계기로 문득 동아시아, 아니 전 아시아를 통틀어 유일무이한 강대국으로 우뚝 선 점이다. 이병철은 생전에 세계 최고의 기술을 자랑하는 일본 내 라이벌 기업과의 적절한 공존이 오히려 더 크게 이기는 것이라는 사실을 통찰하고 있었다. 이건희가 최근 경영일선에 복귀한 후 라이벌 업체인 소니와 '적과의 동침'을 시도하며 제휴를 강화한 것도 같은 맥락이다.

삼성이 소니를 2등으로 거느리는 것은 '공영'을 꾀하면서 조직 내에 지속적으로 긴장감을 불러일으킬 수 있다. 세계시장을 독식할 요량으로 소니의 고사를 꾀할 경우 정반대의 양상이 빚어질 공산이 크다. 그런 점에서 삼성의 공영경영 기조는 높이 평가할 만하다. 《논어》〈옹야〉편에도 이를 뒷받침하는 일화가 나온다. 하루는 자공이 공자에게 물었다.

"만일 백성에게 널리 베풀어 많은 사람을 구제할 수 있는 사람이 있다면 어떻습니까, 가히 어질다고 할 수 있겠습니까?"

공자가 대답했다.

"어찌 어질다고만 말할 수 있겠는가. 반드시 성인일 것이다. 요·순도 오히려 그리 하지 못한 것을 근심했다. 인자仁者는 자신이 서고자 하면 남을 세우고, 자신이 통달코자 하면 남을 통달케 만든다."

공영을 토대로 한 군자 연마의 길을 제시한 셈이다. 라이벌 기업이 고사하면 단기적으로는 매출이 오르는 등 외견상 잘되는 것처럼 보인다. 그러나 이는 쇠망의 길이다. 파이 자체도 작아질 뿐 아니라 스스로도 나태의 덫에 걸릴 가능성이 크기 때문이다.

라이벌 기업이 존재해야만 오히려 서로 자극이 되어 뒤지지 않기 위해 부단히 노력하게 된다. 장기적으로 보면 이쪽이 훨씬 바람직하다. 역대 제왕들이 '내환內患'은 철저히 차단하면서도 '외우外憂'는 의도적으로 방치하는 듯한 모습을 보인 이유가 여기에 있다. 내부 결속용으로 활용하고자 했던 것이다.

역사적으로 볼 때 일본은 물론 중국 역시 우리나라의 영원한 외우일 수밖에 없다. 그러나 오히려 이를 잘만 활용하면 전화위복의 계기로 삼을 수 있다. 영국과 프랑스, 독일이 그 실례이다. 이들 3국은 서로 치열한 공방전을 벌일 때마다 국민을 하나로 단합시켜 부국강병의 결정적인 계기로 활용했다.

중국의 G2 부상은 일면 한반도에 대한 중국의 영향력 증대 위험을 예고하는 것이다. 그러나 우리가 하기에 따라서는 단군 이래 최대의 호황기를 맞이하는 계기로 만들 수도 있다. 위기는 곧 기회의 또 다른 얼굴이기도 하기 때문이다. 모든 것은 하기 나름이다. 영원한 외우인 중국과 일본의 존재를 상수常數로 간주해 이를 적극 활용할 줄 아는 안목과 식견이 필요하다.

2

報 <sub>보</sub> 國 <sub>국</sub> 經 <sub>경</sub> 營 <sub>영</sub>

사업보국에서
목표를 찾다

그는 기업이 인류와 국가에 공헌하는 방법은 정치방식과 다르다고 생각했다. '천하

경영'과 '보국경영' 차원에서 보면 기업은 크게는 질 좋은 제품을 싸게 널리 공급해 인류의 이용후생

利用厚生에 도움을 주고, 작게는 나라와 종업원에게 많은 세금과 임금을 지급해 국가재정과 가계경제

에 기여한다.

# 사업과
# 보국

　　•••• 2010년 2월 5일, 이건희는 서울 호암아트홀에서 열린 호암 탄생 100주년 기념행사에 참석해 선친을 회상하다가 이내 감정이 북받쳤는지 말을 잇지 못했다. 일순 장내는 숙연해졌다.

"선친은 우리나라가 일제에 강점되던 1910년에 태어나셔서 경제발전을 통한 조국 근대화에 평생을 바치셨습니다."

'사업보국事業報國'은 이병철의 경영철학과 리더십을 한마디로 응축해놓은 것이다. 그는 생전에 사업보국을 입에 달고 살았다. 1976년 11월 〈전경련회보〉에 기고한 '나의 경영론'에서 사업보국을 이같이 설명했다.

"사람은 누구나 자기가 과연 무엇을 위해 살아가고 있는지를 잘 알고 있을 때 가장 행복한 것이 아닌가 생각한다. 다행히 나는 기업을 인생의 전부로 알고 살아왔고 나의 갈 길이 사업보국에 있다는 신념에도 흔들림이 없다."

사업보국은 삼성이 탄생한 이래 21세기 현재까지 최고의 화두다. 이와 관련해 1981년 이건희의 신년사는 의미심장했다.

"모든 건 나라가 기본이다. 나라가 잘되어야 기업도 잘되고 국민이 행복해질 수 있다."

이는 서구에서 20세기 최고의 지성인으로 손꼽히는 한나 아렌트Hanna Arendt가 《인간의 조건》에서 역설한 내용과 같은 취지다. 아렌트에 따르면 서양의 사상사는 아리스토텔레스가 언명한 '정치적 동물'의 해석을 둘러싼 논쟁으로 점철되었다. 개인의 권익을 중시하는 '관조적 삶'과 공동체의 이익을 중시하는 '정치적 삶'의 대립이 그것이다. 관조적 삶은 개인 권익의 총합總合인 '사회'를 앞세우고, 정치적 삶은 공동체 전체의 이익을 중시하는 '국가'를 앞세운다.

로마시대의 세네카는 아리스토텔레스의 작품을 라틴어로 번역하는 과정에서 '정치적 동물'을 '사회적 동물'로 바꿔놓았다. 서양에서 국가보다 사회를 중시하는 풍조가 이때부터 형성되기 시작했다. 국가가 사회의 하위개념으로 굳어지면서 '계약자유' 등을 구실로 인간에 대한 인간의 착취가 가능해졌고, 끝내는 개개인의 인간적 존엄성마저 보장받을 수 없게 되었다는 게 아렌트의 지적이다. 사실 이는 과거 서구 제국주의 열강이 계약자유 등을 전면에 내세워 식민지에 대한 무자비한 착취를 자행한 사실이 방증하고 있다.

동양은 이와 정반대로 국가개념만 존재한 까닭에 사회개념이 끼어들 여지가 없었다. 메이지유신의 사상적 스승인 후쿠자와 유기치福澤諭吉가 초기에 영어 '소사이어티Society'를 '인간교제人間交際'로 번역한 사실이 이를 뒷받침한다. 일본에는 수직적인 국가개념은 있어도 수평적인 사회개념이 없었던 까닭이다. 이후 인간교제 번역어가 너무 길고 서양의 소사이어티개념과 거리가 있다는 지적이 나옴에 따라 여러 번역어가 새로이 등장했다. 그 중 하나가 바로 '회사會社'다. 이는 《논어》〈팔일〉편의 다음 구절에 주목한 결과다.

"노애공이 공자의 제자 재아에게 사社 : 토지 신을 제사지내는 사당에 관해 물었다."

회사는 곧 사람들이 토지 신에게 제사를 지내기 위해 사에 모인 점에 착안한 번역어다. 그러나 회사는 간명하고 뜻도 좋았으나 이내 '상사商社'를 뜻하는 '컴퍼니Company'의 번역어와 충돌했다. 이로 인해 한동안 영어 소사이어티와 컴퍼니가 모두 회사로 통칭되는 우여곡절을 겪어야만 했다. 회사를 뒤집어 표현한 사회라는 새 용어는 후쿠자와가 《학문의 권장》 마지막 편에서 처음 사용한 후 점차 인간교제와 회사를 대신해 요즘과 동일한 뜻으로 굳어지기 시작했다.

이를 통해 알 수 있듯이 동양에서는 수천 년 동안 '수신제가'의 소규모 공동체인 '가家'와 '향鄕'이 '치국평천하'의 대규모 공동체인 '국國' 속에 유기적으로 흡수된 까닭에 서양의 사회개념이 존립할 여지가 없었다. 춘추전국시대 이래 동양의 모든 문헌에 오직 국가만 나오고 사회가 나오지 않는 이유다.

아렌트가 지적한 바처럼 국가가 존재하지 않으면 개인의 '자아실현'은 물론 최소한의 '인간적 존엄성'도 찾기 힘들다. 이병철과 이건희 부자가 내세운 사업보국의 기본취지도 이런 맥락에서 이해할 필요가 있다. 국가가 존재하지 않으면 기업의 '존재이유'는 물론 최소한의 '존립근거'도 찾기 힘들다는 취지로 말이다. 실제로 삼성의 사업보국은 이런 취지에 입각해 있다. 이를 차례로 검토해보기로 하자.

# 국력과
# 기업인의 사명

•••• 기업의 존재이유를 '사업보국'에서 찾는 것은 아렌트가 역설했듯이 개인의 자아실현 무대와 배경을 국가에서 찾는 것과 취지를 같이 하는 것이다. 이병철은 1980년 7월 전경련 강연에서 이같이 주장했다.

"기업은 국력이다. 국력이 큰 나라일수록 대기업이 많다. 우리나라에서는 대기업이라고 해도 외국에 비하면 중소기업에 불과하다. 마치 우물 안 개구리와 같이 이 좁은 국내에서 첫째, 둘째를 겨룬다는 건 우스운 일이다. 나는 기업을 건실하게 발전시켜 국부國富 형성에 이바지하고 나아가 세계기업들과 어깨를 나란히 하는 것이 꿈이다."

'천하경영'이 '보국경영'과 순치脣齒의 관계를 이루고 있음을 간명하게 설명한 셈이다. 그는 기업이 인류와 국가에 공헌하는 방법은 정치방식과 다르다고 생각했다. 천하경영과 보국경영 차원에서 보면 기업은 크게는 질 좋은 제품을 싸게 널리 공급해 인류의 이용후생利用厚生에 도움을 주고, 작게는 나라와 종업원에게 많은 세금과 임금을 지급해 국가재정과 가계경제에 기여한다. 1976년 6월 이병철은 한 언론의 기고문에서 이같이 주장했다.

"기업인은 선도적인 기술혁신으로 좋은 상품을 남보다 먼저 만들어내고, 수출과 고용과 소득을 늘리고, 경영 합리화로 잉여를 많이 올려 기업 확장의 재원을 마련해야 한다. 기업인의 본분은 궁극적으로 국가에 봉사하는 것이기 때문이다."

그가 흑자를 내지 못하고 끝내 소비자와 국민에게 외면받는 부실기업을 만드는 것을 일종의 죄악으로 여긴 이유다. 생전에 삼성을 애국과 봉사의 상징으로 만들고자 애쓴 것도 바로 이런 맥락에서 이해할 수 있다. 이채윤도 《이건희, 21세기 신경영 노트》에 이를 뒷받침하는 이병철의 증언을 실어놓았다.

"첫째, 시대가 요구하는 사업을 해야 한다. 국민이 소비재를 필요로 할 때는 소비재를 만들어야지 중공업이나 조선을 해서는 안 된다. 그 시대에 맞고 국민이 요구하는 것을 만들어야 기업도 사회에 기여하게 되고 기업 자체도 영속할 수 있다. 둘째, 기업의 부실화는 사회악이다. 기업의 역할은 동포들에게 일자리를 제공하는 것이다. 기업이 이윤추구를 하는 것 자체는 아무 문제가 없다. 문제는 기업이 적자를 내 일자리를 제공하지 못하는 경우다. 기업이 적자를 내는 건 큰 죄를 범하는 것이다. 셋째, 모든 기업은 공존·공영해야 한다. 기업이 처음부터 돈만 버는 것을 목표로 삼아서는 안 된다. 세상에 도움이 되고 필요한 사업을 하면 돈은 저절로 벌리게 된다."

이건희가 사령탑에 오른 후 삼성이 초일류 글로벌기업으로 발돋움한 것 역시 바로 선친이 몸소 실천한 사업보국을 자신의 경영철학으로 삼은 데 따른 것이었다. 이를 뒷받침하는 《생각 좀 하며 세상을 보자》의 해당 대목이다.

"나는 국가에 봉사하는 것이 기업인의 본분이자 의무라고 생각한다."

선친의 '사업보국' 논지를 요약한 말이다. 그가 평소 《호암어록》을 심독心讀하며 자신의 경영철학으로 삼고 있음을 시사한다.

# 위국위민과
# 부국부민

    **▪▪▪▪** 이병철이 삼성의 초석을 까는 일은 시련의 연속이었다. 해방 후 해외에서 독립투쟁을 벌인 일부 편협한 인사들은 그를 '친일파' 내지 '매국노'로 매도했다. 5·16 직후에는 군사혁명을 자처한 군부 인사들이 그를 '부정비리의 원흉'으로 지목했다. 민주화 이후에는 민주투사를 자처한 독선적인 일부 인사가 그를 '독재정권에 기생한 기업가'로 폄하했다. 사업보국을 기업 존재의 이유로 삼은 그에게 왜 정치권은 비난의 화살을 쉬지 않고 쏘아댄 것일까?

    대략 정치자금 때문이었을 공산이 크다. 패기 하나로 현대를 일궈온 정주영이 말년에 노구를 이끌고 대권에 과감히 도전한 게 그 증거다. 돈만 밝히며 신의도 없는 정상배들에게 넌더리를 낸 것이다. 실제로 많은 기업인이 정변이 일어날 때마다 전전긍긍하며 공손한 모습을 보인 데 반해 이병철은 고개를 바짝 세웠다. 잘못한 일이 없으니 고개 숙일 일도 없다는 자세였다. 천하를 갓 거머쥔 당사자의 눈에 이것이 곱게 보일 리 없다. 이건희의 고집도 선친과 별반 다르지 않다.

그러나 사실 숱한 정치적 격랑 속에서 삼성 역시 그때마다 기업의 존망을 걱정해야 하는 무력한 존재에 불과했다. '주머니 털어 먼지 안 나오는 사람 없다'는 속담처럼 삼성도 험한 세월을 거쳐오는 동안 감추고 싶은 이야기가 많을 것이다. 이런 상황을 감안하지 않고 과거의 '실행失行'을 무턱대고 비난하는 건 잘못이다. 이병철과 이건희 부자는 물론 독립투사나 민주투사는 아니다. 그러나 독립투사와 민주투사 못지않게 나라의 앞날을 걱정하며 부국富國을 실현시키기 위해 애쓴 '경세제민經世濟民 투사'인 것만은 확실하다.

예로부터 '위국위민爲國爲民'의 방안은 다양하다. 그런 점에서 이병철과 이건희 부자가 사업보국의 자세로 위국위민을 실현하려고 한 점은 높이 평가할 필요가 있다. 부국부민이 전제되지 않고는 아무 것도 제대로 이룰 수 없다. 군사정변 직후 박정희가 이병철의 설득을 받아들여 산업화에 매진한 게 이를 방증한다.

사실 나라를 부유하게 만들지 않고는 민주화도 한낱 구호에 그칠 수밖에 없다. 이를 뒷받침하는 일화가 《논어》〈자로〉편에 나온다. 천하유세에 나선 공자가 맨 먼저 위衛나라로 향했다. 이때 제자 염유가 수레를 몰았다. 공자가 말했다.

"백성들이 많기도 하구나."

염유가 물었다.

"이미 백성들이 많으면 또 무엇을 더해야 합니까?"

"부유하게 해주어야 한다."

"이미 부유해졌으면 또 무엇을 더해야 합니까?"

"가르쳐야 한다."

공자사상의 큰 특징 중 하나인 소위 '선부후교先富後敎' 사상이 선명히 드러난 일화다. 공자는 백성들을 부유하게 만들지 않는 한 나라를 제대로 다스릴 수 없다는 사실을 통찰하고 있었다.

이병철과 이건희 부자도 마찬가지다. 한눈팔지 않고 오직 부국부민의 외길을 달려온 것이 그 증거다. 이들 부자는 비록 정치에 발을 담그지는 않았으나, 오히려 부자 2대에 걸쳐 연거푸 대선에 도전했던 현대가보다 훨씬 큰 영향력을 행사했다. 문민정부 시절, 정주영이 은둔자처럼 숨을 죽이고 있을 때 이건희가 '4류 정치' 운운하며 직격탄을 날린 사실이 이를 뒷받침한다. 당시 많은 국민이 통쾌해한 건 말할 것도 없다. 4류 정치 운운은 '정치 좀 똑바로 하라'는 질타였다. 정치의 성패는 선부후교에 있고, 선부후교의 요체는 다름 아닌 부국부민이고, 삼성은 오직 부국부민의 외길을 걸어왔기에 떳떳하다는 자부심이 이를 가능하게 한 것이다. 사업보국의 취지가 투명하게 드러난 대목이 아닐 수 없다.

# 마르크스와
# 공자

▪ ▪ ▪ ▪ 중국의 초대 사회과학원장을 지낸 궈모뤄郭沫若
는 1925년도에 발표한 〈마르크스의 공자방문기〉를 통해 공자의 선부후교
사상을 절묘하게 그려냈다. 이에 따르면 하루는 마르크스Karl Heinrich
Marx가 공자를 찾아오자 공자가 크게 기뻐하며 《논어》〈학이〉편을 인용해
외치듯 말했다.

"아, 친구가 먼 곳에서 오셨으니 또한 기쁘지 아니한가! 마르크스 선생
이 누추한 곳까지 오셨으니 어떤 가르침을 주시려는 것입니까?"

"요즘 몇몇 사람은 저의 이데올로기가 선생님의 사상과 같지 않은 까닭
에 중국에서는 저의 이데올로기가 실현될 가능성이 없다고 말하고 있습니
다. 그래서 직접 선생님께 여쭙고자 온 것입니다."

"제가 보기에 선생의 이데올로기가 비록 중국에 전해졌다고는 하나 아
직도 무슨 내용인지 잘 모르고 있는 것 같습니다. 선생의 책이 아직 한 권
도 번역되지 않았기 때문이죠."

"그게 사실입니까? 그렇다면 저의 이데올로기가 어찌하여 큰 바람이 일고 뭉게구름이 피어나듯 그렇게 빨리 논의되고 전파되고 있는 것입니까?"

"선생의 이데올로기는 그저 동서양의 잡지 몇 권만 읽으면 된다고 저는 들었습니다. 요즘 외국의 유명인사를 초청해 강연회를 여는 게 유행이니 선생이 먼저 말씀해주시죠."

"좋습니다. 많은 사람이 모두 저를 '유물론자'라고 합니다. 저의 이상세계에서는 모든 사람이 생활보장을 받음으로써 굶거나 추위에 떨 근심이 없습니다. 이것이 바로 각자 능력껏 일하고 필요에 따라 얻는 공산사회입니다. 이런 사회가 실현되면 곧 지상에 천국을 세운 것이나 다름없지 않겠습니까?"

공자가 손뼉을 치며 외쳤다.

"서로 한 번도 의논한 적이 없는데 당신의 공산사회와 내가 《예기》〈예운〉편에 언급한 대동大同사회는 완전히 일치합니다."

그러나 마르크스가 볼 때 공자는 '공상적 사회주의자'에 불과했다.

"그렇지만 저의 이상은 허구에서 나온 것이 아닙니다. 우리가 역사로부터 증명해낸 건, 첫째, 산업이 점차 증진되어가고, 둘째, 자본이 소수인의 손에 집중돼 빈곤이 일반화되면서 계급투쟁은 영원히 끊이지 않는다는 점입니다."

공자가 머리를 연신 끄덕였다.

"아, 그건 그래요. 나도 《논어》〈계씨〉편에서 '적은 게 걱정이 아니라 고르지 못한 게 걱정이고, 가난이 걱정이 아니라 사회불안이 걱정이다'라고 했소."

마르크스가 목소리를 높였다.

"틀렸습니다! 저는 고르지 못한 것뿐만 아니라 적은 것도 염려합니다. 가난한 것도 걱정하고 사회불안 또한 염려합니다. 그래서 저는 사유재산의 폐지를 요구하면서도 사회의 산업발전을 주창한 것입니다. 그 원동력은 바로 프롤레타리아입니다. 저의 이상세계는 일정한 발전단계가 있고, 동시에 확고부동하며 실증적입니다."

공자가 여전히 고개를 끄덕였다.

"아, 예! 나도 《논어》〈자로〉편에서 '백성들이 많으면 그들을 부유하게 해주고, 부유해지면 가르쳐' 고 말했습니다. 재화를 존중하는 건 우리 중국의 전통사상입니다. 《서경》〈홍범〉편은 정치에서 '식화食貨'의 확보가 으뜸이라고 역설했고, 《관자》〈목민〉편도 '창고에 재화가 풍족해야 예절을 알고, 의식이 풍족해야 명예와 치욕을 가릴 줄 안다' 고 했습니다. 저의 사상이나 중국의 전통사상은 근본적으로 선생과 똑같습니다. 산업을 발전시켜야만 재화를 고르게 나눌 수 있다고 판단했기 때문이죠. 우리가 살았던 때는 생산방법이 유치해 절용節用을 주장할 수밖에 없었습니다. 그러나 오늘날에도 이는 중요합니다. 아직도 많은 사람이 밥도 배불리 먹을 수 없는 이때에 몇몇 사람만 상어지느러미 요리를 먹게 할 수는 없는 일이지요!"

마르크스가 감탄했다.

"아! 2000여 년 전에 멀고 먼 동방에 선생님과 같은 동지가 있을 줄은 정말 몰랐습니다. 저와 선생님의 견해는 완전히 일치합니다. 그런데 어째서 저의 이데올로기가 중국에서는 실행될 수 없다고 말하는 사람이 있는 것입니까?"

공자가 돌연 한숨을 내쉬었다.

"나도 이곳에서 내 사상을 실현시키지 못하고 있소! 이를 이해하는 사람이 있다면 마르크스 당신을 신봉하는 사람도 나를 반대하지 않을 것이고, 나를 믿는 사람 또한 선생을 반대하지는 않을 것이오."

궈모뤄가 〈마르크스의 공자방문기〉에서 풍자적으로 그려낸 마르크스와 공자의 만남은 경세제민이 곧 치국평천하의 요체임을 드러내기 위한 것이었다. 《논어》에서 말하는 선부후교사상이 바로 그것이다. 많은 사람이 공자사상을 논하면서 선부후교사상을 간과하고 있다.

이병철과 이건희 부자가 보여주고 있는 사업보국의 행보는 공자가 역설한 선부후교사상과 일치한다. 이건희가 선친처럼 정치와 거리를 두고 부국부민 실현에 매진하고 있는 것도 이런 맥락에서 이해할 수 있다. 이에 관한 일화가 있다.

1992년 4, 5월 무렵, 이건희는 당시 대우그룹 회장 김우중이 연말 대선에 나오려 한다는 소식을 듣고는 한숨을 내쉬었다.

"기업인은 기업인이어야 하는데…."

얼마 후 김우중이 찾아왔다.

"이 회장, 도와주시오. 경제를 잘 아는 사람이 정치를 해야만 하오."

그가 만류했다.

"회장님, 출마를 포기하시죠."

이후 두 사람 사이는 크게 서먹해졌다. 그는 한국의 정치풍토에서는 기업총수가 정계에 뛰어들지라도 성공하기가 어렵다는 것을 익히 알고 있었다. 실제로 정치와 끈을 맺었던 많은 기업치고 장기적으로 제대로 성장한 적이 없다. 이건희의 의연한 행보가 삼성을 초일류 글로벌기업으로 만든 밑거름이 된 것은 말할 것도 없다.

한 번은 또 이런 일도 있었다.

1994년 10월 '서울 정도定都 600주년 기념행사' 참석차 방한한 마이클 헤슬타인Micheal Heseltine 영국 상공부 장관과 저녁을 같이 하게 되었다. 당시 삼성은 영국의 한 지방에 전자복합단지 건설을 추진하고 있었다. 헤슬타인이 취미생활을 비롯해 다양한 화제로 대화를 나누던 중 문득 이같이 물었다.

"이 회장은 정치를 해도 경제만큼 잘할 수 있을 것입니다."

이건희는 정색을 했다.

"첫째, 저는 선친이 장사하는 것을 보며 세 살 때부터 주판을 갖고 놀았습니다. 정치보다 장사를 잘 알고 거기에 맞는 사람으로 키워진 것입니다. 둘째, 기업하는 사람이 정치에 발을 디딘 경우를 쭉 봐왔지만 기업이 제대로 안 되는 것 같습니다. 정치 불안에 기업이 영향을 받기 때문입니다. 셋째, 저에게는 양복과 잠옷만 있고 중간 옷이 없습니다. 잠옷 입고 있는 시간이 더 깁니다. 잠옷 입고 정치할 수는 없는 일 아니겠습니까?"

정치를 할 수 없는 세 가지 이유를 '잠옷'으로 매듭지은 셈이다. 좌중이 온통 웃음바다가 된 건 말할 것도 없다. 그가 말한 잠옷은 부국부민을 은유적으로 표현한 것이다. 그가 부친처럼 정치와 일정한 거리를 두는 이른바 '불가근불가원不可近不可遠'의 입장을 취하고 있는 이유가 선명히 드러나는 대목이다.

# 인본주의로
# 인재를 구하다

"기업이 귀한 사람을 맡아서 훌륭한 인재로 키워 사회와 국가에 쓸모 있게 하지 못한 다면 이 역시 기업인으로서 사회적 책임을 다하지 못하는 것이다. 부실 경영과 마찬가지로 범죄를 저 지르는 행위가 아닐 수 없다. 인재 양성은 유능한 인재를 모으는 데만 있지 않고 이들을 묶어주는 구심 점, 즉 기업인의 인격과 영도력이 있어야 한다."

# 일자리 창출과
# 천재구국론

　　•••• 2000년 말 이건희는 계열사 사장을 모아놓고 장차 5~10년 후 무엇을 먹고살 것인지 6개월간 연구해 보고할 것을 주문했다. 골머리를 싸매고 심혈을 기울여 작성한 보고서는 모두 퇴짜였다. 차세대 반도체 및 디스플레이 사업 확장 등 온통 판에 박은 듯한 이야기들뿐이었기 때문이다. 그가 정답을 말해주었다.

　"내가 원하는 답을 쓴 사장은 아무도 없소. 1년 앞도 내다보기 힘들 정도로 빠르게 변하는 현실에서 5~10년 후를 예측하는 건 불가능한 일이오. 결국 해답은 이런 변화에 능동적으로 대처할 수 있는 인재를 구하고 키우는 것이오."

　근본에 입각한 창조적인 발상이 필요하다고 지적한 것이다. 그가 생각할 때 삼성의 앞날을 결정하는 것은 사업이 아니라 사람이었다. 계열사 사장들은 달을 가리키는 손가락만 보고 답안지를 낸 꼴이다. 이건희는 《생각 좀 하며 세상을 보자》에서 이같이 말한 바 있다.

"나는 삼성의 임직원들에게 '업業'의 개념에 대해 자주 얘기한다. 그런데도 대부분의 사람은 당황해한다. 대답할 준비가 되어 있지 않기 때문이다. 자신이 하는 일의 본질이 무엇인지 깊이 생각해보지 않는다는 의미다. 손을 들어 달을 가리키며 달을 보라고 외치는데 달은 보지 않고 손만 쳐다보고 있으면 어찌 되겠는가?"

그럼에도 당시 사장들은 이후에도 계속 달 대신 그의 손가락만 바라보았다. 계열사 사장들이 인재를 제대로 확보하지 못했다는 이유로 심한 질책을 받은 이유다. 2002년 5월 오랫동안 비서실에서 근무했던 계열사 사장 K씨는 고속도로 갓길에 차를 세우고 그의 질책을 들어야만 했다.

"반도체는 두뇌, 디스플레이는 눈, 배터리는 심장에 해당해요. 배터리 사업은 그만큼 중요합니다. 사장이 직접 나서야 해요."

그는 부회장 시절인 1980년대 중반, 연료전지의 중요성을 간파하고 일본의 S사 제품을 들여와 직접 분해한 바 있다. 사장 본인이 현장에 밝아야 한다는 걸 몸소 보여준 것이다. 당시 그는 1시간여 동안 지속된 통화 말미에 인재확보에 관한 자신의 메시지를 다른 사장단에게도 전파할 것을 주문했다. 비슷한 시기에 또 다른 계열사 사장 K씨도 그에게 일본 본사에 기술자를 구해달라고 요청했다가 크게 질책을 받았다.

"이는 자신이 장가가면서 남보고 색시 구해달라는 격이 아니오? 사장이 직접 나서서 필요한 분야의 인재를 구해야 해요. 이제는 기술 중에서도 소프트 기술이 관건인데 당신은 소프트가 뭔지도 모르고 있소."

얼마 뒤인 이해 6월 5일, 삼성의 용인연수원 '창조관'에 계열사 사장단 50여 명이 황급히 모여들었다. 명목은 '인재전략 사장단 워크숍.' 그는 이

날 워크숍에서 비장한 어조로 이같이 말했다.

"2, 300년 전에는 10, 20만 명이 군주와 왕족을 먹여 살렸어요. 그러나 21세기는 탁월한 한 명의 천재가 10, 20만 명의 국민을 먹여 살리는 인재 경쟁의 시대, 지적 창조력의 시대입니다."

소위 '천재구국론天才救國論'이 나온 배경이다. 5~10년 안에 초일류기업으로 도약하기 위해서는 인재를 조기에 발굴해 체계적으로 키워내야 한다는 게 요지다. 이해 8월 인재발굴의 특명이 내려졌다. 매뉴얼을 만든 삼성경제연구소는 핵심인재의 요소를 다음과 같이 제시했다.

첫째, 향후 회사의 신수종 사업을 주도할 인재여야 한다.
둘째, 변화와 혁신을 주도하는 인재여야 한다.
셋째, 투철한 가치관과 조직관을 갖춘 인재여야 한다.
넷째, 인간미가 넘치는 인재여야 한다.

이런 조건을 모두 갖춘 인재를 찾기란 하늘의 별따기만큼이나 어려운 일이다. 곧 계열사 사장이 모두 참석하는 워크숍이 다시 열렸다. 그의 목소리가 올라갔다.

"우수 인재를 확보·양성하는 것이 경영자의 기본 책무입니다. 사장단이 직접 뛰어야 소기의 성과를 거둘 수 있습니다. 앞으로 나 자신도 경영업무의 50퍼센트 이상을 핵심인력 확보 및 양성에 쏟겠습니다. 사장단의 인사평가 점수를 100으로 했을 때 40은 핵심인력 확보 및 양성에 둘 것입니다."

사장들로서는 모골이 송연해지는 말이다. 각 계열사별로 핵심인력 확보를 위한 사무국 등이 황급히 만들어졌다. 그러나 당시 그가 제시한 천재 구국론은 '팩트'에 약간 문제가 있다. 이를 수정해 풀이하면 대략 이렇게 될 것이다.

"2, 300년 전에도 그랬지만 21세기 현재도 여전히 국민은 군주와 왕족을 대신한 대통령 등의 위정자와 관원을 먹여 살리고 있다. 삼성의 총수인 나를 포함해 대다수 국민은 자신이 낸 세금이 어디에 어떻게 쓰이는지도 모르면서 꼬박꼬박 혈세를 내고 있다. 더 큰 문제는 고용불안이다. 대다수 국민은 언제 목이 잘릴지 몰라 전전긍긍하고 있다. 부국부민의 선봉장 격인 삼성이 이를 모른 체할 수는 없는 일이다. 21세기는 한 명의 천재가 뛰어난 신기술을 개발하면 10, 20만 명의 국민이 새로 창출된 일자리 덕분에 충분히 먹고살 수 있는 인재경쟁의 시대, 지적 창조력의 시대다."

그의 천재구국론은 '일자리 창출을 통한 민생안정 대책'이나 다름없다. 그가 계열사 사장단을 다그쳐가며 누차 인재전략 워크숍을 연 이유다. 그는 국내 최고 기업의 총수로서 자신의 본분인 부국부민의 과제를 한시도 잊지 않고 있었던 것이다.

국가 재정 차원에서 볼 때 대기업의 부국부민을 위한 전략회의는 '납세 증액을 위한 전략회의'나 다름없다. 탈세를 위해 분식회계를 하는 일부 악덕 기업주를 제외하면 모든 기업의 전략회의는 기본적으로 이런 성격을 띠고 있다. 문제는 매번 정치인과 예산부처 관리들이 서로 적당히 타협해 누더기 예산을 만들어 집행하고 1년 뒤 부실하기 짝이 없는 결산을 하는 데 있다.

그런데도 가장 많은 세금을 내고 있는 삼성은 꿀 먹은 벙어리다. 그러나 삼성이라고 해도 달리 방도가 없다. 모른 척하고 계속 납세증액을 위한 전략회의를 열어 순익을 극대화하고, 그에 따라 더 많은 세금을 내면 결국 부국부민을 실현하는 게 아니겠는가. 속 편하게 이같이 생각하고 있을 공산이 크다.

큰 틀에서 볼 때 설령 누더기 예산일지라도 국부를 해외로 유출하는 것만 아니라면 나름대로 봐줄 수 있다. 어차피 국내에서 돈이 돌기 때문이다. 이건희도 이를 알고 있는 듯하다. 세계시장 석권을 겨냥해 납세증액을 위한 전략회의를 끊임없이 열고 있는 게 그 증거다. 그의 '천재구국론'을 일자리 창출과 세계시장 석권으로 풀이할 수 있는 이유다.

# 천재경영의
## 실체

      삼성이 구현하고 있는 '천재경영'의 스케일은 매우 크다. 총 25만 명에 달하는 임직원 중 1만5000명이 박사급 인재이다. 국내기업의 연구개발 인력 중 최대 규모다. 이들 박사급 인재 중 절반 이상이 삼성전자에 몰려 있다. 삼성전자가 10년 넘게 하드웨어 최강자가 된 이유다.

  삼성은 이들의 예우에 만전을 기하고 있다. 소위 'S·H·A급 인재'가 그 대상이다. 'S급' 즉 '슈퍼급'은 높은 잠재능력을 지니고 있고 실제 업무에서도 뛰어난 성과를 올리는 인재를 말한다. 'H급' 즉 '높은 잠재력급'은 성과를 통해 충분히 검증되지는 않았으나 높은 잠재력을 지닌 인재를 뜻한다. 'A급' 즉 '에이스급'은 'S급'보다는 못하나 뛰어난 성과와 능력을 지닌 인재를 의미한다.

  현재 삼성전자 내 S급 연구위원은 500명 선이다. 이들의 연봉은 같은 직급 내 임직원보다 세 배나 많다. 예우를 최상급으로 해줄 터이니 부디 일자리 창출과 관련한 참신한 아이디어를 계속 안출案出 해달라고 주문한 것이다.

그러나 인재를 확보한 것 자체만으로 모든 게 해결되는 것은 아니다. 제대로 관리하지 못하면 오히려 문제가 될 수 있다. 그가 사장단에게 이를 특별히 당부한 이유다.

"사장이 S급 인력확보에 나서지 않고 인사부서에서 확보해놓은 사람을 S급이라고 하는데, 이건 엉터리다. 더 나쁜 건 이미 확보한 S급, A급 인력을 내보내는 것이다. 20명을 확보하는 것보다 10명을 내보내는 게 더 나쁘다."

삼성이 외국인 인재를 위한 도움전담 조직인 콜센터를 운영하게 된 배경이다. 전담인력이 24시간 대기하면서 본인은 물론 가족들의 불편사항까지 해결해준다. 기흥과 수원 공장의 식당에는 인도·러시아·중국 등 외국인 인재를 위한 전용식당이 따로 있다. 삼성은 외국인 인재의 자제교육에도 세심한 주의를 기울이고 있다.

근원적인 해결방안으로 외국인고등학교 설립을 검토 중이다. 현재 삼성은 뽑아야 할 핵심인력 5만여 명을 데이터베이스화해 주기적으로 접촉하고 있다. 인재확보는 선대부터 내려오는 전통이지만 그는 이를 한 단계 더 발전시켰다는 게 중론이다.

# 인본·민본·민주

▪▪▪▪ 이건희가 천재구국론에 역점을 두는 현실적인 이유는 세계적으로 경쟁이 날로 치열해지고 불확실성 또한 덩달아 커지고 있기 때문이다. 자원도 없는 나라에서 부국부민을 실현할 수 있는 유일한 길은 오직 인재양성밖에 없기 때문이다. 이런 판단이 옳은 것임은 말할 것도 없다. 2002년 장학재단을 만들어 삼성 입사 유무에 관계없이 우수한 학생들을 '한국을 위해 일한다'는 조건만 붙인 채 해외유학을 보냈다. 당시 그는 인재육성을 사과나무에 비유했다.

"이는 사과를 얻겠다는 게 아니라 사과나무를 심겠다는 취지다."

천재구국론의 관점에서 먼 미래를 보고 기꺼이 투자했다는 뜻이다. 내일 지구가 무너질지라도 사과나무를 심겠다고 말한 스피노자Baruch de Spinoza를 연상시키는 대목이다. 《관자》〈권수〉편에는 스피노자보다 더 좋은 기막힌 이야기가 나온다.

"일년지계一年之計 : 1년의 계획로 곡식을 심는 것보다 나은 게 없고, 십

년지계十年之計로 나무를 심는 것보다 나은 게 없다. 종신지계終身之計 : 일생의 계획로 사람을 키우는 것보다 나은 게 없다. 한 번 심어 한 번 거두는 건 곡식이고, 한 번 심어 10배의 이익을 얻는 건 나무고, 한 번 키워 100배의 이익을 얻는 건 사람이다. 인재를 키우면 마치 그를 귀신같이 부리는 것과 같다. 일을 귀신같이 행하는 자만이 왕자王者의 자격이 있다.”

그가 말하는 천재구국론은 바로 동양고전이 역설하는 인재경영의 방안이기도 하다. 사실 동양고전만큼 인재의 중요성을 역설하고 있는 것도 없다. 《논어》에 밝았던 이병철은 생전에 자신의 삶을 이같이 총평한 바 있다.

“나는 인재를 모으고 기르는 데 인생의 80퍼센트를 보냈다.”

현명한 인재를 발탁하고 육성하는 것을 사업의 모든 것으로 삼았다는 이야기다. 이병철은 ‘인간은 남으로부터 신뢰를 받을 때 최고의 능력을 발휘한다’는 평범하면서도 매우 중요한 인간경영의 요체를 통찰하고 있었다. 이건희의 천재구국론 역시 여기서 나온 것이다.

동양고전에는 ‘자신을 알아주는 은혜’를 뜻하는 소위 ‘지우지은知遇之恩’의 일화가 무수히 나온다. 삼성이 오늘날까지 ‘무노조’ 노사관계와 최고의 사원복지 정책을 성공적으로 유지하고 있는 것도 이런 맥락에서 이해할 수 있다.

인간을 우주의 중심에 놓고 모든 것을 사람에서 시작해 사람으로 끝내는 접근방식을 ‘인본주의’라고 한다. 동양의 공자와 서양의 소크라테스가 이를 역설한 대표적인 인물이다. 동양에서 이를 국가 차원으로 확대해석한 사람은 맹자다. 그는 ‘인본’을 ‘민본民本’으로 바꿨다. 《맹자》 〈진심 하〉편에 그 유명한 구절이 나온다.

"백성이 귀하고, 사직은 다음이고, 군주는 가볍다. 그래서 들에서 일하는 백성의 마음을 얻는 자는 천자가 되고, 천자의 마음을 얻는 자는 제후가 되고, 제후의 마음을 얻는 자는 대부가 된다. 제후가 사직을 위태롭게 하면 제후를 바꾼다. 살진 희생犧牲과 정결한 곡식을 마련해 제때에 제사를 지냈는데도 가뭄이 들고 홍수가 나면 기존의 사직단을 허물고 새롭게 바꾼다."

동서고금을 통틀어 사상 최초로 '폭군방벌론'을 주장했던 맹자의 국가관과 인민관이 여실히 드러나는 대목이다. 계몽주의시대에 프랑스의 루소Jean-Jacques Rousseau와 볼테르Voltaire라는 필명으로 더 유명한 프랑수아 마리 아루에François-Marie Arouet는 라틴어로 번역된 《맹자》의 이 대목을 읽고 무릎을 쳤다. 루소가 《민약론》에서 '민권'을 역설하고 볼테르가 국가 간의 대등한 권리인 소위 '주권'을 강조한 배경이 여기에 있다. 고금동서를 막론하고 정치변동의 주체는 말할 것도 없이 국민이다. 군주를 가볍게 보고 백성을 귀하게 보는 맹자의 '귀민경군貴民輕君' 사상은 현대에도 그대로 적용된다.

많은 사람이 맹자의 '민본주의' 사상을 서양의 '민주주의'와 다른 것으로 알고 있으나 이는 잘못이다. 민본주의와 민주주의 모두 인민을 국가성립과 정치권력의 발동, 혁명을 포함한 모든 정치변혁의 주체로 상정한 점에서 하등 차이가 없다. 양자는 오직 권력 주체를 선정하는 방법론적 차이만 있을 뿐이다.

동양의 민본주의에서는 학문과 덕행을 닦은 위정자를 천거 또는 시험제도를 통해 선발한 데 반해 서양의 민주주의에서는 투표로 대표자를 선출

했다. 이런 방법론상 차이는 지엽적인 문제에 지나지 않는다. 명대 말기의 황종희黃宗羲가 《명이대방록明夷待訪錄》에서 주장한 바를 보면 이를 쉽게 알 수 있다.

"군주란 본래 개인적인 이해관계를 초월해 공익을 위해 헌신하는 사람이다. 군주가 하는 일은 많고 고달픈 까닭에 아무도 군주가 되기를 원치 않았다. 그러나 후대에 와서 군주는 천하를 자신의 수중에 넣게 되자 심지어는 천하를 사유재산으로 생각해 대대로 자손에게 이어가면서 영원히 전하고자 했다. 옛날에는 천하 인민이 주인이고 군주가 손님이었던 것이 후세에는 군주가 주인이 되고 천하 인민이 손님이 된 것이다. 이런 상황에서는 인민의 헌신적인 봉사는 전혀 기대할 수 없다. 혁명을 수행한 주나라 무왕이야말로 성인이고, 이를 시인한 맹자의 말이야말로 진정한 성인의 말이다."

맹자의 민본주의와 서양의 민주주의가 기본이념 면에서 하등 차이가 없음을 뒷받침하는 언급이다. 현재 많은 사람이 프랑스혁명 이후에 등장한 '민주공화정'의 연원이 고대 그리스의 '민주정'에 있는 것으로 알고 있으나 이는 부분적으로만 맞는 말이다.

2010년 초 뒤늦게 한국어로 번역된 전 베이징대 교수 주치엔즈朱謙之의 《중국이 만든 유럽의 근대》에 따르면 동양고전이 서양에 본격적으로 소개되기 시작한 것은 16, 17세기다. 마테오 리치Matteo Ricci를 비롯해 당시 선교차 중국에 온 '제주이트Jesuit' 교단 선교사들은 동양고전을 부지런히 라틴어로 번역해 서구에 소개했는데, 이것이 서구의 지성사를 뒤바꾸는 결정적 계기로 작용했다고 한다.

프랑스혁명 직전 런던에서 간행돼 파리에서 팔린 《공자자연법》은 맹자의 성선설을 원용해 기독교의 원죄설에 뿌리를 둔 홉스Thomas Hobbes의 성악설을 비판한 책이다. 루소가 〈인간불평등 기원론〉에서 불평등사회의 기원을 사유재산의 소유에서 찾은 것도 맹자의 성선설에서 힌트를 얻은 것이다. 백과전서파百科全書派의 보르되Théophile de Bordeu는 《논어》〈안연〉편의 구절을 예로 들어 이같이 주장하기도 했다.

"기독교는 단지 사람들에게 악을 행하지 말라고 말하는 데 그쳤으나, 공자는 '자신이 하고 싶지 않은 것을 남에게 시키지 말라' 며 사람들에게 적극적으로 덕을 베풀 것을 권했다. 인류의 지혜는 중국보다 더 나은 통치제도를 생각해낼 수 없다."

〈경제표〉를 만든 중농학파의 시조 케네François Quesnay는 자신을 '유럽의 공자' 로 불러달라고 주문하면서 성리학의 '천리天理' 가 기독교의 '하나님' 을 대신하는 자연법으로 작용할 경우 위대한 사회과학을 만들 수 있다고 확신했다. 그는 루이 15세를 부추겨 동양의 제왕이 몸소 농사짓는 모습을 보여주는 소위 '적전籍田' 행사를 흉내내게 했다.

이에 대해 마르크스는 《독일이데올로기》에서 "케네는 '봉건간판' 의 포로가 되어 있다"고 비판했다. '봉건간판' 은 공자를 포함한 성리학자들을 지칭한 것이었다. 그러나 케네는 《중국제왕정치론》에서 유교경전과 중화제국의 법체계가 자연법을 존중한 까닭에 이성에 입각한 통치체제를 갖추게 된 것이라고 반박했다.

이들 계몽주의 사상가들은 공자의 인본주의사상보다 맹자의 민본주의사상을 더 중시했다. 타도대상인 '앙시앵 레짐Ancien régime' 의 통폐를 더 잘 설명해주었기 때문이다. 이들은 귀민경군을 역설한 맹자의 말에 열광했다. 이들이 민본주의사상을 최고의 통치사상으로 받아들인 이유다. 서구에서 프랑스혁명 이후 최초로 등장한 민주공화정의 뿌리가 바로 맹자의 민본주의였던 셈이다.

# 이건희와
# 빌 게이츠

〃〃〃〃 프랑스가 자랑하는 자유와 평등, 박애의 3대 이념은 원래 공자의 인문주의와 맹자의 민본주의를 서구식으로 변용한 것에 지나지 않는다. 동양고전을 탐독한 볼테르가 민본의 서구식 번역어인 '민권'을 토대로 '주권' 사상을 최초로 만들어낸 게 그 증거다. 이는 미국의 독립운동에도 결정적인 영향을 미쳤다. 미국의 〈독립선언서〉를 작성한 제퍼슨Thomas Jefferson은 볼테르의 숭배자였다.

현재 구미의 학자들은 대부분 서구가 자랑하는 민권과 주권개념 등이 동양고전에서 나온 사실을 애써 외면하고 있다. 서구에서 나폴레옹Napoléon Bonaparte이 《손자병법》을 탐독했다는 이야기 등이 단지 전설로만 전해지는 것도 이런 편협한 태도와 무관하지 않을 것이다. 이는 동양에 대한 근거 없는 우월감에서 비롯된 것으로 해석할 수밖에 없는데, 이러한 태도는 일본의 일부 학자들이 과거 한반도를 거치지 않고 직접 중국으로부터 문물을 수입했다고 주장하는 것과 닮아 있다.

중국에 온 선교사들이 동양고전을 소개한 것은 원래 가톨릭 교의를 변호하기 위한 것이었으나 결과적으로 서구 지식인들에게 기독교에 대한 공격무기를 제공한 셈이 되었다. 이는 전혀 의도한 바가 아니었다. 배경이야 어떻든 동양의 통치사상이 서구의 민주주의이념을 계발하는 원천이 된 것은 부인할 수 없는 사실이다.

삼성의 인재경영은 동양 전래의 인본주의에서 나온 것이다. 실제로 이병철은 생전에 기업을 사람과 동일시했다. 그는 늘 입버릇처럼 '기업은 곧 사람이다. 인재확보 및 활용 여부가 기업의 성패를 좌우한다'고 말했다. 현재 이건희는 스카우트 대상인 인재의 범위를 국내에서 세계로 확장시킨 가운데 삼성이 계속 1등으로 남기 위해서는 인재의 끊임없는 수혈이 이뤄져야 한다고 역설하고 있다.

그렇다면 천재적인 아이디어와 기술을 지닌 인재는 구체적으로 어떤 사람을 말하는 것일까? 그는 한 언론과 가진 인터뷰에서 이같이 말한 바 있다.

"제가 생각하는 천재는 한마디로 빌 게이츠 같은 사람입니다. 마이크로소프트의 매출액이 미국 GDP의 2.7퍼센트를 차지하고, 세금도 미국 총 납세액의 1.8퍼센트에 달합니다. 그런 천재 세 명만 나오면 우리 경제의 차원이 달라집니다. 그런 천재 세 명을 찾겠다는 것이 저의 목표입니다."

여기서 그는 빌 게이츠만 거론했지만 사실은 애플의 스티브 잡스까지 포함한 것이다. 엄밀히 따지면 그 역시 빌 게이츠나 스티브 잡스 못지않다. 어떤 면에서는 훨씬 뛰어나다. 장차 삼성이 마이크로소프트와 애플, 구글 등을 모두 제압해 하드웨어와 소프트웨어를 아우르는 절대강자로 등장하는 날, 이런 주장이 자연스레 증명될 것이다.

# 인재경영과
# 인간학

····· 신학문이 들어오기 전까지만 해도 사대부가의 자제들은 서당에서 사서삼경의 유가경전을 공부했다. 동궁의 수련과정과 하등 다름이 없었다. 실력이 뛰어난 일부 사대부가 자제는 동궁의 학우學友로 발탁돼 장차 제왕이 될 동궁과 죽마고우의 인연을 맺기도 했다.

어느 정도 여유가 있는 일반 서민도 자식들 중 학재學才가 뛰어나면 스승을 초빙하거나 서당에 보내 학문을 연마하게 했다. 과거에 급제하기만 하면 일거에 당사자는 물론 집안 전체가 양반으로 행세할 수 있기 때문이다. 이에 성공한 대표적인 인물로 청대 말기의 증국번曾國藩을 들 수 있다. 그는 지금도 중국인들로부터 제갈량에 버금하는 명재상으로 숭앙받고 있다.

삼성의 창업주 이병철도 부모가 근면하게 일한 덕분에 비록 반가 출신은 아니었으나 서당에서 유가경전을 공부할 수 있었다. 당시 서당에서는 동양고전에 나오는 명문을 발췌한 《명심보감》과 《소학》 등을 가르친 뒤 《맹자》와 《논어》 등 유가경전을 가르쳤다. 특히 의리를 중시했던 영남에서는 《소학》을 필수과목으로 가르쳤다. 《소학》이든 《대학》이든 동양고전의 가장 큰 특징은 인간을 우주의 중심으로 삼는 인본주의를 역설한 데 있다. 어렸을 때 한학의 세례를 받은 이병철 역시 인본주의정신을 심득心得했을 가능성이 높다고 보아야 한다. 실제로 그는 평소 이런 말을 구두선처럼 되뇌었다.

"사람이 모든 것이다. 기업도 사람이고, 국가도 사람이다."

인본주의정신은 공자사상의 핵심에 해당한다. 동양에서 문·사·철로 요약되는 인문학이 곧 '제왕학'으로 간주된 것도 바로 이 때문이다. 1982년 10월 한 언론의 기고문을 보면 인본주의에 대한 이병철의 기본입장을 보다 명확히 알 수 있다.

"인재 제일, 인간 본위는 내가 오랫동안 신조로 실천해온 삼성의 경영이념이자 경영의 지주이다. 기업가는 인재양성에 온갖 정성을 쏟아야 한다. 인재양성에 대한 기업가의 기대와 정성이 사원 한 사람 한 사람의 마음에 전달되어 있는 한 그 기업은 무한한 번영의 길을 걸어갈 것이다."

그가 내세운 '인재 제일주의'는 바로 인본주의에서 나온 것이다. 실제로 그는 《논어》 등의 고전을 읽으며 인본주의정신을 평생 가슴 깊이 간직했다.

공자는 동서양을 통틀어 우주의 중심에 인간이 있다는 사실을 역설하며 이론적으로 체계화한 최초의 인물이다. 그 내용이 《논어》에 고스란히 수록돼 있다. 에도막부 당시 일본 최고의 주자학자로 손꼽힌 이토 진사이伊藤仁齋는 《논어》를 '우주제일서宇宙第一書'로 극찬한 바 있다. 비슷한 시기에 활약했던 조선조의 정약용도 《논어》의 효용은 경세經世에 있는 만큼 평생을 두고 읽을 만하다'며 늘 책상머리에 두고 애독했다.

'일본 자본주의의 아버지'로 불린 시부사와 에이이치澁澤榮一는 한 손에 《논어》, 다른 한 손에 주판을 들고 수많은 기업을 창업했다. 생전에 《논어》를 탐독한 이병철도 시부사와에 버금하는 언급을 한 바 있다.

"나는 설령 나의 생각이나 생활이 《논어》의 세계에서 벗어나지 못한다 할지라도 오히려 만족할 것이다."

《논어》〈술이〉편에 나오는 '거친 밥 먹고 물 마시며 팔을 굽혀 누울지라도 즐거움이 또한 그 안에 있으니, 옳지 못한 방법으로 얻은 부귀는 나에게 뜬구름과 같다'는 구절을 연상시키는 대목이다. 실제로 의리와 절조를 중시하는 영남 유림의 전통을 이어받은 그는 이런 자세로 삼성의 기초를 닦았다. 그가 인재를 육성하지 못하는 경영자를 '부실경영자'로 규정한 이유다. 그의 이런 신념은 매우 오래전에 형성된 것이다. 1976년 11월 5일자 〈전경련회보〉에 실린 '나의 경영관'이 그 증거다.

"기업이 귀한 사람을 맡아서 훌륭한 인재로 키워 사회와 국가에 쓸모 있게 하지 못한다면 이 역시 기업인으로서 사회적 책임을 다하지 못하는 것이다. 부실경영과 마찬가지로 범죄를 저지르는 행위가 아닐 수 없다. 인재양성은 유능한 인재를 모으는 데만 있지 않고 이들을 묶어주는 구심점, 즉 기업인의 인격과 영도력이 있어야 한다."

그가 인재선발에 그치지 않고 인재육성까지 역설하고 나선 것은 기왕에 인재를 스카우트하는 것만으로는 그 취지를 제대로 살릴 수 없다고 판단한 결과다. 이건희도 선친의 인재경영 철학을 그대로 전수받았다. 이를 뒷받침하는 1993년 당시의 언급이다.

"기업에서 인재를 양성하지 않는 건 일종의 죄악이고, 양질의 인재를 활용하지 못하고 내보내는 건 기업경영의 일대 손실이다."

삼성이 이병철과 이건희 2대에 걸쳐 천하의 인재가 모두 모여드는 '인재의 연수淵藪 : 집산지'가 된 것은 바로 이런 확고한 인재경영 철학 때문이다. 삼성의 인재경영을 단순히 뛰어난 인재를 스카우트하는 것으로 이해해서는 안 되는 이유다.

# 득인과
# 삼고초려

•••• 이병철과 이건희 부자 2대의 인재경영 행태는 크게 두 가지 측면으로 나눠 파악할 수 있다. 인재를 얻는 '득인得人'과 인재를 활용하는 '용인用人'이 그것이다. 실제로 동양고전은 하나같이 인재경영을 득인과 용인 측면에서 나눠 설명하고 있다.

득인은 대개 삼국시대 때 유비가 제갈량의 초려를 찾아가는 '삼고초려三顧草廬' 형식으로 나타났다. 용인은 초한전 때 유방이 진평을 발탁한 것처럼 능력 있는 자를 과감히 중용하는 '탁용擢用'으로 나타났다. 용인과 관련해 《맹자》는 아예 천하의 모든 일을 신하들에게 맡기고 편히 쉴 것을 주장했다. 그러나 이는 전설적인 성군인 요순 때의 태평성대에나 가능한 일이다. 난세에는 보다 적극적인 개입이 필요하다.

법가사상을 집대성한 《한비자》는 바로 이런 입장에서 군주의 역할을 중시하고 있다. 진시황이 《한비자》의 법가사상을 적극 원용해 천하통일에 성공한 것은 유명한 일이다. 그러나 《한비자》 역시 용인과 관련해 군주 홀로 독주하는 것을 경계하고 있다. 치세와 난세를 막론하고 뛰어난 인재의 보필을 주장한 점에서는 왕도王道를 역설한 유가나 패도霸道를 역설한 법가나 하등 차이가 없다.

이는 제자백가서의 효시에 해당하는 《관자》가 군주의 역할을 극히 중시하면서도 인재의 활용을 적극 권한 사실과 무관하지 않다. 이를 뒷받침하는 《관자》〈형세해〉편의 해당 대목이다.

"현명한 군주는 자신의 지혜를 쓰지 않고 성인의 지혜에 맡긴다. 또한 자신의 능력을 쓰지 않고 뭇사람의 능력에 맡긴다. 그러나 어리석은 군주는 자신의 머리만 쓰고 성인의 지혜에 맡기지 않는다. 또한 자신의 능력만 쓰고 뭇사람의 능력에 맡기지 않는다. 그래서 '군주가 홀로 자신의 머리와 능력만 쓰는 나라는 고생스럽고 재앙과 불행도 많다'고 하는 것이다."

천하를 다스리는 일은 결코 군주 홀로 이룰 수 없는 만큼 천하의 모든 인재를 두루 발탁해 활용하라고 충고한 것이다. '인재제일주의'로 요약되는 삼성의 인재경영은 《관자》의 충고를 깊이 이해한 결과로 볼 수 있다. 이를 뒷받침하는 것이 삼성인력개발원 벽에 걸려 있는 이병철의 친필 현판이다.

"국가와 기업의 장래가 모두 사람에 의해 좌우된다는 건 명백한 진리다. 이 진리를 꾸준히 실천해온 삼성이 강력한 조직으로 인재양성에 계속 주력하는 한 삼성은 영원할 것이고, 여기서 배출된 삼성인은 이 나라 국민의 선도자가 되어 만방의 인류행복을 위해 반드시 크게 공헌할 것이다."

인재양성을 통한 경제발전의 비전을 제시한 것이다. 인재경영의 출발점은 '모든 것은 결국 사람이 하는 것이다'라는 평범한 진리를 제대로 깨닫는 데서 출발한다. 삼성을 초일류 글로벌기업으로 키운 이건희가 인재의 범위를 선친과 달리 나라 밖으로 확장한 이유가 여기에 있다. 실제로 그의 삼고초려 행보는 국내외를 넘나든다. 이는 그가 1960년대 말 중앙일보 이사로 있을 때 이미 시작되었다.

홍하상의 《세계의 인재를 구하다》에 따르면 이건희가 처음으로 초빙한 해외 인재는 일본 전자업계의 디자인 전문가인 마쓰우라 히데오松浦秀雄다. 당시 마쓰우라는 일반 간부의 두세 배나 되는 봉급과 아파트, 가정부를 제공받았다. 그는 훗날 삼성이 규격화한 인재 매뉴얼에서 최상급에 속하는 '슈퍼급 인재'의 효시에 해당했다. 삼성은 1987년 이래 해외 인재 스카우트를 전담하는 부서를 설치해놓고 자타가 공인하는 이공계 천재들을 체계적으로 스카우트하고 있다.

현재 삼고초려 원칙은 이건희를 넘어 고스란히 아들 이재용에게까지 전수되고 있다. 유비가 눈을 맞아가며 제갈량의 초려를 찾는 〈삼고초려도〉 수묵화를 이재용에게 선물한 게 그 증거다. 이재용은 이를 자신의 사무실에 걸어놓고 '묵언참구默言參究 : 묵상참선하며 진리를 탐구함'의 화두로 삼고 있다.

# 용인과
# 유재시거

━━━ 용인은 득인과 차원이 다르다. 아무리 뛰어난
사람을 얻었을지라도 써먹지 않으면 아무 소용이 없기 때문이다. 삼국시
대 당시 형주는 인재의 보고였다. 난을 피해 수많은 인재가 형주로 모여들
었다. 그러나 형주목 유표는 이들을 활용할 생각을 하지 않았다. 자신이
그들보다 뛰어난 까닭에 특별히 부를 이유가 없다고 생각한 것이다. 결국
형주는 그의 사후 조조의 손에 넘어갔다. 이는 많은 인재가 유표의 자식에
게 투항을 권유한 결과였다.

그런 면에서 용인은 득인 못지않게 중요하다고 할 수 있다. 용인의 요체
는 과감히 발탁해 사용하는 탁용에 있고, 탁용의 요체는 능력위주로 인물
을 선발하는 데 있다. 일찍이 춘추시대에 제환공을 도와 첫 패업을 이룬 관
중은 결코 청렴한 '염사廉士'가 아니었다. 더구나 그는 제환공을 죽이기
위해 매복한 뒤 화살을 날리는 등 적진에 선 인물이기도 했다.

그러나 제환공은 '관포지교管鮑之交'로 유명한 포숙아의 천거를 받아들

여 그를 과감히 재상으로 발탁함으로써 마침내 춘추시대의 첫 패자가 될 수 있었다. 훗날 당태종도 적진에 있던 위징을 과감히 발탁함으로써 소위 '정관지치貞觀之治'의 태평시대를 열 수 있었다. 당태종과 위징의 대화를 수록한 《정관정요》는 성리학을 통치이념으로 내세운 조선조 이전까지만 해도 제왕학의 바이블로 고려시대에는 《정관정요》를 사서삼경보다 더 중시했다.

중국의 역대 제왕 중 난세의 시기에 인재경영에 성공한 대표적인 인물로 삼국시대의 조조를 들 수 있다. 난세에는 일단 득인에 성공해야 한다. 그러나 이것이 천하를 거머쥐는 소위 '득천하得天下'를 보장하는 것은 아니다. 반드시 탁월한 용인이 뒷받침되어야 한다. 원소가 유표와 달리 뛰어난 인재들을 휘하에 거느렸는데도 불구하고 이내 조조에게 패한 게 그 실례다.

당초 조조는 나름대로 애를 썼음에도 소기의 성과를 거두지 못했다. 그러나 이후 인재를 과감히 발탁해 쓸 줄 아는 사람이라는 소문이 퍼지자 인재들이 구름같이 몰려들기 시작했다. 조조는 초야에 묻혀 있는 인재들까지 빠짐없이 불러 각자의 재능에 맞는 직책을 부여했다. 과감한 발탁과 '적재적소' 배치가 절묘하게 결합한 결과다.

조조가 일찍이 원소와 함께 기병하여 동탁을 칠 때 원소가 문득 조조에게 이같이 물은 적이 있다.

"만일 사정이 여의치 못하면 어느 쪽으로 나아가 근거지로 삼는 것이 가하겠소?"

"그대는 어떻게 하는 것이 좋다고 생각하오?"

"나는 남으로 황하를 점거하고 북으로 연燕과 대代 땅에 의지해 북쪽 오랑캐를 병사로 불러들여 천하를 다투겠소. 대략 이리 하면 거의 성공할 것이오."

그러자 조조가 이같이 말했다.

"나는 천하의 지모와 역량을 사용해 저들을 제압할 생각이오. 어느 곳이든 안 될 곳이 없으니 특별히 남북을 가릴 까닭이 없소."

원소는 지리地利를 가장 중요한 요소로 꼽은 데 반해 조조는 득인을 가장 중요한 요소로 간주한 것이다. '천하의 지모와 역량', 즉 지략智略이 뛰어난 책사와 용력勇力을 지닌 장수가 천하에 널리 포진해 있으니 굳이 남쪽이니 북쪽이니 따지는 것 자체가 우스운 일이라고 지적한 것이다. 조조가 원소에게 승리를 거둔 것은 결코 우연이 아니었다.

당시 원소 밑에 있던 순욱과 곽가 등이 모두 그를 떠나 조조에게 갔다. 계속 원소 밑에 남아 있던 저수와 전풍 등이 조조를 일거에 깰 수 있는 뛰어난 계책을 제시했으나 원소는 이를 받아들이지 않았다. 이에 반해 조조는 시종 뛰어난 인재들을 거두기 위해 혼신의 노력을 기울였다. 화흠과 왕랑, 서황 등 많은 인재가 조조의 휘하로 자진해 귀의한 것은 바로 그의 용인에 감복했기 때문이다.

사실 조조는 인재 한 명을 얻을 때마다 한 주州를 얻는 것에 비유하며 흥분을 감추지 못했다. 형주의 괴월이 유표의 아들 유종을 부추겨 조조에게 투항하게 만들자 조조가 크게 기뻐하며 순욱에게 편지를 보냈다.

"나는 형주를 얻은 것이 기쁜 게 아니라 괴월을 얻은 게 기쁠 뿐이오!"

당시 조조는 한수 강변에서 인재들의 귀의를 축하하는 연회를 베풀었다. 이때 괴월과 함께 조조에게 귀의한 15명의 인재 중 한 사람인 왕찬이 자리에서 일어나 축배를 권했다.

"원소는 자신을 따르는 사람이 많아지자 이내 천하를 겸병하려고 했습니다. 그러나 그는 인재를 좋아할 줄만 알았지 인재를 등용할 줄을 몰랐습니다. 인재들이 그의 곁을 떠난 이유입니다. 유표도 형주에 앉아서 시세의 변화를 관망하다가 스스로 주문왕과 같은 명군이 될 수 있다고 생각했습니다. 난을 피해 형주로 온 선비들은 모두 이 나라의 인재들이었습니다. 그러나 그는 그들을 등용할 줄 몰랐습니다. 이에 반해 조공은 기주를 평정하던 날 수레에서 내려 그곳의 인재들을 받아들였고, 장강과 한수 지역을 평정하던 날 그곳의 인재를 등용해 천하의 인심이 자신에게 돌아가도록 했습니다."

용인이 얼마나 중요한지 극명하게 보여주는 대목이다. 조조는 권력기반이 굳건해지자 인재를 얻기 위해 노심초사했던 주공을 칭송하며 닮고자 했다. 〈단가행短歌行〉의 다음 구절을 보면 알 수 있다.

산은 높다고 거절치 않고 물은 깊다고 마다하지 않네
山不厭高 海不厭深
주공이 토포吐哺하자 천하의 인심이 그를 따랐다네
周公吐哺 天下歸心

'주공토포'는 주나라 건국의 기틀을 닦은 주공이 인재를 귀하게 여긴 데서 나온 고사다. 주공은 머리를 감을 때 세 번이나 머리를 손으로 거머잡은 채 손님을 만나고, 한 번 식사를 하는 동안에도 세 번이나 입에 문 밥을 뱉어버리고 손님을 만났다. 소위 '토포악발吐哺握髮'의 고사다. 토포악발에서 말하는 인재는 재주와 덕을 겸비한 사람을 뜻한다.

이에 반해 조조의 토포악발 대상은 단지 한 가지 재주만을 지닌 인재까지 모두 포함하는 소위 '유재惟才'였다. 조조가 견지한 '유재시거惟才是擧'의 원칙은 '재주 있는 자는 선발할 만하다'는 뜻이다. 바로 이 대목이 주공보다 한 차원 높은 포용력을 보여준다. 이는 바로 앞에 나오는 '산불염고山不厭高'와 '해불염심海不厭深' 구절에 잘 나타나 있다. 산은 본래 높은 산일수록 토석土石을 구분하지 않는 법이고, 바다 또한 넓은 대양일수록 강하江河를 구분하지 않는 법이다. 높은 산과 넓은 바다는 온갖 것을 다 포용하는 까닭에 한 가지만을 고집하지 않는다. 이 구절은 그가 득인뿐만 아니라 용인에도 유재시거의 원칙을 예외 없이 적용했음을 시사한다. 실제로 그는 한 가지 재능만 있는 자까지 모두 망라해 천하통일의 대업에 동참시켰다.

《사기》에는 유재시거의 대표적인 일화가 나온다. 전국시대 말기 진평은 가난했으나 독서를 좋아했다. 그는 진시황 사후 천하가 소란해지자 항우 쪽에 있다가 이내 유방 쪽에 귀의했다. 기원전 205년 유방이 항우와 싸움을 벌이다가 힘이 달리자 형양에 군사를 주둔시키며 휴식을 취했다. 이때 측근인 주발과 관영 등이 유방에게 이같이 건의했다.

"진평은 위나라를 섬기다가 건의가 받아들여지지 않자 초나라에 귀부했고, 중용되지 못하자 다시 도망쳐 우리 한나라에 귀부했습니다. 그런데도 대왕은 배신을 일삼는 그를 호군護軍 : 요즘의 보안사령관에 임명했습니다. 게

다가 그는 '도수수금盜嫂受金 : 형수와 간통하고 뇌물을 받아먹음'을 했다는 얘기까지 있습니다. 실제로 최근 제장들로부터 금품을 뇌물로 받으면서 많이 낸 자는 좋은 곳에 배치하고 조금 낸 자는 나쁜 곳에 배치한다고 합니다."

유방이 이 말을 듣고 곧 그를 천거한 위무지를 불러 나무라자 위무지가 이같이 말했다.

"신이 대왕께 천거한 것은 그의 재능이고 지금 대왕이 나무라는 건 그의 행실입니다. 지금 행실이 아무리 좋다 한들 승부를 내는 책략에는 아무런 도움이 되지 않습니다. 초나라와 한나라가 서로 천하를 놓고 다투고 있기에 신은 기이한 계책을 내는 인재를 천거한 것입니다. 그러니 그의 계책이 실로 나라를 이롭게 하는 것인지 아닌지 만을 고려하십시오. 도수수금이 어찌 사람의 재능을 의심할 이유가 될 수 있겠습니까!"

유방은 아무래도 미심쩍어 이내 진평을 불러들여 물었다.

"그대는 위나라를 섬기다가 임용되지 못했고, 초나라를 섬기다가 떠났고, 지금은 또 나와 사귀고 있소. 성실한 믿음을 지닌 사람이 실로 이처럼 여러 마음을 가질 수 있는 것이오?"

진평이 대답했다.

"신이 위왕을 섬겼을 때 위왕은 신의 건의를 채택하지 못했습니다. 그래서 그를 떠나 초패왕 항우를 섬긴 것입니다. 항우는 다른 사람을 믿지 못했습니다. 그가 일을 맡기고 아끼는 사람은 모두 항씨가 아니면 바로 그 처쪽 사람이었습니다. 그는 비록 뛰어난 인재가 곁에 있을지라도 활용할 줄 몰랐습니다. 그러던 중 마침 대왕의 명성을 듣고 이내 대왕께 귀부한 것입니다. 당시 신은 맨몸으로 온 까닭에 금품을 받지 않으면 쓸 자금이 없었습니다. 지금 신의 계책에 채택할 만한 것이 있다면 대왕은 이를 채택키 바랍니다. 그러나 그럴 만한 것이 없다면 제가 받은 금품이 그대로 있으니 이를 봉해 관청으로 보내도록 하겠습니다.”

유방이 곧 사과하며 많은 상을 내린 뒤 그를 ‘호군중위’에 제수했다. 장수들을 감독하는 일이다. 이후 장수들이 다시는 그에 관해 감히 말하지 못했다. 유재시거의 진수를 보여주는 일화다.

이병철은 득인과 관련해 인재의 대상을 대부분 국내에서 찾았다. 상대적으로 이건희에 비해 인재 발탁의 폭이 좁았다. 용인의 폭이 좁은 것도 이런 맥락에서 이해할 수 있다. 그는 한 번 눈 밖에 난 사람은 다시 기용하지 않았다. 뛰어난 인재를 찾아 적극 활용하기는 했으나 일정한 제한이 있었던 셈이다. 나라의 위신이 미약하고 삼성이 규모가 작았을 때는 이것이 통했다.

그러나 나라의 위상이 높아지고 기업의 규모가 커지면 반드시 득인과 용인의 폭과 깊이가 더 확장되어야만 한다. 득인의 대상을 전 세계의 인재로 넓혀야 하는 것은 물론, 용인에서도 상황에 따라서는 마치 전국시대 중엽의 맹상군처럼 소위 ‘계명구도鷄鳴狗盜’의 인물까지 포용할 줄 알아야 한다. 이건희는 이를 통찰했다. 그가 부친과 달리 관심의 폭을 《논어》와 《맹자》 등의 유가경전에서 《한비자》 및 《손자병법》 등과 같은 제자백가로 확장한 이유다. 이병철이 주공이 보여준 토포악발의 ‘치국’ 차원에 머물렀다면, 이건희는 조조가 보여준 산불염고, 해불염심의 ‘평천하’ 차원으로 나아간 셈이다.

치국과 평천하는 상호 불가분의 관계에 있다. 치국이 제대로 이뤄지지 않는 상황에서 평천하가 이루어질 리 없다. 그러나 치국이 평천하를 담보하는 것은 아니다. 아무리 치국에 뛰어날지라도 평천하로 나아가려면 발상의 전환이 필요하다. 그것이 바로 조조가 보여준 산불염고, 해불염심의 리더십이다.

**이건희는 이를 실천했다.** 그는 선친과 달리 삼성을 떠난 사람일지라도 필요하면 과감히 발탁해 중용하고 있다. '꺼진 불도 다시 보자'는 격으로 이런 용인술이 조직에 커다란 긴장감을 불어넣고 충성도를 높인 것은 말할 것도 없다. 가히 용인의 이치를 터득했다고 할 만하다. 《손자병법》이 말하는 '용병'의 이치도 난세의 '유재시거' 이치와 하등 다를 바 없다는 사실을 깊이 인식할 필요가 있다.

# 메기론과
# 우언寓言경영

    ▪▪▪▪ 이건희의 용인 행보에서 주목할 만한 것은 소위 '우언寓言경영'이다. 우언은 《장자》의 내용이 보여주듯이 인격화한 동식물 등을 의인화해 풍자와 교훈의 뜻을 나타내는 이야기를 말한다. 그가 말하는 우언은 《장자》나 서양의 《이솝이야기》만큼이나 심각한 내용이다. 대표적인 예로 소위 '메기론'을 들 수 있다.

"미꾸라지를 키우는 논 두 곳 중 한쪽에는 포식자인 메기를 넣고 다른 한쪽은 미꾸라지만 놓아보라. 과연 어느 쪽 미꾸라지가 잘 자랄까? 메기를 넣은 논의 미꾸라지가 더 통통하게 살찐다. 이는 미꾸라지들이 잡아먹히지 않기 위해 더 많이 먹고 더 많이 운동하기 때문이다."

이 탁월한 우언은 그가 지난 1993년 프랑크푸르트에서 '신경영 선언'을 하면서 설파한 것이다. 그는 왜 우언경영을 선호하는 것일까?

신경영 선언 직후인 1993년 7월 7일 오후 4시. 아침 7시에 출근해 낮 4시에 퇴근하는 소위 '7·4제'가 처음 실시된 이 날, 서울 중구 태평로의 삼성그룹 본사는 낮 4시가 되자 크게 소란스러웠다. 한참 일할 시점에 쫓겨난 직원들은 건물 밖을 서성였다. 일부는 밖에서 이른 저녁을 먹고 다시 들어오려다가 여지없이 밀려났다. 조기 퇴근한 이후의 시간을 자기계발을 위해 활용하라는 이건희의 주문은 취지는 좋았으나 막상 당사자들에게는 고역이었다.

통상 '변혁'이 '혁명'보다 어렵다고 한다. 혁명하에서는 모든 사람이 이내 체념하고 사태를 받아들일 마음의 준비를 하나, 변혁상황에서는 그 흐름이 점진적인데다 기존의 관행에 익숙한 까닭에 거부반응이 지속된다. 변혁을 주도하는 CEO의 강고한 의지와 추진력이 요구되는 이유다.

이건희도 이를 밀어붙여 삼성맨의 자발적인 혁신을 이끌어내는 데 성공했다. 그가 메기론을 역설하며 7·4제와 같은 가시적인 조치를 취한 것은 나름대로 이유가 있다. 1991년 이후 삼성은 현대에 이어 재계 2위로 뛰어오르며 순항을 하고 있었지만 내부적으로는 적잖은 문제를 안고 있었다. '자만'과 '방심'이 독소였다. 그가 신경영 선언을 전후로 고강도의 '변혁론'을 설파하면서 메기론과 같은 수많은 우언을 하루가 멀다 하고 토해낸 배경이다. 지금까지 나온 대표적인 우언을 요약하면 다음과 같다.

■ 개구리론 | 개구리의 눈이 머리에 달린 이유는 생존을 위해서다. 뒤까지 볼 수 있도록 진화한 것이다. 동물과 달리 사람은 위기에 민감하지 못하다. (현실안주 경계)

■ 기러기론 | 기러기는 편대비행을 한다. 향도가 맨 앞에 날고 나머지는 향도 기러기의 명령에 따라 행동한다. 밤에도 향도만 잘 날면 기러기는

길을 잃지 않는다. (CEO의 솔선수범 강조)

■ **거북이론** | 모래 속 깊은 구덩이에서 깬 바다거북은 모래웅덩이를 빠져나올 때, 꼭대기에 있는 거북은 천장을 파내고, 가운데 있는 거북은 벽을 허물고, 밑에 있는 거북은 떨어지는 모래를 밟아 다지면서 함께 모래 밖으로 기어 나온다. (조직 내 상하의 유기적 협조 역설)

■ **파이프론** | 지름 100cm 파이프도 한 곳이 50cm면 결국 50cm 파이프 구실밖에 못한다. 기업도 생산·유통·판매·경영관리 중 하나라도 이류에 머물면 역시 이류밖에 안 된다. (삼성의 일류기업 도약 주문)


메기론은 소위 '깜짝 인사'와 '패자부활'에서 그 진면목을 드러낸 바 있다. 1987년 이건희가 회장에 취임할 당시 그와 가까웠던 인사 서너 명이 모두 낙마했다. 친인척이나 특수 관계인을 철저히 배제한 결과였다. 사람들이 경악한 건 말할 것도 없다. 비서팀장을 지내며 평소 두터운 신임을 받아온 J씨는 예상과 달리 외곽으로 밀려났다. 1993년 신경영 선언 때는 삼성경제연구소로 인사조치됐다. 충격이었다.

그러나 더욱 놀라운 것은 이후 그가 최고의 노른자위 직책으로 손꼽히는 일본본사 사장으로 영전된 데 있다. 이후 필요하면 언제라도 다시 발탁하는 새로운 인사원칙이 정립됐다. 이는 전장상황에 따라 수시로 장수를 바꿔 기용하는 것에 비유할 만하다. 제갈량이 군막 안에서 함께 병법을 논의하던 마속을 총애한 나머지 일선 장수로 내세웠다가 가정전투에서 참패당한 것을 거울로 삼은 게 분명하다. 삼성의 임직원이 예나 지금이나 늘 긴장하며 업무에 임하는 배경이 여기에 있다.

최근 메기론 등을 통해 혁명적인 변혁을 이끈데 이어 '구멍가게론' 등을 통해 삼성의 일대변신을 꾀한 것은 높이 평가할 만하다. 시류의 변화에 재빨리 적응코자 했기 때문이다. 하드웨어에서 소프트웨어로 중점을 옮기는 게 관건이다.

'구멍가게론'을 언급할 당시 그가 마이크로소프트에 이어 애플과 구글 등을 자주 입에 올린 게 그 증거다. 이 회장을 대신해 감군監軍 역할을 수행하고 있는 이재용 부회장이 장차 부친의 '소프트웨어로의 중점 이동'의지를 얼마나 잘 구현할지 주목되는 대목이다. 삼성의 성패가 여기에 달려 있기 때문이다.

일석오조로
상생을 꾀하다

"기업이 충분히 투자하고, 연구개발하고, 제대로 직원을 대우해주고, 교육도 하고, 사회에 공헌도 하고 그런 뒤에 이익을 내야 비로소 삼성의 회사라 할 수 있어요. 이 중 하나라도 안 하고 이익을 내면 결코 이익을 낸 게 아니에요. 제대로 하지 않을 생각이면 삼성의 회사이기를 포기하세요!"

# 달동네와
# 일석오조론

**····** 이퇴계로 상징되는 영남 유림의 선비정신을 이어받은 이병철은 죽을 때까지 '신독愼獨'의 행보를 보였다. 신독은 주변에 다른 사람이 없을 때 오히려 더욱 신중을 기하는 자세를 말한다. 실제로 퇴계의 삶이 그러했다. 이병철이 임직원들의 사소한 비리조차 결코 용납하지 않는 엄격한 모습을 보인 것도 이런 맥락에서 이해할 수 있다. 1982년 10월, 한 언론 기고문에서 그는 삼성의 '정도경영' 배경을 이같이 설명한 바 있다.

"기업은 사장의 기량만큼 크다고 한다. 사장의 기량을 넘어 기업이 커질 수는 없는 것이다. 잠시도 긴장을 풀 수 없고, 잠시도 쉴 수 없는 사장의 자리는 사장실의 안락의자처럼 편안한 자리가 아니다. 사장 자리는 기업과 사회에 대한 봉사의 자리이기 때문이다."

사회학자 퇴니에스F. Tönnies가 분류한 사회조직개념에 따르면 기업은 이윤을 목적으로 하는 전형적인 '이익사회'다. 공익과 공의를 기본요소로 하는 국가 등의 '공동사회'와 대조를 이룬다. 이 경우 기업이윤과 기업윤리는 대립하게 된다. 오랫동안 기업윤리를 최소한의 기준인 준법개념으로 파악한 배경이 여기에 있다.

그러나 이는 기업이윤과 기업윤리가 불가분의 관계를 맺고 있다는 사실을 간과한 것이다. 기업이 최소한의 '준법'에 자족하며 이윤을 극대화하는 쪽으로 나아갈 경우 기업은 이내 공동사회로부터 점점 멀어져 마침내 공동사회의 공적으로 내몰릴 수 있다. 마르크스와 레닌Vladmir Lenin이 모든 기업을 국영기업으로 전환시킨 배경이다. 일제강점기에 사업을 시작한 이병철은 이를 통찰하고 있었다. 이를 뒷받침하는 그의 발언이다.

"인간 활동에서 최고의 미덕은 봉사이고 기업도 이 미덕을 지녀야 한다. 기업의 존립기반은 국가이고, 사회공헌이 기업 활동의 마지막 지향점이다. 기업경영에서 최고의 이상형이 있다면 그건 영리와 사회정의의 조화이며 국가의 산업발전에 기여하고 사회생활을 향상시키는 것이다."

그가 기업가정신을 금전욕을 뛰어넘는 '창조적 의욕'에서 찾은 것도 바로 이 때문이다. 이는 애국애민을 바탕으로 한 선비정신의 발현으로 볼 수 있다. 이건희가 선친의 이런 정신을 이어받은 것은 자연스러운 일이다. 이를 뒷받침하는 일화가 있다.

1980년대 초 부총리를 지내다가 삼성그룹 회장으로 와 있던 신현확과 부회장 이건희가 담소를 나누던 중 달동네 이야기가 화제로 나오자 신현확이 말했다.

"옛말에 '가난 구원은 나라도 못한다'고 했소. 달동네 걱정은 하지 말고 회사나 잘 경영할 생각을 하시오."

이건희가 문득 정색을 했다.

"삼성의 미래를 위해서는 사회와 더불어 가지 않으면 안 됩니다."

그의 이런 생각은 생각 자체로 그치지 않았다. 그가 회장으로 취임한 이듬해인 1988년은 서울올림픽의 후유증으로 부동산 가격이 크게 치솟은 해였다. '한국형 버블'로 빈부격차가 극심해졌다. 이때 그는 미아리와 봉천동 등 서울의 대표적인 달동네를 직접 다녀왔다. 보육사업의 필요성을 절감한 그는 이해 말 비서실에 이같이 지시했다.

"달동네 빈민들이 어떻게 생활하는지 생생히 있는 그대로 비디오로 담아 사장단에게 보이도록 하라!"

얼마 후 사장단이 모였다. 모두 달동네 비디오를 본 까닭에 논의의 주제 역시 보육사업이었다. 여러 이야기가 나왔다. 시종 듣고 있던 그가 사장단을 싸잡아 힐난했다.

"도대체 달동네를 몇 번이나 가봤습니까? 달동네를 가보지도 않고 보육사업을 한다는 게 도대체 말이 됩니까? 각 사 사장은 물론 임원들도 한 달에 한두 번은 가보도록 하세요!"

등골이 서늘해진 사장단이 매주 주말 약속을 삼가고 너도나도 달동네로 달려간 것은 말할 것도 없다. 보육사업이 삼성의 대표적인 사회봉사 활동으로 각인된 배경이다. 이는 그가 평소 강조하는 소위 '일석오조론一石五鳥論'과 맥을 같이 한다.

빈민촌에 탁아소를 세우면 부모들은 빈곤탈출과 함께 빈민자녀 양산을 예방할 수 있고, 자녀들은 주변의 위험한 환경에서 벗어나 양질의 교육을 받을 수 있게 된다. 또 정부는 저소득층 생계문제와 고용문제에 대한 부담을 덜 수 있고, 기업은 공익사업 참여로 이미지를 새롭게 할 수 있다. 결국 이는 구매력 확대로 연결된다. 일석오조의 골자다.

원래 이는 {사기}[중니제자열전]에 나오는 말이다. 춘추시대 말기 공자의 수제자 자공은 뛰어난 유세술로 스승의 나라인 노나라를 위기에서 구했다. 이를 두고 사마천은 경탄을 금치 못하며 그 효과를 '일석오조' 로 요약했다. 존로存魯, 난제亂齊, 파오破吳, 강진强晉, 패월:霸越이 그것이다. 노나라를 존속케 만들고, 제나라를 어지럽게 만들고, 오나라를 깨뜨리고, 진나라를 강하게 만들고, 월나라를 패권국으로 만들었다는 뜻이다. 이 회장이 언급한 '일석오조' 와 취지를 같이한다.

그는 국가가 보육시설에 관심을 갖기 어려웠던 시절, 보육사업의 중요성을 간파하고 이를 전파하는 데 앞장선 셈이다. 이에 대해 삼성 측은 약간 다르게 해석한다. 기업하기 좋은 나라가 되기 위해서는, 첫째, 규제가 완화돼야 하고, 둘째, 빈민층이 사라져야 한다는 것이다. 빈민층은 사회주의를 잉태할 수 있는 씨앗이라는 판단에서 나온 것이다. 탁견이다. 사실 빈민문제를 자본주의의 최대 수혜자인 대기업이 적극 나서서 해결해야 한다는 그의 일석오조론은 자본주의 입장에서 마르크스의 '계급투쟁론' 을 정면 공격한 것으로 볼 수 있다.

# 국시와
# 사시

     경영자가 기업의 경영과 관련해 견지하는 기본
적인 태도와 신념 등을 뜻하는 '경영이념'은 통상 '경영철학'으로 번역된
다. 기업도 조직공동체인 한 앞으로 나아가야 할 방향과 관련한 기본철학
이 없을 수 없다. 기업의 경영철학이 집약돼 나타난 것이 바로 '사시社是'
다. 취지 면에서 거대 공동체인 국가의 '국시國是'와 하등 차이가 없다.

지난 1986년 야당 통일민주당 의원 유성환은 '대한민국의 국시는 반공
보다 통일이어야 한다'고 발언했다가 체포동의안의 날치기 가결로 제명
된 바 있다. 반공을 국시로 내세운 전두환 정부의 심기를 건드린 결과였
다. 소위 '국시논쟁'을 촉발시킨 이 사건은 대통령직선제를 요구하는 6·10
민주항쟁의 단초가 되었다.

국시논쟁은 '반공'과 '통일'이 사실은 같은 내용이라는 점을 간과한 데
서 비롯된 것이다. 반공이 한반도의 분단을 영속화하려는 취지에서 나온
것이 아닌 한 궁극적인 목표는 통일일 수밖에 없다. 반공은 통일의 한 수단

에 해당한다. 실제로 가장 강도 높은 '멸공통일'에서 시작해 '승공통일' 과 '반공통일' '국공합작통일' 등 여러 방안이 있을 수 있다. 국시는 응당 목적론에 해당하는 통일로 정하는 게 옳았다.

불행하게도 대한민국에서는 해방공간의 혼란스러운 이념대립 등으로 인해 이것이 관철되지 못했다. 이승만과 대립한 김구가 통일을 국시로 내세울 것을 주장하다가 피격당한 게 그 증거다. 북한이 이를 빌미로 '남조선 해방을 통한 조국통일'을 국시로 내세운 것은 뼈아픈 일이다. 이후 남한에서는 목적론에 해당하는 통일을 국시로 내세우는 게 당연한데도 이를 주장하는 것은 곧 친북용공분자로 간주됐다. 방법론에 불과한 반공이 통일을 대신해 국시로 간주되는 이상한 상황이 빚어진 것이다. 모든 면에서 남한이 북한을 압도하고 있음에도 아직도 국시의 명분 면에서 북한에 밀리는 듯한 양상이 지속되는 이유가 여기에 있다.

기업경영 측면에서 볼 때 이는 사시의 중요성을 새삼 일깨워주는 반면교사에 해당한다. 삼성의 사시는 홍익인간과 사업보국, 인본주의다. 일부 전문가는 삼성의 기본철학이 이병철의 사업보국·인재경영·합리추구에서 이건희의 신경영 선언 이후 세계제일·기술중시·인간존중 등으로 진화한 것으로 보고 있다. 글로벌시대를 맞아 삼성의 새로운 비전과 전략이 반영된 결과로 해석하는 것이다.

그러나 삼성의 사시는 결코 변하지 않았다. 홍익인간과 사업보국, 인본주의의 이념은 과거도 그렇고, 현재도 그렇고, 앞으로도 변함없이 관철될 것이다. 이는 방법론에 불과한 반공 대신 목적론에 해당하는 통일을 국시로 내건 것에 비유할 수 있다. 이병철과 이건희 부자는 미래에 대한 확고한 비전을 제시하며 제왕적 경영을 통해 삼성맨의 인간미와 도덕성 등을 제고한 점에서 하등 차이가 없다. 단지 이건희는 활동무대를 국내에서 세계로 확대한 것만이 다를 뿐이다.

원래 경영이념은 방법론에서 서로 반대되거나 상호관련이 없는 것을 하나로 묶는 포괄적인 내용으로 이뤄져야 한다. 그래야 방법론을 둘러싼 '사시논쟁'을 피할 수 있다. 이는 마치 큰 강과 산이 모든 것을 포용하는 것에 비유할 수 있다. 삼성 내에서 사시논쟁이 일어나지 않는 것도 이런 맥락에서 이해할 수 있다. 이는 기본적으로 삼성이 기업의 존재이유와 목표를 홍익인간과 사업보국에서 찾은 결과로 볼 수 있다. 정현우의《이건희 신사고 신경영》에 이를 뒷받침하는 이건희의 언급이 나온다.

"의료기의 터무니없는 가격은 GE의 웰치하고 지멘스Siemens, 일본의 몇몇 기업이 담합한 결과다. 이들은 인류의 역적이다. 5만 달러, 8만 달러면 양산할 수 있는 것을 50만 달러, 100만 달러 받고 있다. 의료기에서 폭리를 취해 사람의 생명을 팔아먹는 건 노예를 파는 인간과 다를 바가 없다."

사람의 생명을 폭리의 계기로 이용하는 다국적기업의 파렴치한 행위를 통렬하게 지적한 것이다. 그의 이런 홍익인간정신 역시 선친으로부터 물려받은 것이다. 실제로 호암재단에서 펴낸《호암어록》을 보면 '국가와 인류'를 생각하는 거대담론이 매우 풍성하다. 국가가 가정과 회사보다 우선이고, 회사는 국가와 인류를 위해 일해야 한다는 내용이 그것이다. 이를 두고 강준만은《이건희 시대》에서 이같이 분석해놓았다.

"이런 발언을 홍보용이나 '쇼'로만 생각하는 건 성급하다. 높은 위치에 있는 사람일수록 '다중적 품성'의 포로가 되기 쉽다. 세계적 환투기로 악

명이 높은 조지 소로스George Soros 역시 다중적 품성의 소유자다. 일부 사람들로부터 '자본주의의 악마'라는 욕을 먹기도 하는 그는 공공사업에 많은 돈을 기부하는 자선가이기도 하며 자본주의를 비판하는 문명비판가이기도 하다."

그러면서 그는 이건희의 다중적 품성의 배경을 소위 '코쿤cocoon' 기질에서 찾았다. 코쿤은 외부세상에서 도피하여 자신만의 안전한 공간에 머무는 칩거증후군을 뜻한다. 그러나 홍익인간정신을 실현하고 있는 사람을 코쿤 운운하며 칩거증후군으로 몰아간 것은 지나쳤다. 초일류 글로벌기업을 이끌고 있는 이건희를 환투기를 일삼는 조지 소로스와 비교한 것도 잘못이다.

동일한 사물을 두고 여러 각도에서 평가하는 것은 자유다. 그러나 팩트만큼은 있는 그대로 인정할 필요가 있다. 이건희가 사람의 생명을 담보로 의료기에서 폭리를 취하고 있는 GE와 지멘스 등을 맹공한 것은 선친과 마찬가지로 홍익인간으로 표출되는 조선 전래의 선비정신으로 무장했기에 가능한 일이다. 이병철과 이건희 부자는 퇴계의 선비정신을 '상인정신'으로 드러낸 것만이 다를 뿐이다.

자본주의이념에 입각한 기업이 출현한 이래 21세기 현재에 이르기까지 홍익인간처럼 거창한 사시를 제시한 기업은 존재한 적이 없다. 《논어》 등의 경전을 토대로 상도를 확립한 일본의 오사카 상인들조차 이와 유사한 목표를 사시로 내건 적이 없다. 홍익인간 행보를 코쿤 등에 비유하는 것은 고려자기를 두고 실생활에 직접 사용할 수 없다는 이유를 들어 막사발만도 못하다고 평하는 것과 같다.

다음 일화를 보면 이건희가 윤리경영을 얼마나 중시하고 있는지 쉽게 알 수 있다. 1993년 삼성중공업 직원이 경쟁사인 한국중공업의 컨테이너 크레인 공장에 들어가 제조과정을 몰래 카메라로 찍다가 들킨 일이 있다. 당사자는 경찰 조사에서 '잘해보겠다는 마음에서 독자적으로 한 일이다' 라고 주장했으나 그 파문은 컸다. 소식을 들은 이건희가 벽력같이 소리를 지르며 관련자들에 대한 엄중 문책을 지시했다.

"정말 내가 그만두어야 정신 차리겠는가?"

삼성이 아무리 수익성이 높을지라도 손가락질 받을 일은 하지 않는다는 불문율의 사풍社風을 갖게 된 배경이 여기에 있다.

# 발렌베리와
# 삼성

•••• 삼성은 지금도 '재벌財閥'의 상징으로 통하고
있다. 재벌은 독점기업의 일종인 콘체른Konzern을 번역한 일본어 '자이
바쯔'를 그대로 수입한 말이다. 복합기업 중에서도 주로 가족구성원이나
일가친척으로 구성된 기업집단을 가리킨다. 그러나 그보다는 무력을 독점
해 사적인 이익을 도모하는 '군벌軍閥'처럼 재력을 독점해 사적인 이익을
도모한다는 부정적인 뜻이 강하다.

해방 이후의 한국역사가 그러했듯이 삼성 역시 무수한 정변의 소용돌이
를 헤쳐오는 와중에 크고 작은 물의를 빚었다. 그러나 초일류 글로벌기업
으로 우뚝 선 21세기의 삼성을 과거처럼 계속 부정적인 의미의 재벌 잣대
로 재단하는 것은 위험한 일이다. 삼성의 국내 GDP 기여율이 20퍼센트를
차지하고 있는데다 외국인 주식 지분율도 절반을 넘나들고 있다. 에도시
대에 창업한 미쓰비시와 마쓰이 등이 군벌과 손을 잡고 성장한 것을 빗댄
재벌은 이미 폐기된 개념이다. 실제로 일본조차 과거의 재벌개념을 그대

로 적용할 수 있는 대기업은 존재하지 않는다.

시민단체 등 일각에서 아직도 재벌 운운하는 것은 나무만 보고 숲을 보지 못하고 있다는 지적을 면하기 어렵다. 기업의 지배형태가 반드시 전문경영인을 통한 영미식의 소위 '민주적 경영' 형태가 되어야만 하는 것도 아니다. 일례로 핀란드의 노키아와 스웨덴의 발렌베리Wallenberg는 삼성보다 더 강화된 오너기업 모습을 띠고 있으나 오히려 해당 국민들로부터 전폭적인 지지를 받고 있다. 국내 GDP 및 재정에 대한 기여는 말할 것도 없고 나라와 국민의 위신을 높이는 데 결정적인 공헌을 하고 있기 때문이다.

이건희도 지난 2003년 7월 발렌베리 그룹을 방문한 바 있다. 이 회사는 에릭슨통신장비·사브자동차·비행기엔진·아브엔지니어링·스카니아트럭·아스트라제약·일렉트로룩스가전·세브금융 등 세계적인 기업을 거느린 명실상부한 '국민기업'이다. 천문학적인 세금과 사회보장 부담금으로 사회에 공헌하면서 국가경제 공헌도 또한 삼성보다 크다. 실제로 발렌베리는 GDP의 30퍼센트를 생산하고 있다. '국가 내 국가'로 불릴 만하다.

그러나 일각에서는 발렌베리가 전문경영인 체제하에서 노조의 경영참여를 수용하고 있는 점 등을 들어 삼성을 '한국의 발렌베리'에 비유하는 것에 강한 거부반응을 보이고 있다. 서울대 법학전문대학원 교수 조국이 대표적인 인물이다. 그는 2010년 5월 20일자 프레시안에 올린 글에서 이같이 주장했다.

"현재처럼 총수 1인에 의존하는 삼성의 경영방식과 지배구조가 얼마나 지속될 수 있을지 의문이다. 삼성을 발렌베리나 노키아로 만드는 건 삼성의 '자각' 으로 이루어지지 않는다. 기업범죄에 대한 엄정한 법집행, 공정 거래질서의 확립, 기업의 준법경영·사회책임경영이 가능하려면 이를 법제도와 문화로 구현시킬 수 있는 정치세력·사회세력이 있어야만 한다. 대한민국의 국민이 먹고사는 일에 빠져 있을 때 국민은 영원히 '삼성왕국' 의 '신민臣民'일 뿐이다. 주권자가 '맘몬Mammon : 신약성서에 나오는 부와 탐욕' 의 목에 고삐를 채워야 할 때이다."

이는 객관적 사실을 토대로 자신의 주장을 논리 있게 전개해야 하는 학자의 글과는 너무 동떨어져 있다. 그의 지적대로 설령 삼성이 발렌베리만 못하다 할지라도 과연 무슨 근거로 왕국·신민·맘몬 운운하는 것인지 납득하기가 어렵다. 그는 법제도와 문화 운운하고 있으나 그가 이상적으로 생각하는 법제도와 문화는 어떤 것인지 묻고 싶다.

나라마다 역사문화 배경이 다르다. 반드시 스웨덴 방식을 좇을 필요는 없다. 고식적으로 좇을 경우 오히려 커다란 부작용을 초래할 소지가 크다. 삼성도 발렌베리의 경영방식을 좇아야 한다고 주장하는 것은 중국의 수뇌부를 향해 미국식 민주주의가 가장 옳은 것이니 속히 중국도 이를 좇아야 한다고 주장하는 것이나 다름없다. 나무만 보지 말고 숲 전체를 보는 안목을 키울 필요가 있다. 객관적으로 볼 때 삼성은 노키아나 발렌베리보다 더 나으면 낫지 결코 덜하지 않다.

노키아와 발렌베리 모두 해당국에서 명실상부한 국민기업으로 숭앙받고 있는 상황에서 그에 못지않은 삼성만 유독 한국에서 수시로 비판의 도마 위에 오르는 것은 안타까운 일이다. 과거의 사소한 잘못에 연연하기보다는 국민기업으로서의 사명감을 갖고 더욱 열심히 분발해줄 것을 당부하는 게 맞다. 삼성도 명실상부한 '국민기업'이 되기 위해 배전의 노력을 기울여야 하는 것은 재언할 필요도 없다.

# 대기업과
# 중소기업

░░░░ 삼성은 시민단체 등이 주장하는 것과 달리 오히려 그들이 그토록 역설하고 있는 소위 윤리경영의 선구 역할을 충실히 수행하고 있다. 국내 최고의 대기업으로서 중소기업과의 공존공영을 위해 부단한 노력을 기울이고 있는 게 그 증거다. 사실 이는 삼성이 이미 오래전부터 해온 일이기도 하다. 이에 관한 일화가 있다.

1980년대 중반, 그룹 부회장으로 있던 이건희는 삼성전자가 왜 경쟁력이 없는지 알아내기 위해 고심하던 중 마침내 일본행 비행기에 몸을 실었다. 당시 세계 제일의 경쟁력을 보유하고 있는 일본의 경쟁업체와 부품회사를 탐방해 그 비결을 찾아내고자 한 것이다. 그는 먼저 일본 마쓰시타에 VCR 부품을 공급하는 한 협력회사 사장과 저녁식사를 하면서 새벽 3시까지 대화를 나눴다. 협력회사 사장은 자신이 마치 마쓰시타 최고경영자인 양 마쓰시타의 경영철학과 비전, 과제 등을 상세히 설명해주었다. 원청업체의 장래를 누구보다 걱정하는 듯한 그의 진지한 모습에 이건희는 내심

찬탄을 금치 못했다.

당시 삼성을 비롯한 한국의 상황은 이와 정반대되는 모습을 보이고 있었다. 삼성 등 대기업에 부품을 납품하는 업체는 소위 '하청업체' 내지 '납품업체'로 불리며 원청업체인 '갑甲'의 눈치를 보아야 하는 '을乙'의 위치에 있었다. 이건희는 이 낡은 구도를 깨버렸다. 협력업체에 베풀면서 도움을 청하는 식의 대등한 관계로 변환시킨 것이다.

이는 양질의 부품을 싸게 신속히 구매하는 예술의 경지까지 끌어올려야 한다고 생각한 결과였다. 그는 이를 '구매의 예술화'로 표현했다. 이는 그가 그룹 회장으로 취임할 때 나온 것이었다.

"소위 '구매의 예술화'는 내가 직접 만들어낸 말입니다. 이는 아주 중요합니다. '조립양산업組立量産業'은 원가의 80~85퍼센트가 구매원가입니다. 협력업체를 지도하고 육성해 제품의 질을 높여야만 경쟁력을 지닐 수 있습니다."

삼성이 자랑하는 정도경영의 상징이 중소기업과의 상호협조를 통한 구매의 예술화에 있다고 해도 과언이 아니다. 한국의 대기업은 그의 지적처럼 부품업체가 제공한 부품을 조립해 양산하는 형태를 취하고 있다. 상식적으로 생각해도 부품업체의 경쟁력이 뒷받침되지 않으면 '명품'을 만들어낼 길이 없다. 그가 구매의 예술화를 외친 배경을 쉽게 짐작할 수 있다.

이는 그가 업業의 본질을 통찰한 데 따른 것이다. 이를 뒷받침하는 일화가 있다. 1989년 11월 11일, 삼성과 거래하는 협력업체 대표들이 서울 삼성 본관에 속속 모여들었다. 오찬을 겸한 상견례 때문이었다. 당시만 해도 그룹의 총수가 협력업체 대표들을 초청한 것은 매우 이례적인 일이었다.

그의 옆자리에는 협력업체 모임을 이끌고 있는 대성전기 회장 P씨가 앉아 있었다. 식사 도중 문득 그가 물었다.

"회장님은 무슨 차를 타십니까?"

당시 최고급 승용차인 그랜저 3.0을 타고 다니던 P씨는 예상 밖의 질문에 크게 당혹한 나머지 한 단계 낮춰 말했다.

"그랜저 2.7입니다."

이건희의 대답이 엉뚱했다.

"우리 삼성의 협력회사 사장님들은 최고급 승용차를 타셔야 합니다. 그리고 업무차 들르면 우리 계열사 사장 차 옆에 주차할 수 있어야 합니다. 삼성의 움직임을 제대로 이해하고 적극 참여하려면 삼성의 중역도 쉽게 접근할 수 없는 개발실까지 들어갈 수 있어야 합니다."

말에 그치지 않았다. 협력사 대표들에게 삼성의 상시 출입이 가능한 '프리패스'가 부여됐다. 이는 한국의 대기업이 협력회사로부터 부품을 조달받는 조립양산업을 주축으로 삼고 있으면서도 협력회사를 늘 '을'로 대우하는 왜곡된 관행에 일대 경고를 울린 것이나 다름없다. 협력회사에 대한 삼성의 지원과 상호협력 관계는 이렇게 시작됐다. 그는 이미 부회장 시절 이같이 말한 바 있다.

"부품의 품질이 확보되지 않으면 100년이 가도 일류가 될 수 없다. 더나아가 우리 경제가 튼튼해지려면 설비와 기계 등 자본재와 부품산업이 더욱 발전해야 한다."

그의 구매 예술론은 1993년 신경영 선언과 함께 구체화됐다. 1998년에는 협력업체 경영 전반을 지도하는 계열사까지 출현했다. 협력업체의 자금·기술·인력·판로애로를 타개하기 위한 지원 대책이 마련된 배경이다.

그러나 삼성이 무턱대고 지원한 것은 아니다. 협력업체의 '모럴해저드 moral hazard'를 부추길 소지가 있기 때문이다. 협력업체에 대한 평가를 강화해 평가점수 하위 10퍼센트는 거래를 끊는 방식이 도입됐다. 이는 프로야구와 축구 등에서 소위 '2부 리그'를 따로 두어 선수들의 긴장과 분발을 자극하는 방식과 닮았다. 2부 리그 운영의 성패는 평가의 공정성 여부에 달려 있다.

2001년 계열사인 삼성전기는 '전해電解콘덴서' 납품경쟁에 나섰다가 이내 고배를 마셨다. 더 나은 부품을 제시한 외부 협력업체에 밀린 것이다. 이 사건이 전체 계열사 임직원에게 던진 충격은 매우 컸다. 이를 계기로 계열사 프리미엄이 전혀 통하지 않는 전통이 마련됐다. 자존심이 크게 상한 삼성전기는 절치부심하며 노력한 끝에 고부가가치 제품인 '적층積層세라믹콘덴서' 개발에 성공했다. 전화위복이 된 셈이다.

구매의 예술화는 납품과 관련한 비리 관행을 철저히 차단함으로써 그 완성도를 더욱 높일 수 있었다. 수시로 이뤄지는 감사에서 부정이 적발된 업체는 사안의 경중에 따라 6개월 안팎의 출입정지 조치를 당하거나 영구 거래정지 조치를 당하기도 했다. 현재 10만여 개에 이르는 협력업체 중 그의 친인척이 경영하는 회사가 단 하나도 없다. 아무리 강력한 조치를 취할지라도 전혀 반발이 없는 이유가 여기에 있다. 공평을 기한다는 믿음 때문이다.

21세기에 들어서면서 구매의 예술화는 공급망관리SCM : Supply Chain Management와 협력포털 등으로 훨씬 진화된 모습을 보이고 있다. 협력포

털은 삼성이 어떤 물건을 언제, 어떻게, 얼마만큼 만들지 등에 관한 모든 정보를 협력업체와 연결된 인터넷에 띄워 정보를 공유하는 것을 말한다. 마케팅 정보 등 핵심 정보가 미리 제공되는 까닭에 보안이 필수적이다. 때문에 서로 깊이 신뢰하지 않으면 불가능한 일이다.

중소기업에 대한 지원은 비단 협력업체에 그치는 것도 아니다. 1994년 한 모임에서 우연히 만난 중소기업협동조합중앙회 회장 P씨가 중소기업을 위한 연수원 건립 지원을 요청했을 때 이를 흔쾌히 수락한 게 그 실례다. 당시 실무진에서 용인의 땅 일부를 부지로 제공하는 내용을 골자로 한 방안을 올리자 그는 화를 냈다.

"중소기업 발전이 곧 대기업 발전이라는 사실을 왜 모르는 것인가?"

몇 차례 수정을 거쳐 마련된 최종안은 건립비 310억, 운영비 39억을 포함해 삼성의 인력개발원 인력 다섯 명을 5년간 파견하는 내용까지 담은 획기적인 방안이었다. 구매의 예술화는 협력업체의 기술지원에 적극 발 벗고 나선 데서 진면목을 드러내고 있다.

일화 하나. 1996년 삼성전자는 협력회사인 대봉정밀의 금형설계와 제작, 프레스작업, 조립공정 등을 체계적으로 지원하기 위해 일본 도요타 자동차의 협력회사인 다카키 제작소를 소개했다. 삼성이 엄선해 알선한 업체였다. 그러나 처음 몇 달 동안 전수받은 것은 고작 5S정리·정돈·청결 등을 뜻하는 일본어 이니셜와 3정三正 : 정위치·정량·정품에 지나지 않았다. 세계 최고 수준의 선진기술을 배우겠다는 부푼 꿈을 품고 건너온 대봉정밀 임직원 모두 다카키를 소개해준 삼성을 원망하며 크게 실망했다.

그러나 얼마 후 자신들의 짧은 생각을 자책하게 되었다. 공정이 눈에 띄게 빨라지고 물류 또한 수월해지자 다카키 제작소가 비로소 기술을 이전하기 시작했다. 공정의 자동화로 89명이 할 일을 38명이 할 수 있게 되면서 리드타임이 줄고 생산성이 눈에 띄게 높아졌다. 대봉정밀의 임직원은 도제식徒弟式으로 기술을 전수하는 일본 제조업체의 기본 생리를 전혀 몰랐던 것이다. 당시 삼성전자의 'DVD 콤보'가 세계적으로 히트를 치게 된 배경이다.

# 법 논리와
# 도의적 책임

    ▪▪▪▪ 기업은 기본적으로 원재료를 구입하고 노동력과 기타 경비를 투입해 제품을 시장에 출하함으로써 부가가치를 창출한다. 이 과정에서 이자와 임대료, 임금 등의 지출을 충당하고 이익의 일부를 세금의 형태로 국가에 납부한다. 이익이 나지 않으면 재투자가 불가능해진다. 기술혁신과 유행 선도를 통한 고객 창조, 불확실한 미래에 대한 과감한 투자 등이 중시되는 이유다.

    나아가 기업이 모든 재화를 생산할 수 있는 것도 아니다. 모든 나라가 정도의 차이는 있으나, 국가존망 및 안녕과 직결된 '공공재'의 생산 및 유통에 통제를 가하는 이유다. 그럼에도 공공재를 모두 '공기업'의 형태로 관리해야만 하는 것은 아니다. 이런 방식은 소위 '철밥통' 풍조에 따른 비효율과 자원의 낭비가 심각하기 때문이다. 효과적인 통제를 전제로, 가능하다면 설령 공공재일지라도 극히 일부분의 경우를 제외하고는 경쟁과 효율을 기본속성으로 하는 민간 기업에 대폭 이양하는 게 바람직하다.

이는 통상적인 재화와 서비스도 큰 틀에서 보면 정도의 차이만 있을 뿐 궁극적으로는 공공재의 성격을 띠고 있다는 것을 반증하는 것이다. 현재 민간 기업에 전적으로 맡기고 있는 민생 관련 의ㆍ식ㆍ주 관련 산업을 생각하면 쉽게 알수 있다. 21세기에 들어와 기업의 사회적 책임이 강조되는 것도 이와 무관하지 않다.

그러나 민간 기업이 만드는 모든 재화와 서비스를 공공재로 확대해석해서는 결코 안 된다. 이는 이미 실패로 끝난 공산주의의 철밥통 문화를 부활시키는 것이나 다름없기 때문이다. 이윤 동기를 억누르거나 기업가에게서 영리를 배제하려는 것은 그들에게 자선사업이나 성직을 강요하는 것이나 다름없다. 몰염치하고 무제한적인 이윤추구를 방지하는 수준에 멈출 필요가 있다. 가장 좋은 방안은 말할 것도 없이 기업 스스로 사회적 책임을 통감해 자발적으로 그 소임에 충실하도록 만드는 것이다.

21세기는 기업이 제공하는 무수한 재화와 서비스를 배제하고는 단 하루도 영위할 수 없을 만큼 개인의 삶 자체가 기업 활동과 불가분의 관련을 맺고 있다. 기업은 기본적으로 국민경제를 풍족하게 하고 국민생활을 쾌적하게 만드는 모든 재화와 서비스를 원활히 제공해야만 하는 책무를 띠고 있는 것이다. 여기서 얻어지는 게 기업이윤이다.

기업이 국민경제에 대해 차지하는 영향력과 비중이 커질수록 CEO의 사회적 책임도 커지고, 기업과 국민경제의 관계가 밀접할수록 CEO의 사회적 역할 또한 커질 수밖에 없다. 그간 한국경제는 급속한 성장과정에서 사회적 역할에 소홀했던 게 사실이다. 급속한 성장에 따른 어두운 면이 확대되어가는데도 애써 이를 외면한 것이다. 기업의 사회적 책임은 단순히 세금을 포탈하지 않고 꼬박꼬박 납세하는 등 법을 지키는 차원에서 그치는 것이 아니다. 도의적 차원의 보다 적극적인 행보가 필요하다. 21세기에 들어와 '윤리경영'을 '도덕경영' 내지 '정도경영'으로 바꿔 표현하는 이유다.

실제로 사람들은 기업의 선의와 악의 등의 '법리法理'보다는 해당 기업의 도덕적 행보에 더 큰 관심을 기울인다. 대기업 CEO의 역할과 비중이 최고통치권자를 위시한 위정자들 못지않게 중시된 결과다. 정치권에서 흔히 사용되는 '정치도의적 책임'이 이제는 대기업 CEO에게도 그대로 적용되고 있는 것이다.

지난 1997년 대선 당시 여당 후보 이회창이 아들의 '병역비리 의혹'에 대해 시종 법리로 대응하다 서민들의 분노를 사서 마침내 분루를 삼킨 전례를 타산지석으로 삼을 필요가 있다. 당시 법리 대신 정치도의적 책임 운운하며 특단의 조치를 취했으면 결과가 어찌 되었을지 모를 일이었다. 이회창은 2002년 대선에서 이 문제가 또다시 불거지자 아들을 소록도로 보내 봉사활동을 시키는 등 국민정서에 부응하는 조치를 취했으나 이미 약효를 상실한 뒤였다.

이유 여하를 막론하고 기업 활동과정에서 이런저런 이유로 물의가 빚어졌을 때 법리로 모든 것을 해결하려는 것은 '하책'이다. 설령 법적으로 아무 문제가 없을지라도 기업의 사회적 책임에 대한 비난은 오히려 증폭될 수 있기 때문이다. 전두환이 이회창과는 정반대로 백담사 행을 택함으로써 5공화국 정권에 비판적인 여론을 상당부분 누그러뜨린 점에 주목할 필요가 있다. 그런 점에서 이건희가 삼성비자금 사건이 빚어졌을 때 사죄의 의미로 2조 원을 쾌척하며 경영일선에서 물러난 것은 '상책'에 해당한다.

이병철도 3공화국이 초기에 소위 '한비사건'으로 궁지에 몰렸을 때 유사한 해법을 통해 곤경을 빠져나간 적이 있다. 1950년대부터 한국 굴지의 대기업인 삼성을 이끌고 있던 이병철은 이런 우여곡절을 겪는 와중에 기업의 사회적 책임이 어떤 것인지 통감했을 것이다. 1983년 2월 전자반도체 회의에서 언급한 다음 대목이 그 증거다.

"선진국 대열에 합류하는 데는 세 가지 방법뿐이라고 한다. 첫째, 남이 다 만드는 물건을 누가 싸게 만드느냐, 둘째, 같은 값이면 누가 얼마나 품질을 좋게 만드느냐, 셋째, 같은 품질일지라도 누가 남보다 앞서 만들어내느냐에 달려 있다는 것이다. 이는 삼성이 줄곧 추구해온 것이고 앞으로도 계속 추구해나갈 방향이기도 하다."

그가 생전에 국민경제를 풍족하게 하고 국민생활을 쾌적하게 만드는 데 일조하지 못하는 기업은 기본 책무를 다하지 못한 것으로 여긴 이유다. 삼성이 일찍부터 대기업 가운데 사회적 책임의 선도역할을 한 배경이 여기에 있다.

삼성 경영진이 이건희를 두고 '최고윤리경영자CEO : Chief Ethics Officer'로 부르는 것도 이런 맥락에서 이해할 수 있다. 이는 '최고집행경영자CEO : Chief Executive Officer'는 반드시 최고윤리경영자여야 한다는 취지에서 나온 것이다. 윤리경영은 말로 이뤄지는 게 아니다. 이건희는 사장단 회의에서 윤리경영을 제대로 하지 않을 양이면 회사를 포기하라고 일갈한 바 있다.

"기업이 충분히 투자하고, 연구개발하고, 제대로 직원을 대우해주고, 교육도 하고, 사회에 공헌도 하고 그런 뒤에 이익을 내야 비로소 삼성의 회사라 할 수 있어요. 이 중 하나라도 안 하고 이익을 내면 결코 이익을 낸 게 아니에요. 제대로 하지 않을 생각이면 삼성의 회사이기를 포기하세요!"

아무리 좋은 강령과 기준을 제시할지라도 최고윤리경영자의 강고한 의지가 없으면 도루묵이 될 수밖에 없다. 글로벌경영 환경에서 기업경영의 키워드로 등장한 윤리경영에 대한 그의 신념은 확고하다. 그는 1989년 초부터 그룹 경영에 이를 관철시켜왔다. 그의 지론이다.

"기업의 부정은 암이고 그것이 있으면 회사는 반드시 망하고야 만다."

삼성이 어느 기업보다 깨끗한 기업문화를 유지해오고 있는 비결이 여기에 있다. 이를 뒷받침하는 일화가 있다. 2001년 6월 말 비非전자계열사 사장단 회의가 열렸다. 회의 도중 삼성증권 사장이 이같이 보고했다.

"증권은 IMF체제 이후 단기간에 업계 1위로 고속성장을 했기 때문에 성장 후유증이 있을 것 같습니다. 직원들이 약정액 경쟁에 시달리면 고객에게 도움이 되지 않는 상품까지 권유해 고객과 직원 모두에게 좋지 않은 결과가 나올 수도 있습니다. 경쟁사에 다소 밀려 2, 3위가 될지라도 한번 바로잡아보겠습니다."

그가 목소리를 높였다.

"직원이 불행하고 고객이 불행한데도 회사가 잘되는 것 봤습니까? 2, 3등이 문제가 아니라 5등까지 가도 좋으니 바로잡을 건 분명히 바로잡도록 하세요."

삼성증권은 곧 약정경쟁 중단을 선언했다. 사실 '5등' 운운은 최고를 뜻하는 '온리 원, 넘버 원Only One, Number One'을 지향해온 삼성에서는 있을 수 없는 언급이었다. 이는 그가 정도경영을 얼마나 중시하고 있는지를 반증한다. 그의 이런 신념은 카드대란이 일어났을 때 진가를 드러냈다. 당시 그는 수시로 금융 계열사 사장단 회의를 주재하면서 정도경영의 중요성을 거듭 강조했다.

"내가 카드에서 1조 원 가까이 이익이 난다고 들었을 때 구조조정본부에 지시한 내용을 들었습니까, 안 들었습니까? 내수업종인 금융, 카드사가 1조 원

이익을 내면 그건 문제가 있다고 그랬습니까, 안 그랬습니까? 그만하면 많이 팔렸는데 왜 자꾸 가두판매를 하려고 하는 것입니까?"

내수업종인 금융을 이익을 많이 내는 업종이 아니라 국민에게 신뢰를 주고 좋은 서비스를 제공하는 업종으로 본 까닭이다. 2010년에 삼성생명이 상장되자마자 주식을 청약하기 위해 사람들이 구름같이 몰린 것도 이와 무관하지 않을 것이다. 정도경영의 개가가 아닐 수 없다.

삼성카드가 '대부업' 진출을 포기한 것도 이런 맥락에서 이해할 수 있다. 아무리 수익성이 좋을지라도 저소득층을 대상으로 한 대부업은 정도경영 취지에도 맞지 않을 뿐 아니라 사회가 삼성에 거는 기대에도 반하는 것으로 본 것이다. 그는 금융계열사 사장단 회의에서 이같이 말했다.

"카드는 고리대금업이 아녜요. 서민들이 싼 이자로 돈을 빌려 스스로 일어나도록 도와야 합니다. 중요한 건 그들이 정말 고마움을 느끼도록 해야 해요. 이익이 주는 한이 있더라도 사회에 이바지할 수 있는 일들을 해나가는 게 무엇보다 중요합니다."

'빈민 없는 나라가 기업하기 좋은 나라'라는 뜻이다. 사실 제조업을 기반으로 한 글로벌 기업이 자국민은 물론 세계의 모든 소비자에게 전폭적인 지지를 얻고자 하면 결코 금융업까지 손을 대서는 안 된다. 아리스토텔레스는 『정치학』에서 고리대금업을 악덕 중의 악덕으로 꼽은 바 있다. 궁지에 몰린 사람의 등을 쳐 먹기 때문이다. 로마제국이 흥성할 때 귀족들은 금전 대차관계에서 이자를 붙이지 않았다. '노블레스 오블리주' 정신에 어긋났기 때문이다. 로마제국의 멸망은 이런 정신이 무너진 결과로 볼 수 있다. 중동의 이슬람국가들은 21세기 현재까지 금전 대차관계에서 이자를 붙이는 것을 금하고 있다. 형식에 그친다는 지적이 없는 것은 아니나 '투자' 라는 구실 아래 드러내놓고 '고리대금업' 을 일삼는 월스트리트의 '천민 자본주의' 행각보다는 훨씬 낫다.

당시 삼성카드의 경영진이 비록 '고리대금업' 은 아니었다고 할지라도 대부업계에 진출코자 한 것은 큰 잘못이다. 이 회장이 삼성카드의 경영진을 질타한 것은 백번 잘한 일이다. 언젠가는 카드회사를 정리하는 결단을 내릴 필요가 있다. 그게 창업주인 이병철 전 회장이 제시한 '사업보국' 의 취지에 부합한다.

당시 삼성카드가 그의 언급 직후 곧바로 '소년소녀가장돕기' 캠페인에 나선 것은 그나마 다행이었다. 원래 이는 1993년 신경영 선언에서 시작된 것이기도 하다.

"도덕성이 결여된 기업에서 좋은 물건이 나올 수도 없고, 나와도 반갑지 않습니다."

'도덕불감증' 치료를 위해 삼성맨의 인간미·도덕성·예의범절·에티켓을 강조하는 소위 '삼성헌법' 이 등장한 배경이다. 인간 본연의 자세를 견지한 뒤에야 제대로 된 제품과 서비스가 창출될 수 있다는 게 그의 지론이다. 그의 이런 의지는 삼성의 금융계열사 사업에 결정적인 영향을 미치고 있다.

실제로 삼성생명은 회사의 경영활동이 고객가치 증진과 신뢰 형성에 부합하는지를 점검하기 위해 50여 명의 스태프로 구성된 '고객정책실' 을 운영하고 있다. 다른 업종과 달리 고객이 상생공영의 동반자라는 인식에서 나온 것이다. 삼성캐피탈은 2000년부터 '고객갱생 프로그램' 을 운용하고 있다. 실직이나 불의의 사고 등으로 상환능력은 없으나 상환의지가 강한 고객을 대상으로 채무조정과 연체이자 감면 등의 도움을 주는 제도다. 이것이 다른 회사의 벤치마킹 대상이 된 것은 당연한 일이다.

# 기름유출과
# 윤리경영

  2001년 충북 제천 인근 5번 국도를 가로지르는 고가도로에서 상판이 무너지는 사고가 났다. 시공사는 삼성물산이었다. 인명피해는 없었지만 삼성에 비상이 걸렸다. 사고 직후 이건희는 삼성물산에 감사를 나가는 사람들에게 이같이 당부했다.

  "동일한 사고를 근절할 대책을 마련하지 못할 것으로 판단되면 문을 닫아도 된다. 건설에서 2000억, 3000억 원의 이익이 나는 것이 중요한 게 아니다. 그룹의 이미지가 떨어지는 것이 더 나쁘다. 인명피해가 나는 건 죄악이다."

  곧바로 200여 곳에 이르는 공사현장에 대한 일제 점검에 돌입했다. 현장 인력을 모두 불러 교육하고 사고원인과 대책 마련에 들어갔다. 1994년에도 경기도 오산천에 벙커C유가 흘러 하천을 오염시키는 사고가 발생했다. 오염원인 삼성전자는 기름유출 방지작업만 하고 적극적인 조치를 취하지 않았다. 보고를 접한 그가 벌컥 화를 냈다.

"사원 몇 천 명을 동원해서라도 기름을 제거하고 우리가 실수했노라고 떳떳하게 밝혔다면 적어도 비난은 받지 않을 수 있었다. 잘못을 인정할 수 있는 게 바로 변화다."

그는 취임 초기부터 환경문제만큼은 아무리 작은 일이라도 적극적인 관심을 갖고 대처할 것을 주문한 바 있다. 이는 환경 자체가 신수종 사업이 되고 있다는 사실을 통찰한 결과였다. 2002년 5월, 그는 삼성전자 사장에게 문득 전화를 걸어 환경의 사업화를 주문했다.

"요즘 환경과 건강에 대한 소비자들의 의식이 높아지는 걸 제품화에 반영해봐요. 한국의 공기, 특히 서울의 공기 오염도는 심각한 수준 아닙니까? 삼성이 반도체사업 때문에 클린 이미지를 가지고 있으니 공기청정기를 제대로 만들고 에어컨에도 공기청정기 기능을 반영하면 좋을 겁니다."

그간 쌓아온 기술과 노하우를 소비자들의 건강과 직결되는 사업에 투입해보라고 주문한 것이다. 삼성엔지니어링이 프랑스 온데오Ondeo사와 하수폐수처리장 건립을 공동 추진하고, 비방디Vivendi사와 조인트 벤처를 설립해 환경사업에 본격 뛰어든 이유다. 환경사업은 향후 그 규모가 더욱 커질 공산이 크다.

2010년 4월 20일에 빚어진 BP의 석유유출 사건이 그 증거다. 1989년 알래스카의 엑슨 발데스호 사고보다 16배나 많은 기름이 유출됐다. 엑슨은 당시 3조5000여 원을 쏟아부었다. 이는 당시 세계 최대 정유회사인 엑슨의 1년 총수익을 능가하는 금액이었다. 미국은 엑슨 사고 이후 사고를 낸 회사가 전적으로 방제를 책임지는 법을 제정했다.

BP의 기름유출 사건은 지난 2007년의 충남 태안 기름유출 사고를 연상

케 한다. 112만 명의 자원봉사자를 포함한 총 213만 명이 동원돼 오염 확

그러나 당시 방제에 참여한 상당수 태안주민은 아직도 제대로 된 피해보상을 받지 못하고 있다. 2014년 5월 태안 기름유출 피해 민사소송 1심 선고에서 당진·서천 피해주민 소송 4건이 모두 기각된 게 그렇다. 이 판결은 당시 국회가 졸속으로 만든 '태안지원특별법'과 무관치 않다. 정부가 배상판결 전에 배상금을 미리 지급하도록 한 것까지는 좋았으나 국제유류오염보상기금의 산정 결과를 토대로 지급하도록 해놓은 것이 문제다. 누더기 법으로 인해 정부조차 손을 쓰지 못하는 상황에서 무턱대고 삼성만 탓할 수는 없으나, 나중에 정부 측과 결산토록 하고 우선 대승적 차원에서 피해어민을 돕는 방안을 적극 강구할 필요가 있다. 그것이 삼성이 그간 추구해온 정도경영의 취지에도 맞다.

# 2부

# 상략商略 리더십

이병철은 왕도 리더십을 유지하면서 상황에 따라서는 적절히 패도 리더십을 구사한 경우에 속한다. 그런 점에서 제갈량 내지 세종과 많이 닮았다. 이건희는 정반대로 패도 리더십의 기조를 유지하면서 신상필상과 같은 왕도 리더십을 발휘하는 유형에 속한다. 이는 조조 내지 태종과 닮은꼴이다. 이병철과 이건희 부자는 조조와 제갈량, 태종과 세종이 그렇듯이 왕패병용을 리더십의 요체로 삼은 점에서 하등 차이가 없다.

# 중지수렴으로
# 정보를 얻다

"한 사람의 힘으로는 다수의 힘을 이길 수 없다. 한 사람의 지혜로는 만물의 모든 이치를 알기 어렵다. 한 사람의 지혜와 힘보다는 많은 사람의 지혜와 힘을 쓰는 게 낫다."

# 지식과
## 정보

　　•••• 이건희는 원래 '골초'였다. 하루 평균 두 갑을 넘겼으니 말이다. 1996년 4월 미국 샌디에이고에서 전략회의를 마치고 귀국하던 중 15시간 이상 비행하는 게 고통스러웠다. 그는 수행비서를 시켜 VIP좌석에 있는 승객 서너 명에게 양해를 구하게 했다. 당시만 해도 기내 흡연이 가능했다. 수행비서가 뒷좌석에 타고 있던 중년 미국인에게 신분을 밝히고 정중히 양해를 구하자 그가 흔쾌히 수락했다. 공교롭게도 그는 휴렛패커드 한국지사 초청으로 강연차 한국으로 가는 MIT대 교수 도노번이었다. 당시 그는 《리엔지니어링》이라는 책으로 명성을 떨치고 있었다. 이건희와 도노번의 대화는 1시간 동안 이어졌다.

　도노번은 방한 6일째 되는 날 삼성의 사장단 회의인 '수요회의' 특별강사로 초빙됐다. 그는 이날 강의에서 글로벌 경쟁력 확보를 위한 정보기술의 중요성을 역설하면서 시급히 인트라넷 구축을 통한 인터넷 비즈니스에 나설 것을 충고했다. 신경영 선언 3년째를 맞고 있던 이건희 역시 정보인프라 구축을 절감하고 있던 때였다.

원래 반도체와 LCD 등은 타이밍이 기업의 사활을 좌우한다. 이는 정보 인프라가 전제돼야 한다. 〈수주 → 설계 → 생산 → 공정관리 → 재고관리 → 출고〉로 이어지는 프로세스를 종합적이고 유기적으로 파악하고 관리할 수 있어야만 타이밍을 정확히 맞출 수 있다. 그는 신경영 선언 당시에도 여러 차례에 걸쳐 조속한 정보인프라 구축 필요성을 역설했다. 그러나 대다수 사람은 이를 제대로 이해하지 못했다. 진척상황이 지지부진하자 그는 사장단을 모아놓고 특유의 우언寓言 화법을 구사했다.

"열 개 공정 가운데 여섯 개 공정을 자동화해놓고 '60퍼센트 자동화됐다'고 보고하는 임원이 있습니다. 이는 자동화율이 0퍼센트나 마찬가지입니다. 댐이 10m 높이로 쭉 있어도 한 군데만 5m로 낮아지면 이 댐은 높이가 5m밖에 안 됩니다."

정보화가 여러 갈래에서 동시에 추진되지 않을 경우에 발생하는 정보소통의 병목현상을 댐 높이에 비유해 설명한 것이다. 1996년에 서울 강남에 정보인프라 교육연수원인 '멀티 캠퍼스'가 발족했다. 정보전략 부서장에 대한 교육과 선진국회사들에 대한 벤치마킹도 동시에 이뤄졌다. 이런 노력 끝에 나온 것이 소위 '싱글Single'이다. 이는 인터넷을 통한 그룹의 정보공유 체계를 말한다.

싱글 구축의 효과는 매우 크다. 초기에 삼성전자는 재고물량을 평균 4조1000억 원 수준에서 2조3000억 원으로 대폭 낮췄다. 미회수 채권도 4조6000억 원에서 2조6000억 원으로 무려 2조 원 이상 줄였다. 증권의 경우 사이버 거래 주문 건수가 70퍼센트를 넘었고, 약정액의 절반 이상이 인터넷을 통해 이뤄졌다.

현재 싱글은 '내부 경영효율 제고'에서 '대외 경쟁력 제고'로 진화하고 있다. 지식정보경영의 차원을 넘어 고객경영, 가치경영 등으로 급속히 확산되고 있는데, 이는 싱글을 한 단계 발전시켜 웹상에서 접속하고 결재가 가능하도록 만든 '마이 싱글My Single' 덕분이다. 2003년에 완성된 마이 싱글은 해외 어디에서라도 웹사이트 접속이 가능해 삼성이 초일류 글로벌 기업으로 약진하는 데 크게 기여했다. 이는 이건희의 선견지명과 열화 같은 독려가 있기에 가능했다.

사실 지식이 없으면 정보가 생산되지 않고 단지 잡다한 사실을 나열해놓은 데이터만 존재할 뿐이다. 반대로 정보가 없으면 지식 또한 적실성適實性을 잃게 된다. 이건희는 《생각 좀 하며 세상을 보자》에서 이같이 말했다.

"우리는 대개 있는 사실을 기록한 데이터와 인포메이션에 해당하는 정보를 구분하지 못하고 있다. 바로 지금 어떻게 되어 있는가 하는 사실파악은 데이터지 정보가 아니다. 정보란 그런 사실을 내가 어떻게 보는가 하는 것이다. 예컨대 환율이 올랐다는 사실은 데이터에 불과하다. 환율이 오르는 데서 오는 득실은 무엇이고, 환차손을 줄이고 환차익을 극대화하기 위해서는 무엇을 어떻게 해야 하는가를 아는 것이 곧 정보다."

메이지유신의 사상적 스승인 후쿠자와 유키치福澤諭吉가 일본인을 계몽시키기 위해 가장 먼저 언론사인 〈시사통신〉을 창설하고 《서양사정》을 발간한 것도 바로 이 때문이다. 후쿠자와는 지식과 정보가 동시에 상호작용을 해야만 사람들이 세상 돌아가는 것을 정확히 알 수 있다고 판단한 것이다.

지식경영의 이론적 창시자인 피터 드러커Peter Ferdinand Drucker는 생전에 일본을 방문해 소니 회장 이데이 노부유키出井伸之와 대담을 가진 적이 있다. 당시 드러커는 글로벌기업이라면 응당 다섯 명의 최고집행 책임자가 있어야 한다고 주장했다. 대표이사 외에 미래비전·재무·인사·홍보 담당 CEO가 그것이다. 석학다운 통찰이었다. 그러나 이데이는 한 수 위였다. 그는 이같이 화답했다.

"맞는 말입니다. 그러나 한 가지 더 추가해야 할 게 있습니다. 바로 정보를 전담하는 '최고정보경영자CIO: Chief Information Officer' 입니다."

이데이는 지난 2009년 6월 NHK 국제방송의 독서 프로그램에 나와 도쿄대 명예교수 시미즈 히로시清水博의 《생명의 재파악 : 살아있는 상태란 무엇인가》를 애독서로 소개한 바 있다. 이는 생물세계에서 개체와 전체가 어떻게 조화를 이루는지를 연구하는 '생명관계학' 을 낳은 명저다.

이데이는 회사조직도 생명의 집합체라며 생물세계의 법칙으로부터 많은 것을 배울 필요가 있다고 말했다. 생명관계학에 따르면 미물도 목숨을 유지하기 위해 소위 '생명지生命知' 를 창출한다고 한다. 얼마 전 일부 시민단체가 중국과 일본 등의 네티즌에게 삼성 제품 불매를 촉구하는 식의 '불매운동' 을 벌였다. 이는 제 밥그릇마저 깨트리려는 무지막지한 자포자기로 미물의 생명지만도 못한 짓이다.

# 목계와
# 지식경영

•••• 1970년 이병철은 미쓰비시 등 일본 대기업의 비서실을 벤치마킹한 후 여러 요소를 참고해 삼성 비서실을 만들었다. 이때 가장 역점을 둔 게 정보였다. 삼성 비서실이 세간에서 '한국정보센터'로 불린 배경이 여기에 있다. 실제로 걸프전 발발과 김일성 사망, 개각내용 등을 정보기관보다 더 빨리 안 게 삼성 비서실이었다.

당시 삼성 비서실은 정보수집·감사·기획·인사·국제금융·재무·기술·경영관리 등으로 세분화되어 있었다. 조직이 방대했던 것은 말할 것도 없다. 지금은 외형상 분리돼 있으나 〈중앙일보〉도 삼성 비서실의 '정보센터' 역할에 일조했다. 노태우 정부 시절 '내각제합의 각서 파동'이나 '노태우 탈당' 등을 특종보도한 곳이 바로 〈중앙일보〉다. 여야 정치권 수뇌부보다 삼성 수뇌부가 이 정보를 먼저 접한 것은 말할 것도 없다.

드러커도 기업가 정신이 가장 뛰어난 나라로 한국을 꼽으면서 '지식정보산업의 생산성'이 한국기업의 핵심 경영과제가 될 것을 예견한 바 있다.

실제로 한국은 그의 예견대로 컴퓨터와 제조업, 교육 분야의 지식기술자들이 지식정보산업의 선도역할을 하는 정보사회로 급속히 진화했다. 한국에서 생산성 향상을 위한 지식경영의 토대가 마련된 배경이다.

'일본의 피터 드러커'로 불리는 노나카 이쿠지로野中郁次郎는《지력知力》을 통해 제대로 된 지식경영이론을 최초로 만든 장본인이다. 드러커가 지식경영을 제창한 이래 미국이 그 선봉을 자처했음에도 정작 이에 관한 이론을 체계화한 곳은 일본이었다. 노나카의 '지식창조이론'은 드러커의 지식경영에서 한 단계 더 진화한 것이다. 드러커도 노나카의 이론을 접하고는 칭송을 아끼지 않았다.

노나카의 지식창조이론은 조직구성원의 지적 능력과 이를 통해 창조되는 '지력'을 기업의 핵심요소로 파악한 게 특징이다. 그는 효율만 추구하면 오히려 축소균형으로 인해 위기국면이 닥칠 때 그대로 무너질 공산이 크다고 경고했다. 미국발 경제위기에 대한 그의 분석이다.

"계속되는 불황 속에서 기업들은 비용절감과 고용축소 등 효율을 앞세운 방어적인 분위기에 휩싸여 있다. 그러나 이처럼 효율만 추구할 경우 경기순환에 봄이 온다 할지라도 마음은 여전히 겨울의 추위에 떨어야 할 것이다. 이제 기업은 무엇보다도 창조를 우선하는 경영에 도전해야 한다. 그것도 지엽적인 수준을 넘어 혁신적인 창조성을 추구해야 한다."

한국기업은 그간 '명령적이고 수직적인 리더십'을 기반으로 한 효율성을 추구해 압축성장을 이뤘다. 그러나 21세기의 시대적 흐름은 지식정보에 기초한 창조사회로 진행하고 있다. 창조사회의 기반이 지식정보사회에 있는 셈이다.

삼성이 보여주고 있는 지식정보의 인프라 구축과 창조경영정신은 이병철이 아들 이건희에게 좌우명으로 내려준 목계 일화와 무관하지 않다. 이 일화는 삼류에 불과했던 싸움닭이 40일 만에 최강의 싸움닭이 된 이치를 잘 보여주고 있다. 요체는 쉬지 않고 스스로를 채찍질하는 '자강불식'이다. 삼성은 부자 2대에 걸쳐 '목계'의 정신을 바탕으로 초일류 글로벌기업이 되었다고 할 수 있다.

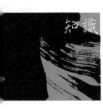
# 목계 연마와
# 실천

    •••• 그렇다면 이건희는 구체적으로 목계의 좌우명을 어떻게 실천한 것일까? 이를 뒷받침하는 일화가 있다. 그는 1968~1987년까지 손에서 책을 놓지 않는 소위 '수불석권手不釋卷'을 실천했다. 당시 비슷한 또래의 많은 재벌 2세들이 골프를 치고 연일 이어지는 파티에 참석해 정신없이 놀고 있을 때 그는 책과 씨름했다. 20대 후반에서 40대 중반에 해당하는 인생의 절정기를 그는 이처럼 '무미건조'하게 보낸 것이다. 사실 남들과 똑같이 즐기며 자강불식을 실천하는 것은 불가능하다.

    역대 제왕 중 수불석권을 실천한 인물들의 행적을 보면 이를 쉽게 알 수 있다. 삼국시대의 조조는 전장에서도 책을 옆에 끼고 다니며 시간이 날 때마다 읽었다. 행군 중 큰 강과 산을 지날 때면 예외 없이 시를 읊었다. 중국의 전 역사를 통틀어 가장 뛰어난 황제로 손꼽히는 청대의 강희제는 군막 안에서 선교사와 함께 삼각함수 문제를 푼 것으로 유명하다. 그는 당대 최고 수준의 학문을 자랑하는 황제이기도 했다.

현대 중국의 주춧돌을 놓은 마오쩌둥은 평생 《자치통감》을 끼고 다니며 모두 17번 읽은 것으로 유명하다. 1930년대 대장정 때 그의 배낭 안에 있었던 것도 이것이었고, 죽을 때 그의 침대 곁에 쌓여 있었던 것도 바로 이것이었다. 조선조 역대 군왕 중 《자치통감》을 가장 열심히 읽었던 사람은 세종이었다. 그는 손수 주석서를 펴내기도 했다. 세종과 더불어 최고의 성군으로 손꼽히는 정조 역시 평생 수불석권의 자세를 흐트러뜨리지 않았다.

이건희가 인생의 황금기를 목계의 수련기간으로 삼은 것은 바로 수불석권의 자세를 견지했기에 가능했다. 이는 동양고전에 밝았던 부친의 호학好學 기질을 이어받은 것이다. 일찍부터 이건희를 후계자로 낙점한 이병철은 장차 삼성호의 사령탑이 될 자식에게 혹독한 경영훈련을 시킨 셈이다.

홍하상의 《이건희》에 따르면 이건희는 회사에서 퇴근하면 자신이 세운 커리큘럼을 좇아 공부했다. 당시 그가 가장 열심히 읽은 것은 전자·우주·항공·자동차·엔진공학 등 주로 공학과 관련된 서적이었다. 이해가 되지 않거나 의심이 들 때는 해당 분야의 최고 전문가를 초빙해 강의를 들었다. 질문이 끝없이 이어진 까닭에 강의는 통상 12시간을 넘겼고 날을 꼬박 새우며 20시간의 연속강의를 들은 적도 드물지 않았다. 대단한 집념이 아닐 수 없다. 당시 그가 초빙한 사람만도 수백 명에 달했다. 그는 여기에 그치지 않고 직접 기계를 구입해 분해하고 조립하는 일도 서슴지 않았다. 오직 공부만 한 셈이다.

그러니 한가롭게 친구들과 어울려 놀 시간이 있을 리 없다. 사실 술자리도 거의 하지 않은 까닭에 어울릴 친구도 없었다. 그의 이런 자세는 이후 그룹 부회장으로 승진했을 때는 물론 부친의 뒤를 이어 회장의 자리에 오른 뒤에도 전혀 변한 게 없다.

삼성전자가 소니를 제쳤을 당시 삼성의 임직원 모두 샴페인을 터뜨리며 이를 자축했으나 그는 조용히 일본 행 비행기에 올랐다. 더 공부해야 할 게 있다는 생각 때문이다. 한 달 동안 일본에 머물며 일본의 저명한 학자와 경제인을 두루 만났다. 도중에 도쿄의 최신 전자제품 매장을 직접 찾아가 일일이 물건을 점검했다. 그는 스스로 묻지 않을 수 없었다.

"삼성이 진정 소니를 누를 수 있는가? 한국기업은 과연 일본기업보다 기술이 앞서 있는 것인가? 일본기업은 중국시장을 어떻게 보고 있는가? 삼성이 명실상부한 글로벌 리딩 컴퍼니가 되기 위해서는 어떤 변화가 필요한가?"

젊었을 때부터 몸에 익혀온 자강불식의 자세가 빛을 발하는 대목이다. 경쟁업체를 누르고 세계 최정상에 오르고자 했던 목적을 이룬 순간, 임직원들과 함께 기쁨을 만끽하는 것이 자연스럽다. 그러나 이는 통상적인 CEO의 모습이다. 이건희는 달랐다. 목표가 원대하기 때문이라고 해석할 수밖에 없다. 2009년 말, 이명박이 G20 유치에 성공한 뒤 돌아오는 길에 전용기 안에서 참모들과 함께 만세삼창을 부른 것과 대비되는 모습이다.

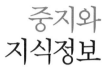
# 중지와
# 지식정보

    ▪▪▪▪ 이건희는 고려청자나 조선백자의 뛰어난 제조 기술이 후손에게 제대로 전수되지 못한 것은 기록문화의 부재 때문이라고 보고 있다. 실수를 바로잡기는커녕 많은 돈과 인력을 낭비하며 동일한 실수를 반복하는 것도 같은 이치라는 것이다. 그가 기록문화에 유달리 집착한 데에는 부회장 시절부터 자신이 지시한 문제점들이 제대로 전달되지 못한 사실과 무관하지 않다. 취임 이후 그는 이같이 일갈했다.

"국제화와 기술중시 등은 내가 옛날에도 다 지적한 사항인데 아직도 고쳐지지 않고 있다."

비서실은 즉시 〈전자 관련 회장님 지시사항〉이라는 문건을 만들어 팀장은 물론 관계사 사장들에게 전했다. 여기에는 기술중시·자율경영·인간존중·구매합리화·국제화 등 일곱 개 부문에 걸쳐 그가 1980년대 초 부회장 시절부터 지시한 내용들이 기록돼 있다. 그가 1990년대 초 삼성 신임 임원들에게 소니 녹음기와 팩스를 지급하도록 한 것도 평소 기록문화를 중시한 결과다.

그러나 21세기에 들어와 인터넷이 급속히 발달하면서 기록문화의 패턴이 급격히 바뀌고 있다. 인터넷을 기반으로 한 '위키피디아'와 '웹2.0' 등이 그 실례다. 지식정보의 생산자와 소비자가 특정되어 있지 않은 게 가장 큰 특징이다. 누구나 참여해 지식정보를 생산하고, 공유하며 그 내용을 끊임없이 업그레이드하는 것이다.

이를 단순히 인터넷 커뮤니티의 새로운 현상 정도로 해석하는 것은 너무 평면적이다. 《전략적 직관》을 쓴 컬럼비아대 더간William R. Duggan은 이같이 풀이했다.

"혁신은 한 명의 천재가 자신의 놀라운 능력으로 창출하기보다는 다양한 사람들과의 직간접적인 소통을 통해 이루어지는 경우가 많다. 기업이 소수의 '천재'에게서만 혁신적인 결과물을 기대하는 건 위험한 생각이다. 창의성이 발현되는 메커니즘을 조직 내부에 널리 확산할 수만 있다면 오히려 천재 한 명의 성과보다 훨씬 더 큰 성과를 얻을 수 있다."

천재의 탁이卓異한 창의성에만 기대는 혁신은 일회적이나 소위 '집단지성'을 제대로 활용할 줄만 알면 훨씬 지속적이면서도 효과가 큰 변혁을 기대할 수 있다는 지적이다. 애플이 마이크로소프트를 누르고 역전에 성공한 배경이 여기에 있다. 모든 사람이 참여하는 앱스토어를 개설한 것이 비결이다.

기업경영도 다를 바 없다. 천재 한 사람의 창의성보다는 공동체 전체의 집단적 창의성이 발현될 때 훨씬 의미 있는 성과가 나타난다. 많은 글로벌 기업이 집단지성에 지대한 관심을 보이는 이유다.

원래 집단지성은 미국의 곤충학자 휠러William Morton Wheeler가 개미의 생태를 연구하다가 발견한 개념이다. 그는 이같이 주장한 바 있다.

"개미는 하나의 개체로 볼 때는 극히 미미하다. 그러나 이들은 공동체 안에서 서로 협력하고 경쟁하는 과정에서 집단적인 지적 능력을 갖게 된다."

그간 우리나라 기업은 집단지성에 대한 깊은 인식이 없었던 것이 사실이다. 그러나 이는 원래 동양 전래의 전통에 해당한다. 《한비자》〈팔경〉편의 다음 대목이 그 증거다.

"하군下君은 자기 한 사람의 힘을 다하고, 중군中君은 무리로 하여금 그 힘을 다하게 하고, 상군上君은 무리로 하여금 그 지혜를 다하게 하는 것이다."

독력獨力은 중력衆力만 못하고 독지獨智는 중지衆智만 못하다. 그런 까닭에 하군은 독력과 독지, 중군은 중력, 상군은 중지를 쓴다는 것이다. 동양이 기원전부터 서양의 집단지성에 해당하는 중지를 얼마나 중시해 왔는지를 극명하게 보여주는 대목이다.

이건희도 이를 통찰하고 있었다. 1993년의 신경영 선언 직후 용인연수원에서 '21세기 CEO과정'을 직접 강의하면서 중지를 역설한 게 그 증거다.

"한 사람의 힘으로는 다수의 힘을 이길 수 없다. 한 사람의 지혜로는 만물의 모든 이치를 알기 어렵다. 한 사람의 지혜와 힘보다는 많은 사람의 지혜와 힘을 쓰는 게 낫다."

《한비자》의 내용을 살짝 돌려 표현한 것이다. 이건희는 《한비자》의 대목을 읽고 커다란 감명을 받았음에 틀림없다. 그의 '중지경영론'은 얼핏 그가 인재경영의 요체로 언급한 '천재경영론'과 배치되는 것으로 비춰질 소지가 있다.

그러나 그의 천재경영론은 치열한 글로벌 경제전쟁에서 살아남기 위한 구국救國 차원에서 나온 것이다. 이는 급박하게 돌아가는 전쟁상황에서 장수가 참모들을 모아놓고 수시로 전략을 짜는 것에 비유할 수 있다. 중지경영론은 평소에 구축해놓은 탄탄한 지식정보의 틀 위에서 창조작업을 수행해 1등 국가를 실현하고자 하는 보국報國 차원에서 나온 것이다. 이는 조정에서 군신이 머리를 맞대고 치국평천하 방략을 논의하는 것에 비유할 수 있다.

기본적으로 천재경영과 중지경영 모두 나라를 위기에서 구하고 장차 1등 국가로 만드는 창조작업이라는 점에서 하등 차이가 없다. 방법론상의 차이에 불과할 뿐이다. 그럼에도 적잖은 사람이 이를 대립적인 개념으로 이해하고 있다. 과거에는 개인의 창의성에 바탕을 둔 천재경영이 유효했으나, 21세기는 인터넷의 발달로 집단 구성원 전체의 창의성이 강조되는 까닭에 중지경영이 부각되고 있다는 식이다. 그러나 이런 분석은 천재경영과 중지경영의 기본취지를 제대로 이해하지 못한 결과다.

객관적으로 볼 때 이들 양자는 상호보완적이다. 실제로 천재경영을 배제한 중지경영은 속도가 더뎌 자칫 분초를 다투는 속도경영에서 낭패를 볼 수 있다. 동시에 중지경영을 배제한 천재경영은 창조작업의 지속성을 담보하기가 어렵다. 그런 점에서 양자는 기초과학과 응용과학의 관계와 유사하다. 큰 틀에서 보면 중지 역시 소형 천재들의 집합에 해당한다.

중지는 최근 학계의 화두가 되고 있는 소위 '통섭統攝' 개념과 닮아 있다. 이를 제기한 이화여대 최재천은 이같이 말한 바 있다.

"철학·과학·예술을 한 사람이 다 할 수 있었던 시대가 있었다. 아리스토텔레스나 다산 정약용의 시대가 바로 그렇다. 당시에는 인간의 지식이 그리 깊지 않았기 때문에 그게 가능했다. 그러나 21세기에는 축적된 지식이 너무 방대한 까닭에 한 사람이 한 분야를 깊이 파기에도 버거운 시대가 됐다. 여러 분야의 사람이 한데 모여 문제를 함께 풀어야만 창의적인 솔루션을 찾을 수 있다."

이미 하드웨어 분야에서 최정상에 오른 삼성에 딱 맞아떨어지는 이야기다. 이건희가 경영 일선에 복귀하기 직전 아이폰 돌풍에 삼성 사장단이 전전긍긍한 것은 통섭에 소홀했던 후과로 해석할 수밖에 없다. 소프트웨어의 강자가 되려면 반드시 다양한 분야의 전문가가 한데 모여 창의적인 솔루션을 찾는 시스템이 구축돼야 한다.

우리 속담에 '우물을 깊이 파려면 넓게 파라'는 말이 있다. 깊고 넓게 파려면 독력과 독지로는 불가능하다. 반드시 중력과 중지를 이용해야 한다. 이건희가 《한비자》〈팔경〉편을 원용한 것이나 최재천이 통섭을 역설한 것이나 모두 같은 취지다.

여기서 주목할 점은 특정 분야에 정통하면서도 지적 호기심이 넘치는 소위 '통섭형 인재' 이외에도 이와 정반대되는 자들 또한 서로 지혜를 모을 경우 의외로 뛰어난 창의성을 보일 수 있다는 점이다. 스탠포드대 로버트 서튼Robert I. Sutton은 이같이 언급했다.

"통상적으로 '학습이 부진한 자'와 '조직을 불편하게 하는 자' '해당 분야에 필요하지 않을 듯한 자'들이 함께 어우러져 일할 때 오히려 창의성이 증폭될 수 있다."

그가 주목한 것은 모범생과 문제아를 막론하고 뭔가 새로운 것을 찾고자 하는 뜨거운 열정과 집념이다. 이는 이건희가 천재 내지 인재의 덕목으로 소위 '끼'를 말한 것과 닮아 있다. 그는 《신동아》와 가진 2004년 3월호 인터뷰에서 이같이 말했다.

"내가 말하는 '끼'는 '마니아' 형의 인재를 말합니다. 모든 분야에서 고르게 우수하지는 않을지라도 특정 분야에 남다른 재능과 흥미를 갖고 자신의 영역을 구축한 사람이지요. 이런 사람들은 조직 내 협력 측면에서는 다소 부족할지 몰라도 자기 분야에서 최고가 되겠다는 열정과 몰입의 정도는 굉장히 높아요. 특정 분야의 전문가로 성장이 기대되는 인재유형이지요."

사실 이는 그 자신을 지칭하는 말이기도 하다. 그 자신이 바로 끼를 지닌 '천재경영인'에 해당하기 때문이다. 삼성이 그의 독려 덕분에 매우 이른 시기에 싱글과 마이 싱글의 지식정보 인프라를 구축한 것이 이를 뒷받침한다.

현재 싱글을 통한 메일 건수는 하루 100만 건을 상회한다. 삼성 임직원 대부분이 각종 정보화 관련 자격증을 보유하고 있다. 그러나 이것만으로는 부족하다. 스티브 잡스가 그런 것처럼 '천재적 발상을 통한 중지의 수렴'이 필요하다. 아이폰의 키워드인 앱스토어가 그 실례다. 잡스 같은 천재였기에 가능했다고 치부하는 것은 무책임한 일이다. 서튼의 지적이다.

"조직에서 혁신이 지속적으로 일어나려면 한 명의 천재로는 불가능하다. 조직의 모든 구성원이 창의적인 아이디어를 지속적으로 제안할 수 있어야 한다. 이런 제안 활동이 끊임없이 실천될 수 있게 하는 제도와 시스템이 갖추어져 있어야 하고, 이게 조직의 문화로 자리 잡을 필요가 있다."

이는 천재와 대비되는 통상적인 '범재凡才'라 할지라도 자신만의 아이디어가 있다는 사실에 주목한 것이다. 결국 범재 개개인이 지니고 있는 여러 아이디어를 어떻게 모으는가 하는 게 성패를 좌우하는 셈이다. 잡스는 이에 성공한 경우에 속한다.

중지의 효과를 극대화하기 위해서는 우수한 인재의 확보도 중요하지만 소속원 전원이 같은 목표를 향해 함께 뛰어갈 수 있어야 한다. 천재와 범재의 아이디어가 상호보완할 수 있는 문화적 인프라를 구축하고, 독창적인 아이디어를 가진 각 분야의 선구자들을 초빙해 끊임없이 임직원의 상상력을 자극할 필요가 있다.

그런 점에서 삼성은 그간 중지를 모으는 데 얼마나 심혈을 기울였는지 자성할 필요가 있다. 이건희가 이미 오래전에 소프트웨어의 중요성을 강조했는데도 계열사 사장단은 달은 보지 않고 그의 손가락만 본 결과다. 그간 하드웨어에 신경을 쓰느라 소프트웨어에 상대적으로 소홀했다고 변명하는 것은 설득력이 없다. 그러나 아이폰 돌풍을 전화위복의 계기로 삼으면 된다. 이미 좋은 조짐이 보이고 있다. 구글의 안드로이드를 탑재한 갤럭시S 의 선전이 그 증거다. 장차 삼성의 독자 운영체제인 '바다' 가 소프트웨어시장을 휩쓸 수 있는 발판이 마련된 셈이다.

2

創造經營
창조경영

기화가거에서
앞날을 읽다

똑같은 현상을 목도하면서도 '기화'를 알아채는 것은 결코 쉬운 일이 아니다. 해당 분야를 깊이 이해하는 안목과 지식, 전체적인 흐름을 주의 깊게 살펴보는 끈기가 있어야만 가능하다. 아무도 반도체를 주목하지 못하던 시절에 사재를 털어 소형 반도업체를 인수한 바 있는 이건희는 '기화가거'의 의미를 누구보다 잘 아는 사람에 속한다.

# 여불위와
# 스티브 잡스

•••• 문민정부 말에 터져나온 IMF환란의 1차적인 책임은 이건희가 일갈한 것처럼 '4류 정치'의 당사자인 문민정부가 져야 한다. 그러나 업계 선두에 있던 삼성도 그 책임에서 자유로울 수는 없다. 당시 경제관련 부처 관원들의 수준은 삼성경제연구소 연구원만도 못했다. 김대중 정부가 들어선 직후에 열린 IMF청문회에서 환란 당시의 주무장관과 경제수석 등이 서로 책임을 떠넘기며 자기변명에 급급해한 게 그 증거다. 이런 4류 정치 상황에서 가장 앞서 있던 삼성은 어떤 식으로든 동남아를 시작으로 불기 시작한 불온한 기운의 정체를 정확히 헤아려야만 했다. 헤지펀드의 움직임을 포함해 세계경제의 흐름을 가장 잘 읽고 있었기 때문이다.

그러나 삼성도 IMF환란을 전혀 예측하지 못했다. 이는 김영삼이 '경제'를 '갱재'로 읽은 데서 짐작할 수 있듯이 문민정부가 엉터리 경제 전문가를 경제정책 총수 자리에 앉히는 바람에 IMF환란을 초래한 것과는 다른 차원의 이야기다. 삼성이 위기를 기회로 삼아 오히려 초일류 글로벌기업으로 도약하는 전기를 맞이한 것은 다행이다. 그러나 국가적 차원에서 볼 때 마냥 칭찬할 일만도 아니다. 가장 뛰어난 정보와 인재를 갖고 있었음에도 전대미문의 국난사태를 전혀 예측하지 못했기 때문이다. 일이 벌어진 뒤 위기를 기회로 삼는 '사후' 조치보다 다가올 일을 미리 예측해 대비하는 '사전' 조치가 훨씬 뛰어난 것임은 말할 것도 없다. 난세에는 이런 행보가 더욱 절실히 요구된다.

대표적인 사례로 전국시대 말기 부친과 더불어 열국을 돌아다니며 무역을 통해 거만금을 벌어들인 여불위呂不韋를 들 수 있다. 사마천은 《사기》 〈진시황본기〉에서 진시황의 이름을 여불위 소생이라는 의미에서 '여정呂政'으로 표현했다. 그러나 이는 진제국 패망 이후 항간에 나도는 이야기를 그대로 실어놓은 것으로 믿을 바가 못 된다.

여불위는 요즘말로 국경을 넘나들며 장사를 하는 무역상이었다. 하루는 조나라 수도 한단邯鄲에 갔다가 한 사람을 보게 되었다. 비록 남루한 옷을 걸치기는 했으나 귀인의 상이었다. 그가 궁금해하며 행인에게 묻자 이런 대답이 돌아왔다.

"저 분은 진나라 태자 안국군의 서자인 이인異人으로 지금 우리 조나라에 볼모로 잡혀와 있소."

여불위가 쾌재를 불렀다.

"이는 '기화가거奇貨可居'다!"

기이한 보물은 은밀히 감춰두었다가 훗날 비싸게 팔아 이익을 도모할 만하다는 뜻이다. 21세기에도 기화가거가 빚어졌다. 아이폰 등으로 경쟁자인 마이크로소프트의 빌 게이츠를 제친 애플의 스티브 잡스가 바로 그 주인공이다. 아이폰이 개설한 '열린 직거래 장터'에 앱 업계의 스타로 등장한 태플러스의 바트 데크렘Bart Decrem도 유사한 경우다.

벨기에 출신 소프트웨어 개발업자 데크렘은 지난 2002년 한국의 한 IT 벤처업체에서 일하고 있었다. 그는 한국인이 미국인과 달리 휴대폰으로 게임도 하고, 음악도 듣고, 메신저도 하는 것을 보고 경악했다. 이후 실리콘밸리에서 웹브라우저를 개발하던 그는 2007년 6월 애플의 아이폰이 출시되자 여불위처럼 쾌재를 불렀다.

"바로 이거다!"

그는 순간 휴대폰으로 이메일 등을 자유자재로 주고받는 한국인을 떠올렸다. 아이폰 출시 두 달 뒤 수억 대의 노키아 폰을 통해 들어온 검색요청보다 200만 대도 채 안 되는 아이폰의 검색요청이 더 많았다. 데크렘이 이를 놓칠 리 없었다. 그는 시장의 앱을 사들이는 방법을 택해 현재 앱 업계의 최대 업체가 되었다. 이 회사의 음악게임 '탭탭 리벤지' 시리즈는 2008년 첫 선을 보인 이후 매달 100만 달러 이상의 수입을 올리고 있다. 그는 최근 〈조선일보〉와 가진 인터뷰에서 한국인에게 이같이 충고했다.

"정말 웃기는 건 휴대전화 분야에서 한국보다 엄청나게 뒤처져 있다고 생각했던 미국이 스마트폰이 등장하면서 세계적인 리더 국가가 된 것입니다. 이런 것들은 모두 한국이 원조였다고 해도 과언이 아닌데 말입니다. 단순히 아이폰 하나로 인해 정말 흥미로운 일이 벌어지고 있어요. 2년 전만 해도 소셜 네트워크 게임 등을 봐도 미국은 한참 뒤떨어져 있었어요. 그런 것들은 모두 한국이 원조였다고 해도 과언이 아닙니다. 근데 지금은 이 분야에서도 실리콘밸리가 세계적인 리더가 됐어요."

도대체 그 사이 소위 'IT코리아'와 그 상징인 삼성은 무엇을 하고 있었던 것일까? 한심한 생각이 들지 않을 수 없다. 노키아와 더불어 세계 휴대폰시장을 주름잡던 삼성은 아이폰이 등장한 이래 근 3년 가까이 손을 놓고 있었던 셈이다. 주목할 것은 이 기간이 삼성비자금 사건으로 이건희가 경영일선에서 물러난 공백기간과 거의 일치하고 있는 점이다. 외양상 이건희의 부재에도 불구하고 삼성전자는 계속 흑자를 경신하고 있었지만 속으로는 곪아가고 있었던 것이다. 바로 곁에 '기화'가 있었는데도 이를 전혀 눈치 채지 못한 결과다.

똑같은 현상을 목도하면서도 기화를 알아채는 것은 결코 쉬운 일이 아니다. 해당 분야를 깊이 이해하는 안목과 지식, 전체적인 흐름을 주의 깊게 살펴보는 끈기가 있어야만 가능하다. 아무도 반도체를 주목하지 못하던 시절에 사재를 털어 소형 반도업체를 인수한 바 있는 이건희는 '기화가 거'의 의미를 누구보다 잘 아는 사람에 속한다.

애플과
**삼성**

    &#9642;&#9642;&#9642;&#9642; 최근 한미FTA 체결과정에서 수세의 입장에 서 있던 미국의 자동차기업들이 역공 차비를 갖추고 있다. 도요타가 주춤하는 사이 위기를 기회로 반전시킨 결과다. 우리도 미국보다 열세에 있는 농수산업 분야에서 발상의 전환을 통해 위기를 기회로 삼는 지혜가 필요하다. 국내시장 안주는 자멸의 길이다.

  국가 간의 통상은 늘 주고받기 마련이다. 국가는 큰 틀만 짜줄 뿐이다. 세계시장을 무대로 치열한 각축전을 벌이고 있는 모든 기업이 각자 자기 분야에서 창조경영에 발 벗고 나서야 하는 이유다. 글로벌 상전商戰의 첨병 역할을 수행하고 있는 해당 기업의 앞날은 말할 것도 없고 국가의 '백년대계'가 바로 창조경영의 성패 여부에 달려 있다.

  그런 점에서 홍익인간의 세계경영, 사업보국의 보국경영, 인재제일의 인본경영이 창조경영의 든든한 사상적 배경으로 작용한 삼성은 좋은 본보기에 해당한다. 파격적인 대우 등은 인재 유치를 위한 최소한의 조건에 지나지 않았다. 가장 높이 평가해야 할 것은 인재들이 자율적인 분위기 속에서 창의성을 최대한 발휘할 수 있도록 세심히 배려한 점이다. 오직 연구에만 몰두할 수 있도록 최상의 근무환경을 조성하는 데 투자를 아끼지 않은 결과다. 그 보답이 바로 초일류 글로벌기업으로의 도약이다.

물론 삼성도 처음부터 성공적인 것은 아니었다. 초기에 막강한 위세를 자랑한 비서실의 경색된 관료적 분위기는 오히려 창의성을 억압하는 기제機制로 작용했다. 이건희도 소위 '후쿠다 보고서'를 접하기 전까지는 이를 제대로 알지 못했다. 삼성의 고문으로 있던 후쿠다 시게오福田繁雄가 작심하고 쓴 이 보고서는 창의적인 아이디어가 이내 사장될 수밖에 없는 경색된 관료주의 분위기에 초점을 맞췄다.

당시 삼성은 비록 국내업계에서는 다방면에 걸쳐 수위를 달리고 있었으나 세계시장을 기준으로 보면 어느 모로 보나 '우물 안 개구리'에 지나지 않았다. 그럼에도 삼성 내부에는 '삼성이 최고'라는 식의 자만심과 방심이 퍼져 있었다. 여기에는 3공화국 이래 지속되고 있는 정부의 폐쇄경제 운용 덕분에 삼성 제품이 출하 즉시 날개 돋친 듯 팔리고 있었던 정황이 크게 작용했다.

이때만 해도 삼성의 임직원에게 제품의 '질'은 전혀 관심의 대상이 아니었다. 오직 양산量産과 다매多賣만이 관심사였다. 그러나 이는 우루과이라운드 등으로 인해 문민정부가 최후의 보루로 여기던 쌀시장마저 개방 압력에 휘청거리는 상황에서 자멸의 길이었다. 객관적으로 볼 때 삼성이 무너지면 나라 경제도 결단날 수밖에 없었다. 그가 신경영 선언을 통해 '혁신경영'과 '품질경영'을 전면에 내세우고 삼성의 환골탈태를 주도한 이유다.

삼성이 성장하는 과정에 가장 극적인 환골탈태 사례로 반도체사업을 들수 있다. 당초 한국의 반도체 역사는 1966년 카이스트 출신이 NPN형 트랜지스터를 제작하는 것에서 시작됐다. 1974년 모토로라 반도체연구소 출신이 한국 최초로 3인치 웨이퍼 반도체 공장인 '한국반도체'를 경기도 부천에 설립했으나 설립한 지 불과 2개월 만에 자금난으로 문을 닫아야 했다.

이때 부친의 반대에도 불구하고 사재를 털어 이를 인수한 사람이 바로 동양방송 이사로 있던 이건희였다. 그는 기화가거를 읽은 것이다. 이것이 세계 제일의 반도체 생산업체인 오늘의 삼성이 있게 한 단초다. 그는 지난 2004년 반도체사업 30주년을 기념하는 자리에서 이같이 회고했다.

"반도체사업 진출 당시 경영진에서는 위험하다며 만류했다. 그러나 천연자원이 없는 우리나라에서 기업이 살아남을 방법은 하이테크 산업밖에 없다고 생각해 과감한 투자를 결정했다."

그러나 그가 인수한 한국반도체는 껍데기에 불과했다. 이건희는 즉시 반도체 개발에 착수했다. 아들의 집념에 감동한 부친 이병철은 1983년 2월 도쿄에서 '우리는 왜 반도체사업에 진출해야 하는가'라는 제목의 발표문을 냈다. 이른바 '도쿄 선언'이다.

이 선언을 접한 미국과 일본 등 반도체 선진국기업들은 코웃음을 쳤다. 일부 해외기업은 삼성의 '황당무계'한 발표를 믿을 수 없어 언론사에 이를 확인하기도 했다. 그러나 도쿄 선언이 나온 지 불과 1년여 뒤인 1983년 11월, 기적 같은 일이 벌어졌다. 삼성이 최첨단 반도체인 64KD램을 개발했다는 놀라운 소식이었다. 충격은 여기서 그치지 않았다. 삼성은 해마다 잇달아 최첨단 제품을 개발했다. 한국의 반도체 신화는 이처럼 이건희의 기화가거에서 비롯되었다고 해도 과언이 아니다.

현재 아이폰은 세계인의 삶을 혁명적으로 바꾸고 있다. 길을 걷는 도중에 이메일을 확인하고, 주변의 맛집 정보를 검색하고, 트위터나 페이스북에 접속하는 일이 전혀 낯설지 않다. 런던 비즈니스스쿨의 게리 해멀Gary Hamel이 지적한 것처럼 모바일 기술의 '닫힌 정원'이 '열린 정원'으로 바뀌면서 나타난 현상이다. 앱 업체들은 잘만 하면 천문학적인 수익을 얻을 수 있고 소비자들은 이동통신사의 '봉' 신세에서 벗어나게 되었으니 누이 좋고 매부 좋은 격이다.

2010년 초, 애플의 시가총액이 소프트웨어의 상징인 마이크로소프트를 제친 것은 시사하는 바가 크다. 창조경영에 뒤처질 경우 세계 최고 수준의 기업일지라도 이내 후발 기업에게 추월당할 수 있다는 것을 선명히 보여주는 사례다. 기화가거의 주인공 스티브 잡스는 애플의 비약을 장강의 뒷 물결이 앞 물결을 치고 나가는 것으로 비유하고 있다.

"사람들은 이제 웹사이트가 아닌 스마트폰의 애플리케이션에 익숙해져 가고 있다."

삼성을 비롯한 한국업체에게는 뼈아픈 이야기다. 애플의 히트작이 모두 한국의 IT시장에서 힌트를 얻은 것이기 때문이다. SK와 KT 등 한국의 통신업체는 그간 주변에 기화가 지천으로 널려 있었는데도 기존의 유선통신망에 안주하며 이를 몽땅 애플에 상납한 꼴이다. 세계 최강의 하드웨어를 자랑하는 삼성도 그 책임 추궁에서 결코 자유로울 수 없다.

# 지·행·용·훈·평과
# 창조경영

**••••** 말보다 행동을 중시한 이병철은 평소 말을 많이 하는 사람을 싫어했다. 이는 《논어》를 즐겨 읽은 탓인지 모른다. 《논어》 〈이인〉편의 해당 대목이다.

"군자는 말을 하는 데에는 어눌語訥하나 행하는 데에는 민첩하다."

이건희는 한술 더 뜨고 있다. 입을 열어도 어눌한 어조로 주어도 생략한 채 짧게 술어만 언급하는 식이다. 선방의 묵언참구默言參究를 연상시킨다. 이를 두고 강준만은 《이건희 시대》에서 이같이 써놓았다.

"부인 홍라희는 결혼 5년이 지나서야 이건희의 성격을 좀 알 것 같았다고 실토했다. 남편의 실제 성격을 완전히 파악한 건 결혼한 지 23년이 지난 1989년경이었다고 한다."

홍하상도 《이건희》에서 비서진조차 그를 20퍼센트 정도밖에 모른다고 지적하면서 '이건희의 사고 깊이와 다양성의 폭이 얼마나 넓은지 짐작할 수 있다'고 주장했다. 강준만의 해석도 비슷하다.

"말을 적게 하면 권위에 근거한 무서운 추진력을 가질 수 있다. 누구건 말을 적게 하면 '사고의 깊이'가 더해질 수 있다는 가설이 가능하다. 말을 죽이면 발산되지 못한 에너지가 생각 쪽으로 갈 가능성이 매우 높다."

나름 타당한 분석이다. 선방에서 묵언참구를 참선의 가장 좋은 수행방법으로 채택하고 있는 것이 이를 뒷받침한다. 사실 동양은 예로부터 '다독多讀'과 더불어 '다상량多商量'을 극히 중시했다. 《논어》〈위정〉편에 나오는 공자의 언급이다.

"배우되 생각하지 않으면 어둡고, 생각하되 배우지 않으면 위태롭다."

단순히 책을 읽는 데 그쳐서는 안 되고 깊이 사유하고 경험하여 사물의 이치를 체득하는 경지로까지 나아가야 한다고 주문한 것이다. 공자의 '학이사學而思' 언급을 두고 남송대의 정이천은 '박학博學 : 널리 배움'과 '심문審問 : 자세히 따져 물음' '신사愼思 : 신중히 생각함' '명변明辨 : 밝게 헤아림' '독행篤行 : 독실하게 실천함' 등 다섯 가지로 풀이했다.

이건희의 묵언과 눌변도 같은 맥락에서 이해할 수 있다. 그 역시 정이천처럼 부친이 내려준 경청을 다섯 가지 덕목으로 세분했다. 소위 '지知·행行·용用·훈訓·평評'이 그것이다. 본인 스스로 많이 배워 알고, 직접 물건을 다룰 줄 알고, 사람을 적절히 운용할 줄 알고, 부하들을 지도할 줄 알고, 경영을 총체적으로 평가할 줄 알아야 한다는 뜻이다.

지知의 취지는 그가 이공계 출신 CEO에게는 문학과 철학의 습득을 주문하면서, 인문계 출신 CEO에게는 전공자 못지않은 기술 습득을 요구하고 있는 데서 잘 드러나고 있다. 그가 기업 CEO를 두고 '종합예술가'로 부르는 이유다. 카이스트에 테크노경영대학원Techno~MBA이 세워진 것도 여기서 비롯되었다. 1994년 봄, 그는 비서실 인사팀장에게 이같이 지시했다.

"무릇 경영자는 기술을 알아야 하고, 기술자는 경영을 알아야 한다."

그는 곧바로 카이스트를 찾아갔다. 정원의 절반 이상을 삼성맨으로 채우겠다는 말에 마침내 이듬해에 '테크노 MBA' 과정이 개설됐다. 그는 테크노경영대학원에 100명의 과장급 간부를 보내 교육시켰다. 인문학과 이공계 학문을 두루 아는 차세대 리더를 키우고자 한 것이다.

이는 그의 전력과 무관하지 않다. 원래 그는 와세다대에서 경제학을 전공했다. 그러나 동시에 전자제품을 분해해 역으로 조립할 수 있을 정도로 뛰어난 기술을 지닌 '공학도' 이기도 하다. 그를 두고 우스갯소리로 '와세다대 상학부 전자공학과 출신' 으로 표현하는 이유다. 많은 것을 두루 알고 깨달아야 회사의 비전을 설정하고 앞을 내다볼 수 있다는 것이 그의 생각이다.

이는 동양 전래의 소위 '박학군자博學君子' 취지와 맥을 같이 하는 것이다. 《논어》〈옹야〉편의 해당 구절이다.

"군자가 인문에 '박학' 하면서 예로써 요약할 줄 알면 또한 도에 어긋나지 않다고 할 수 있다."

동양이 수천 년 동안 '제왕학' 을 문·사·철로 상징되는 '인문학' 과 동일한 개념으로 받아들인 이유다. 사실 인문학의 소양이 없으면 사물의 본질을 꿰면서 멀리 내다보는 일 자체가 불가능하다. 이건희가 창안한 테크노 MBA 과정이 바로 이런 전통과 맥이 닿는다. 그는 21세기에 들어와 세계의 모든 기업이 '스페셜리스트Specialist' 보다 '제너럴리스트Generalist' 를 찾게 되리라는 것을 미리 읽었는지 모른다.

실제로 제너럴리스트가 아니면 창조경영이 불가능하다. 이를 뒷받침하는 일화가 있다. 1989년 그가 사장단 10명, 비서실 팀장 10명과 점심식사를 할 때였다. 그가 문득 비서실장에게 물었다.

"삼성전자가 언제쯤 이익 1조 원을 낼 수 있을까요?"

당시 삼성은 반도체사업을 시작한 이래 시종 커다란 적자를 보고 있었다. '1조 원 이익'은커녕 메모리 분야 때문에 망한다는 이야기까지 나돌던 시기였다. 비서실상이 머뭇거리며 대답했다.

"10년 뒤쯤이면 되지 않겠습니까?"

에둘러 표현하기는 했으나 1조 원 이익은커녕 흑자 전환만 이뤄져도 다행이라는 것이 솔직한 심경이었을 것이다. 이건희가 정색을 했다.

"나는 2~3년 내에 1조 원을 낼 거라고 생각해요."

당시 그의 이런 '호언'을 믿은 사람은 아무도 없었다. 그러나 삼성은 1992년에 1조 원이 아니라 2조 원의 경상이익을 냈다. 그는 반도체시장의 흐름을 나름 치밀하게 분석한 뒤 이같이 말했던 것이다. 일각에서는 그가 동양방송 이사 시절부터 일본 전자업체 기술자들에게 굴욕을 참아가며 열심히 배운 경험이 이런 예측을 가능하게 한 것으로 보고 있다.

사실 그가 CEO 리더십의 덕목으로 제시한 지·행·용·훈·평은 결코 만만한 수준의 것이 아니다. 행行의 차원에서 실시한 일련의 개혁만 봐도 그렇다. 신경영 선언 당시 그는 개혁의 첫 번째 대상으로 관리본부장들을 꼽았다. 당시만 해도 삼성은 '관리의 삼성'으로 불린 데서 알 수 있듯이 합리경영과 완벽경영을 트레이드마크로 삼고 있었다. 돌다리도 두드리고 가는 선친 이병철의 경영 스타일 때문이다. 그러나 이는 긍정적인 면도 있지만 상대적으로 위기를 기회로 만드는 도전적인 공격경영이나 혁신경영과는 거리가 멀어질 수밖에 없다.

이건희는 이런 사실을 잘 알고 있었다. 이에 관한 일화다. 1993년 9월, 그는 '21세기 CEO과정 연수' 구실하에 계열사 관리본부장들을 모두 용인 연수원에 집결시켰다. 이들 모두 자신이 없으면 회사가 돌아갈 수 없다는 식의 착각에 빠져 있었다. 회사에 전화를 걸지 못하게 하자 이들은 다양한 수단을 동원해 나름대로 회사가 돌아가는 상황을 수시로 파악했다. 열흘이 지나고 한 달이 지나면서 자신들이 자리를 비우자 오히려 회사가 더 잘 돌아간다는 사실에 충격을 받을 수밖에 없었다. 관리본부장의 얼굴만 바라보던 직원들도 자신이 해야 할 일을 스스로 찾아가며 창조적인 마인드를 갖게 된 것은 말할 것도 없다.

관리본부장을 대상으로 한 혹독한 행行의 실험은 스태프와 임원들로 하여금 용인술의 요체인 용用과 훈訓의 의미를 자각하게 만드는 계기로 작용했다. 그가 스태프와 임원들에게 《한비자》를 필독서로 권유하는 이유다. 전국시대 말기에 법가사상을 집대성한 《한비자》〈팔경〉편에 이런 대목이 나온다.

"군주 한 사람의 힘과 지혜로 나라를 다스리는 것보다 온 나라의 힘과 지혜를 모아서 쓰는 게 더 낫다. 한 사람의 힘과 지혜를 쓰면 계략이 적중할지라도 자기 홀로 고단해지고, 들어맞지 않으면 그 허물을 모두 뒤집어쓰게 된다."

그가 스태프와 임원들에게 용과 훈을 역설하는 이유다. 잘해봐야 홀로 고단해지고 잘못하면 모든 허물을 뒤집어쓰는 하책을 쓰지 말라고 지적한 것이다. 사실 CEO는 부하 직원들이 각자 자신의 능력을 최대한 발휘하도록 만들어주는 것이 가장 중요한 책무 중 하나다. 그러나 이는 말처럼 쉬운 것이 아니다. 스스로 터득하는 수밖에 없다. 그가 계열사 사장단에게 '사서삼경' 이외에도 《손자병법》과 《삼국지》 등의 일독을 권하는 이유다.

평評은 경영평가를 뜻한다. 사장단에 대한 평가는 경영성과와 경영능력, 관리능력 등 크게 세 가지로 이뤄지고 있다. 경영성과는 주가·이익·실책 등을 평가한다. 경영능력은 경영자의 도덕성과 리더십 등을 본다. 마지막으로 관리능력은 핵심인재의 확보·유지 등을 체크한다. 이들 세 부문을 평가해 100점 만점으로 점수화하고 있다.

그는 단기적인 성과에 연연하지 않는다. 한 번 믿고 맡기면 일단 꾸준히 지켜본다. 수십 명의 계열사 사장단이 한자리에서 통상 3~5년 이상 경영능력을 검증받는 이유다. 사람은 항상 잘할 수는 없는 만큼 장기간에 걸쳐 다각도로 평가해야 한다는 것이 그의 지론이다.

크게 보아 그의 지·행·용·훈·평은 배우며 생각하는 《논어》의 군자 자세를 달리 표현한 것이다. 삼성전자가 외환위기를 딛고 불과 6년 만에 세계 최정상급 기업이 된 것도 이와 무관하지 않을 것이다. 그런 의미에서 '지·행·용·훈·평'은 삼성이 끊임없이 추구하는 창조경영의 기본덕목에 해당한다.

# 세종과
# 창조경영

▪▪▪▪ 지난 2003년 삼성전자가 매출 규모에서 일본의 소니를 넘어서자 세계의 내로라하는 경영학자들이 입을 다물지 못했다. 일류기업은 선진국에서만 나올 수 있다는 통념을 깬 최초의 사례라는 극찬이 그 증거다. 그러나 당시까지만 해도 삼성은 모방을 통해 1등 대열에 합류했다는 평가가 지배적이었다. 이건희가 2006년 신년사에서 '창조경영'을 역설하고 나선 것은 이제 삼성도 독자노선을 통해 명실상부한 세계 최고로 올라서겠다는 의지의 표명이었다.

전문가들은 신경영 선언이 삼성 도약의 전환점이 되었다면 창조경영은 현재의 삼성과 미래의 삼성을 만들어가는 키워드에 해당한다고 보고 있다. 2006년의 신년사가 논거로 제시된다.

"이제 삼성은 새로운 길을 개척하는 선두에서 험난한 여정을 걸어야 한다."

실제로 이 신년사가 나온 이후 삼성 내에서는 창조경영을 비롯해 '창조적 열정' '창조적 상상력' 등 창조가 덧붙은 용어가 난무했다. 2006년 6월,

그는 독립계열사 사장단 회의에서 삼성이 지향해야 할 좌표로 소위 '글로벌 창조경영'을 제시하며 창조경영의 본격 시동을 예고했다. 이는 삼성만의 독자노선을 걷겠다는 선언이기도 했다.

삼성의 창조경영은 현재 다양한 모습으로 나타나고 있다. 핵심은 삼성만의 고유한 제왕적 경영 리더십과 창의적 인재의 발굴 및 육성에 있다. 모든 것이 급변하는 21세기 상황에서는 임기응변을 가능하게 하는 창조경영이 뒷받침되지 않으면 설령 세계 최정상에 오를지라도 오랫동안 머물 수가 없다. 과거 삼성이 그랬던 것처럼 최정상을 모방한 후발주자의 추격이 매섭기 때문이다.

창조경영은 조직이 새롭게 성장해나갈 수 있는 경쟁력의 원천에 해당한다. 그러나 이는 말처럼 쉬운 게 아니다. GE의 초석을 놓은 발명왕 에디슨Thomas Alva Edison은 생전에 자신의 발명은 99퍼센트가 노력에 의해 이뤄졌다고 했다. 창조경영이 결코 어떤 천재의 일시적인 영감에 의해 이뤄지는 것이 아님을 시사한다.

원래 창조경영이 이뤄지기 위해서는 먼저 지식경영의 기반이 갖춰져 있어야만 한다. 이는 조직원 전체의 지식창출과 공유·활용을 의미한다. 이를 이론적으로 체계화한 사람이 노나카 이쿠지로다. 그는 상호 긴밀히 연결돼 있는 사업부와 기획부, 지식부 등 세 개의 조직으로 기업체제를 구축할 것을 주장한 바 있다. 사업부는 효율성과 안정성을 확보하고, 기획부는 참신성과 기동성을 살리고, 지식부는 끊임없이 새로운 정보를 제공하는 기지역할을 수행해야 한다는 것이다. 한마디로 지식경영과 창조경영의 유기적 결합이 요체이다.

조선조 500년을 통틀어 이에 부합하는 창조경영을 실천한 인물로 세종을 들 수 있다. 그의 치세는 조선조는 물론 고려조와 그 이전의 왕조를 통틀어 역사상 가장 창조적인 시대에 해당한다. 당시 그는 '지식부'에 해당하는 '집현전'을 설치한 뒤 당대의 인재를 그러모아 일종의 '기획부'를 구성해 마침내 한글과 측우기, 혼천의 등 수많은 발명품을 만들어냈다. 황희와 맹사성 등 원로는 '사업부'를 장악해 이를 적극 지원했다.

세종의 창조경영은 크게 천재경영과 중지경영, 지식경영의 결합으로 볼 수 있다. 천재경영은 집현전의 창설과 한글 창제가 대변한다. 아직도 적잖은 사람은 세종이 독창적으로 한글을 창제한 사실을 잘 믿으려 하지 않으나 이는 엄연한 사실이다.

그의 중지경영은 17년에 걸쳐 여론을 수렴한 뒤 세법을 확정한 것에 잘 나타나 있다. 당시 그는 세제개편에 앞서 먼저 10년여에 걸쳐 전국적으로 여론조사를 실시했다. 조사 결과 찬성이 다소 앞선 것으로 나오자 반대의견이 여전히 많다고 본 그는 6년 동안 개편안을 다시 보완해 최종안을 확정했다. 당시 조정의 여론이 분열 조짐을 보일 때 세종을 도운 사람이 바로 황희였다. 그는 찬반의견을 모두 듣고 이를 하나로 수렴하는 데 탁월한 능력을 보였다. 황희가 조선조를 통틀어 유일무이하게 18년 동안 정승의 자리에 있었던 이유다.

세종의 지식경영은 손수 《자치통감》의 주석서를 펴낸 데서 알 수 있듯이 잠시도 책을 손에서 놓지 않는 수불석권의 자세에서 찾을 수 있다. 《자치통감》의 주석서 내지 요약본을 낸 사람은 동아시아 3국의 전 역사를 통틀어 《통감절요》를 쓴 북송 휘종 때의 강지와 《통감강목》을 펴낸 남송대의 주희, 《독통감론》을 펴낸 명대 말기의 왕부지, 그리고 《훈의자치통감강목 訓義資治通鑑綱目》을 펴낸 세종, 도합 네 명밖에 없다.

북송대의 명신 사마광이 19년에 걸쳐 완성한 《자치통감》은 무려 294권에 달하는 방대한 책이다. 양이 너무 방대하다는 신하들의 지적에도 불구하고 세종은 이를 평생 곁에 두고 탐독했다. 역대 군왕 중 이처럼 《자치통감》을 애독한 사람은 오직 세종밖에 없다. 당시 조선에는 《자치통감》 전질이 없었다. 그는 이를 얻기 위해 사신을 통해 명나라 황제에게 특별히 부탁하기도 했다. 세종의 창조경영은 바로 이런 지식경영 토대 위에서 나온 것이었다.

창조경영의 사례를 하나 더 들어보자. 지난 1995년 세계 최초로 〈토이스토리〉라는 장편 애니메이션 영화를 내놓은 컴퓨터 애니메이션 업체 픽사Pixar가 좋은 예다. 이 회사는 2년에 한 편 꼴로 총 여덟 편의 히트작을 내놓았다. 이는 스토리와 배경, 캐릭터를 모두 자체 제작하면서 원천기술을 습득한 결과였다. 10여 개의 특허가 이를 방증한다. 눈여겨볼 것은 픽사가 내세운 세 가지 원칙이다.

"첫째, 누구에게나 다른 사람들과 의견을 교환할 수 있는 자유가 있다. 둘째, 누구라도 자유롭게 아이디어를 제공할 수 있다. 셋째, 업계에서 일어나는 혁신내용에 해박해야 한다."

이는 지위고하를 막론하고 모든 임직원에게 적용되는 기본원칙이다. 이를 반영한 문화 인프라가 '두뇌위원회'와 '리뷰회의'다. 여기서 토론이 전개될 때는 예의와 격식을 전혀 차리지 않는다. 창조적인 작업을 위해서는 서로 신랄하게 따지고 비판하는 분위기가 전제되어야 한다는 사실을 익히 알고 있기 때문이다.

창의성을 극대화하기 위해서는 다양한 경험과 지식을 가진 사람들이 한자리에 모여 서로 허심탄회하게 의견과 아이디어를 교환할 수 있어야 한다. 이른바 '창의적 문화 인프라' 구축이 선행돼야 한다. 아이폰 돌풍이 시사하듯이 작금의 상황은 이건희가 다시 한번 심기일전의 자세로 분발할 것을 요구하고 있다. 어게인 '신경영 선언'이 필요한 이유다.

革<sub>혁</sub>新<sub>신</sub>經<sub>경</sub>營<sub>영</sub>

# 마불정제로
# 마음을 다잡다

최정상에 오른 후 더 이상 노력하지 않고 정상 등정의 기쁨만을 계속 누리고자 하면 이내 위기가 닥친다. 세월은 덧없이 빨리 흐르고 세상은 쉬지 않고 변하는데 정상에 오른 당사자는 마치 시간이 멈춘 듯이 더 이상 노력하지 않기 때문이다. '득천하得天下' 이후에는 더욱 어려운 단계인 '치천하治天下'의 과제가 있다. 이를 간과 내지 무시한 채 과거의 성공에 취해 '독존獨尊'의 덫에 걸릴 경우 하나같이 패망할 수밖에 없다.

# 마불정제와
# 자강불식

▪▪▪▪ 21세기의 글로벌 경제전쟁은 국가의 성쇠를 좌우하는 총력전의 양상을 띠고 있다. 그런 점에서 최근 이건희가 잠시도 쉬지 않고 계속 전진하자는 취지로 소위 '마불정제馬不停蹄'를 언급한 것은 시사하는 바가 크다. 흔히 굽이나 발을 뜻하는 명사로 쓰이는 '제蹄'는 여기서 '밟다' 내지 '차다'의 동사로 쓰인 것이다. '말이 발굽을 차는 것을 멈추지 않는다'는 뜻이다. 마불정제라는 성어는 《서상기西廂記》로 유명한 원대 극작가인 왕실보王實甫의 《여춘당麗春堂》에서 처음으로 등장한다. 이 작품은 금나라 정승이었던 낙선과 감군監軍이었던 이규를 주인공으로 해 궁중의 활쏘기와 우리의 윷놀이와 유사한 '쌍륙雙六'에서 시작된 두 사람의 정치적 갈등과 애환을 그린 작품이다. 제2막에 '적을 공격할 때에는 적이 미처 손쓸 틈도 없이 재빠르게 공격해야 하고, 일단 공격을 시작하면 마불정제로 적을 사지로 몰아넣어야 한다'는 구절이 나온다.

루쉰魯迅과 더불어 중국 근현대문학의 쌍벽을 이루고 있는 라오서老舍

의 대표작 《4세동당四世同堂》에도 이 구절이 나온다. '4세동당'은 할아버지·아버지·아들·손자 등 4대가 한 집에서 한 솥밥을 먹고 사는 것을 말한다. 원래 중국인이 꼽는 최고의 행복은 증조부에서 손자까지 5대가 함께 사는 '5세동당'이다. 중국의 전 역사를 통틀어 이를 실현한 황제는 오직 청대 중기의 건륭제밖에 없었다. 재위기간만 해도 60년이 넘었던 그는 88세까지 살았다. 5세동당은 감히 꿈꾸기가 어려웠던 까닭에 서민들은 4세동당을 최고로 쳤다.

중일전쟁 당시 치텐유祁天佑 노인의 집안을 중심으로 전개되는 베이징 사람들의 대일투쟁을 사실적으로 묘사한 이 작품은 마불정제정신을 선명히 드러낸 걸작으로 꼽히고 있다. 이 작품의 마불정제정신은 당시 동아시아 최강의 군대와 맞서 싸워 마침내 승리를 거둔 베이징 사람들의 감투敢鬪정신을 상징한 것이다. 세계 최고의 기술을 자랑하던 일본의 경쟁업체들을 차례로 제압하고 마침내 세계 전자업계 최정상에 우뚝 선 삼성과 사뭇 닮아 있다. 이건희가 2010년 6월 7일 신경영 선언 17주년을 맞아 문득 사내 인트라넷인 마이 싱글을 통해 마불정제정신을 들먹인 것도 이와 무관하지 않을 듯싶다.

"지금 초일류기업만이 살아남는다는 평범한 논리가 세계를 뒤흔들고 있다. 변해야 산다. 어느 기업이든 한순간에 흔들릴 수 있다. 앞으로 10년 안에 삼성을 대표하는 사업과 제품은 대부분 사라질 것이다. 세계 1위가 되기 위해 달려온 신경영 17년, 다시 시작해야 한다. 지금은 안주할 때가 아니고 마불정제할 때이다."

독일 프랑크푸르트에서 계열사 임원들을 모아놓고 '마누라와 자식만 빼고 다 바꿔라'라며 혁명적인 변혁을 촉구했던 신경영 선언 당시를 연상시키는 대목이다. 삼성이 소니와 도시바 등 일본의 경쟁업체를 제치고 TV와 LCD, D램 반도체 등 11개 품목에서 세계 1위를 달리고 있는 와중에 나온 발언이어서 마불정제의 의미는 더욱 값질 수밖에 없다. 이는 그가 느끼고 있는 위기의식이 간단하지 않음을 시사한다.

이건희를 비롯한 삼성맨은 가히 유상儒商의 후예로 간주할 만하다. 부단히 스스로를 연마하며 상업에 종사하기 때문이다. 조선조 후기의 대표적인 실학파인 북학파北學派도 사대부에게 상업에 종사해 국부 증진에 일조할 것을 촉구한 바 있다. 박지원은 치국평천하에 하등 도움이 되지 않는 사변논쟁이나 일삼으며 상업을 천시함으로써 나라를 좀먹고 있다고 질타했다. 유상의 후예인 삼성맨들이야말로 북학파가 그토록 열망했던 소위 '상사商士'에 해당한다.

'신진 엘리트' 집단인 이들 상사가 주축을 이루고 있는 삼성의 국내 GDP 기여는 20퍼센트에 달한다. 1000억 달러를 상회하는 수출 비중 역시 이와 비슷하다. 삼성의 적극적인 공헌이 없으면 부국부민의 실현은 공염불로 끝날 수밖에 없다. 많은 국민이 삼성에 많은 기대를 거는 이유다.

우리나라에서는 원래 마불정제보다는 달리는 말에 채찍질을 한다는 뜻의 '주마가편走馬加鞭'이 보다 널리 통용되고 있다. 마불정제와 주마가편 모두 《주역》의 '자강불식自強不息'과 취지를 같이 하는 것이다. 자강불식은 《주역》을 관통하는 키워드이기도 하다.

조선조의 역대 군왕 중 최초의 방계 출신이었던 선조는 유가경전 중 《주역》을 가장 좋아했다. 성리학이 중시하는 사서삼경의 정점에 《주역》이 있다. 선조가 《주역》을 좋아한 것은 당시의 분위기와 무관하지 않았다. 그의 치세 때 율곡과 퇴계가 등장한 데서 알 수 있듯이 당시는 성리학에 대한 연구가 정점에 달했을 때였다.

선조는 보위에 오른 후에도 조정회의가 끝나면 홀로 문을 닫고 《주역》을 위시한 유가경전을 열심히 공부했다. 군왕이라기보다는 학자에 가까웠다. 동인과 서인으로 갈린 조정관원들이 율곡과 퇴계의 이론을 바탕으로 사안마다 심각한 논쟁을 전개했다. 군왕도 열심히 공부하지 않을 경우 자칫 신하들에게 무시당할 수도 있었다. 방계 출신인 점이 문제가 돼 정통성 시비까지 일어나면 그야말로 낭패가 아닐 수 없었다. 선조가 세종이나 정조 못지않은 호학군주好學君主가 될 수 있었던 데에는 바로 이런 여러 요인이 복합적으로 작용했다.

주목할 것은 그가 유독 《주역》을 중시한 시점이 7년간에 걸친 왜란이 끝난 이후라는 점이다. 왜란의 발발가능성을 애써 무시하다가 나라를 패망의 위기로 이끈 데 따른 자격지심일 수도 있으나, 장차 세상의 변화조짐을 《주역》을 통해 미리 엿보고자 했을 공산이 크다. 《주역》의 '역易'은 원래 변역變易을 뜻한다. 〈계사전〉은 그 의미를 이같이 풀이해 놓았다.

"《주역》의 이치는 위태로운 정황을 드러냄으로써 위태롭다고 조심하는 자는 평안을 얻고, 안이한 자세로 임하는 자는 기울어지게 해놓았다. 그 도가 매우 커 모든 사물이 여기에 포함돼 있다. 시종 두려운 마음으로 일에 임하면 재난을 면하게 된다."

주역의 이치가 바로 쉬지 않고 노력하는 자강불식에 있음을 설명한 대목이다. 실제로 《주역》은 64괘 384효를 통해 시종 이를 강조하고 있다. 모든 사물이 '생장소멸'의 순환이치를 좇아 쉬지 않고 변한다는 사실에서 나온 것이다. 《주역》이 인정하는 유일무이한 불변의 법칙은 오직 '우주 만물은 끊임없이 변한다'는 사실 하나뿐이다. 자강불식은 바로 우주만물을 관통하고 있는 이 유일무이한 불변의 법칙을 좇기 위한 지극히 당연한 이치를 설명한 것이다.

오늘의 삼성이 있게 된 것도 이건희가 시종 자강불식의 자세를 견지했기에 가능했다. 누구나 최정상에 오르기 위해 노력하다 보면 설령 최종 목적지에 오르지 못할지라도 중간의 크고 작은 고봉에 이르기 마련이다. 여기서 멈추지 않고 초심으로 돌아가 계속 노력하다 보면 자신도 모르는 사이에 마침내 최정상에 오를 수 있다. 젊었을 때부터 대통령의 꿈을 키운 김영삼과 김대중이 이 경우에 속한다. 하청업체에서 출발한 삼성이 하드웨어 분야 최정상에 오른 것도 같은 맥락이다.

문제는 그 다음이다. 최정상에 오른 후 더 이상 노력하지 않고 정상 등정의 기쁨만을 계속 누리고자 하면 이내 위기가 닥친다. 세월은 덧없이 빨리 흐르고 세상은 쉬지 않고 변하는데 정상에 오른 당사자는 마치 시간이 멈춘 듯이 더 이상 노력하지 않기 때문이다. '득천하得天下' 이후에는 더욱 어려운 단계인 '치천하治天下'의 과제가 있다. 이를 간과 내지 무시한 채 과거의 성공에 취해 '독존獨尊'의 덫에 걸릴 경우 하나같이 패망할 수밖에 없다. 해방 이후 역대 대통령 모두 유종의 미를 거두지 못한 이유다.

그렇다면 삼성의 경우는 어떠한가? 최근 세계 최고 수준의 기술을 보유한 하드웨어 분야 최강자인 삼성이 소프트웨어의 새 강자로 부상한 애플의 측면 공격에 휘청거리는 모습을 보이는 것은 삼성 역시 독존의 덫에 걸린 탓이 아닐까? 득천하의 성과에 자만한 나머지 상대적으로 치천하 방략 수립에 소홀했던 것은 아닐까? 스스로 물어볼 필요가 있다.

# 고식양간과
# 프랑크푸르트 선언

■■■■ 1993년 6월에 터져나온 이건희의 신경영 선언은 세계 기업사에 한 획을 긋는 일대 사건이었다. 이 선언이 나올 당시 삼성전자는 사실 '구멍가게'에 불과했다. 당시 가전 부문에서 LG와 치열한 경쟁을 벌였던 후발업체 삼성을 빗대 '3만 명이 물건을 만들고 6000명이 물건을 수리한다'는 풍자어가 나돈 게 그 증거다. 이를 '말기암환자'에 비유한 이건희는 이내 신경영 선언을 계기로 강력한 개혁 드라이브를 가동했다. 그 단초는 이렇게 시작됐다.

1993년 3월 4일 이건희 일행은 1박2일 일정으로 비행기를 타고 일본 열도 서쪽에 위치한 인구 10만의 소도시 이즈모出雲시로 향했다. 이와구니 데쓴도岩國哲人를 만나기 위해서였다. 도쿄대 법학부 출신인 이와구니는 원래 미국 메릴린치사 수석 부사장까지 지낸 국제 금융계의 거물이었다. 그는 1898년 전격 은퇴한 뒤 이즈모시의 시장으로 변신해 세상을 놀라게 했다.

당시 이와구니는 《시골의 논리》 등 많은 책을 펴내며 일본의 행정혁신을 앞장서 이끌고 있었다. '행정이 최고의 서비스'라는 기치하에 시민들이 많이 모이는 장터와 백화점에 시청 분소를 낸 것이 대표적 사례. 이로 인해 1991년에 이즈모시는 일본 능률협회 선정 '베스트 9'에서 소니와 도요타 등 일본 굴지의 기업들을 제치고 1위를 기록했다.

이건희는 행정은 최고의 서비스라는 말에 깊은 공감을 표시했다. 그는 자신과 같은 생각을 하는 사람이 일본의 한 시골마을에 있다는 사실이 믿어지지 않았다. 이와구니의 실체가 궁금했다. 마침내 이즈모시 인근 한 온천에서 두 사람이 만났다. 이와구니가 먼저 입을 열었다.

"이즈모시는 옛날 백제의 문화를 받아들인 창구였습니다."

"문화를 전수하거나 받아들일 때는 서로를 이해하려는 자세가 무엇보다 우선돼야 한다고 생각합니다."

"바로 그렇습니다. 요즘 일본에서는 '국제인'이라는 말이 유행합니다. 그러나 진정한 국제인은 영어를 잘하는 사람이 아니라 자기 문화에 대한 자부심을 잃지 않으면서도 상대방의 문화에 대해 존경심을 가질 수 있는 사람을 의미합니다."

"시장님의 개혁을 기업 측면에서 보면 공급자 위주에서 소비자 위주로 경영체제를 바꾸는 작업이라고 할 수 있지 않겠습니까?"

"잘 보셨습니다. 민간 기업에서 일하는 사람 몇 명을 시청에 데려와 교환근무를 시켜보니 기존 공무원들에게 자극이 돼 효과가 좋았습니다."

"변화 없는 조직에는 자극제가 필요하다는 뜻이겠군요."

두 사람의 대화는 밤늦게까지 지속됐다. 당시 일본에서는 '경제는 일류, 행정은 이류, 정치는 삼류'라는 말이 유행하고 있었다. 그러나 이즈모 시는 예외였다. 이류 행정이 일류 경제를 넘어선 것이다. 이는 이류 기업을 일류로 만들고자 한 이건희의 생각과 맞아떨어지는 것이었다. 이와구니와의 만남은 '프랑크푸르트 선언'이 나오기 석 달 전의 일이다.

1993년 6월 4일 도쿄 오쿠라 호텔. 이건희 주재로 삼성전자 기술개발 대책회의가 열렸다. 삼성전기 사장 윤종용을 포함해 비서실장 이수빈과 삼성전자 디자인 고문 후쿠다 등 10여 명이 무거운 분위기 속에 회의를 끝냈다. 2010년 1월에 78세로 사망한 후쿠다는 원래 교세라 디자인실 경영 전략팀에서 근무하다 이건희의 요청을 받아들여 삼성전자 디자인 고문으로 자리를 옮긴 인물이다. 이건희는 임원진을 돌려보낸 뒤 후쿠다를 포함한 서너 명의 일본 측 고문만 따로 객실로 불러들였다.

"그간 보고 느낀 점을 솔직히 얘기해주시기 바랍니다."

이미 삼성전자의 숨 막히는 분위기에 절망한 나머지 사의를 표한 후쿠다는 자신이 느낀 바를 숨김없이 털어놓았다. 저녁 6시쯤 시작된 대화는 다음날 새벽 5시까지 이어졌다. 이 와중에 그는 소위 '후쿠다 보고서'를 건넸다. 여기에는 그가 삼성전자에서 근무하며 느낀 디자인 부문의 문제점과 삼성전자 기술에 관한 제언, 상품개발 프로세스에 관한 제언 등이 담겨 있었다.

이날 오후 프랑크푸르트 행 비행기에 몸을 실은 이건희는 후쿠다 보고서를 눈을 비벼가며 몇 번이나 정독했다. 읽을수록 치미는 화를 억제하기 어려웠다. 회장에 취임한 후 6년여 동안 자신이 그토록 열정적으로 추구해온 '질' 경영이 '빛 좋은 개살구'에 그치고 있다는 사실을 알게 되었기 때문이다.

그를 더욱 화나게 만든 것은 소위 '세탁기 사건'이다. 그가 프랑크푸르트 행 비행기를 타기 위해 하네다 공항에 도착했을 때 비서실 사내방송 팀이 제작한 비디오테이프 한 개가 급히 건네졌다. 삼성전자의 세탁기 조립 과정을 담은 30분짜리 영상물이었다. 프랑크푸르트에 도착한 그는 여장을 풀자마자 비디오테이프부터 돌렸다. 테이프에는 불량 세탁기 제조과정이 그대로 담겨 있었다. 이를 유심히 보던 그는 치를 떨었다. 곧바로 서울로 전화를 걸었다. 비서실 차장 이학수가 받았다. 벽력같은 호통이 떨어졌다.

"지금부터 내 말을 녹음하라! 내가 질경영을 그렇게도 강조했는데 이게 그 결과냐? 수년간 그렇게도 강조했는데 변한 게 고작 이거냐? 사장과 임원들 모두 프랑크푸르트로 집합시켜라. 이제부터 내가 직접 나선다!"

그가 이처럼 화를 낸 적이 없었다. 삼성의 핵심 경영진 200여 명이 황급히 프랑크푸르트로 달려갔다. 사실 그는 한 해 전인 1992년 여름부터 심한 불면증에 시달리고 있었다. 이대로 가다가는 삼성 전체가 무너질지 모른다는 위기감 때문이었다. 이를 뒷받침하는 사건이 1993년 2월 LA에서 벌어졌다. 미국 출장 중이던 그는 백화점과 디스카운트 스토어를 둘러보았다. 삼성 제품을 둘러보기 위한 것이었다. 소니 등 일본 제품은 진열대 앞쪽 잘 보이는 곳에 정돈돼 있으나 삼성 제품은 구석에 먼지를 뒤집어쓰고 있었다. 삼성의 현주소가 있는 그대로 드러난 순간이었다. 충격을 받은 그는 계열사 사장단 7, 8명을 불러 LA의 백화점과 디스카운트 스토어를 돌아보게 했다. 현장을 목격한 사장단도 할 말을 잃었다.

그는 곧 현지법인 관계자에게 당장 연회장을 물색한 뒤 삼성 제품과 일본 제품을 비교해 전시할 것을 주문했다. 관계자들이 기술과 디자인, 성능 등의 차이를 직접 느끼도록 하는 게 목적이었다. 이 와중에 후쿠다 보고서와 사내용 비디오가 그를 또 한번 충격에 빠뜨린 것이다. 특히 후쿠다 보고서가 던진 충격은 메가톤급이었다. 프랑크푸르트 회의에 앞서 본사에 내린 특명이 그 증거다.

"내일 당장 후쿠다 고문에게 푸짐한 상금을 내리도록 하시오!"

그의 신경영 선언은 바로 이런 일련의 사건이 그의 인내심을 극한으로 몰아가는 와중에 터져나왔던 것이다. 이해 6월 7일 프랑크푸르트 캠핀스키 호텔의 비상경영회의장. 터질 듯한 긴장감 속에 그가 정적을 깨뜨렸다.

"지금부터 내 말을 전부 녹음하시오!"

당시 그가 어느 정도 격앙돼 있었는지는 회의 도중에 터져나온 소위 '티스푼 사건'이 웅변한다. 이해 6월 10일 프랑크푸르트 캠핀스키 호텔. 그는 경영특강을 마친 후 사장단 10여 명을 자신의 방으로 불러들였다. 차나 마시며 자연스레 의견을 듣고자 한 것이다. 분위기는 화기애애했다. 이때 비서실장 이수빈이 문득 사장단을 대신해 이같이 진언했다.

"회장님, 질과 양은 동전의 앞뒷면과 같습니다. 아직까지는 양을 포기할 수 없습니다."

순간 얼굴이 험하게 일그러진 그는 손에 들고 있던 티스푼을 테이블 위에 내던진 뒤 문을 박차고 나가버렸다. 티스푼 사건은 기존의 관행에 안주하는 '고식姑息'이 얼마나 뿌리 깊은 것인지를 새삼 절감하게 만든 사건이었다. 고식은 잠시 숨을 쉰다는 뜻으로 당장 탈이 없고 편안한 것을 추구하는 것을 비유하는 말이다.

당제국 때 문장가인 유종원의 《삼계三戒》에 고식을 경계하는 일화가 나온다. 당나라 때 영주 땅의 어떤 사람이 쥐띠 해에 태어난 것을 이유로 쥐를 잡는 것을 매우 꺼렸다. 그가 고양이를 기르지 않자 인근의 쥐들이 모두 그의 집으로 몰려왔다. 쥐들이 집안을 시끄럽게 나돌아 다녀도 전혀 막을 생각을 하지 않았다. 이윽고 새 주인이 와 이를 보고는 경악했다.

"도대체 전 주인은 무슨 생각으로 고식하여 이처럼 쥐들이 멋대로 뛰어 놀게 만든 것인가?"

여기서 '고식양간姑息養奸'이라는 성어가 나왔다. '고식'은 '양간'을 낳는 배경이다. 멋대로 날뛰는 쥐들을 기필코 때려잡고자 하면 먼저 고식을 깨뜨려야 한다. 티스푼 사건은 고식 타파의 강고한 의지를 천명한 것이나 다름없었다.

신경영 선언의 또 다른 명칭인 프랑크푸르트 선언의 골자는 '마누라와 자식을 빼고는 모두 바꿔라'였다. 한 번에 최소 8시간 이상 지속된 강연에서 그는 이같이 역설했다.

"나라가 이류면 기업도 이류밖에 안 된다. 나 자신이 안 변하면 아무것도 안 변한다. 변하는 것이 일류로 가는 기초. 마누라하고 자식만 빼놓고 모두 바꿔봐라. 막상 변하려면 어려울 것이다. 어렵지만 변하지 않는 것보다 훨씬 낫다. 일류의 사람만 모아놓은 곳이 삼성이다. 단합해 힘을 합치기만 하면 어떤 일이든 1등을 할 수 있다."

이해 7월 초, 이건희는 스위스 로잔에서 강연을 마치고 도쿄 행 비행기에 몸을 실었다. 심경은 절박했다. 고식을 깨기 위해서는 속히 상징적인 조치가 내려지지 않으면 안 된다고 판단한 그는 하네다 공항에 내리자마자 서울로 전화를 걸었다.

"당장 7·4제를 실시하시오. 이런저런 변명은 필요 없소!"

20만에 달하는 전 임직원의 근무시간을 아침 7시부터 오후 4시로 조정하라는 지시였다. 그의 불호령에 비서실은 급히 대책마련에 나섰다. 5일만인 이해 7월 7일 오전 7시 삼성 본관. 계열사 사장단이 종종걸음으로 본관에 모여들었다. 7·4제의 최종안을 논의하기 위한 것이었다. 7·4제 아이디어는 프랑크푸르트 선언 당시 이미 나온 것이었다.

"나는 하루 한 끼만 먹고 지낸 지 1년이 넘었다. 한번 업무를 7시 내지 7시 30분에 시작해서 오후 4~5시에 일과를 끝내봐라. 그것도 이번 기회에…. 그래서 퇴근하기 전 어느 곳에 들러서 운동을 하든지, 친구를 만나든지, 어학 등 공부를 더 하든지 하고 6시 30분 전에 집에 들어가라는 것이다."

1987년 회장 취임 직후 줄곧 변화를 외쳐왔지만 꿈쩍도 하지 않던 삼성을 움직이게 한 신경영 선언의 첫 번째 상징조치가 바로 7·4제다. 7·4제는 그의 인재경영과 밀접한 관련이 있다. 자기개발의 시간을 제공해 소위 'T자형 인재'를 양성하고자 한 것이다. 그는 한 가지 전문 분야에만 정통한 'I자형 인재'보다는 다른 분야까지 폭넓게 알고 있는 T자형 인재가 인정받는 시대가 될 것이라고 내다봤다. 훗날 그는 한 인터뷰에서 이같이 회고한 바 있다.

"처음 7·4제라는 파격적인 제도를 실시했을 때 일리 있는 반대에 부딪히면서 사실 나도 흔들렸습니다. 하지만 여러 의구심을 무릅쓰고 본래의 취지대로 강행했습니다. 내가 이렇게 자기개발을 강조하는 이유는 모든 사람이 T자형 인재가 돼주기를 바라는 마음에서입니다."

조기 퇴근은 이내 효과를 나타냈다. 헬스클럽에서 체력을 단련하든, 어학을 공부해 국제화에 대비하든, 컴퓨터를 배워 정보화사회에 적응하든, 가정에 충실하든 무엇이든 하게 만들었다. 그럼에도 이 제도는 실시된 지 8년여 뒤 이내 폐지되었다. 삼성 측은 2000년대의 신조류에 맞춰 탄력근무 시간제로 바꿨을 뿐 7·4제를 없앤 것은 아니라고 설명하고 있다.

이건희는 7·4제의 즉각적인 실시를 주문한 지 얼마 안 된 이해 7월 13일부터 1주일 동안 도쿄에 머물며 해외 임원회의를 계속했다. 여기서도 그는 프랑크푸르트 선언에 버금할 정도로 많은 이야기를 쏟아냈다.

"지금 정신 바짝 차리지 않으면 구한말과 같은 비참한 시대를 맞이할 가능성이 크다. 이완용이 역적임은 틀림없다. 그러나 그때 이완용이 아니었을지라도 김완용, 박완용이 나왔을 것이다. 상황이 그렇게 돼 있었다. 우리는 수출해야 산다. 완전히 개방하든지 김일성처럼 문을 닫아걸든지 양자택일뿐이다. 이 판국에 문어발이 어떻고, 재벌이 어떻고, 전문경영인이 어떻고 할 때가 아니다. 제일 싸게, 제일 빨리, 제일 좋은 물건을 만드는 것이 가장 중요하다. 앞으로 10~20년 사이 세상은 크게 바뀔 것이다. 지금부터 한국이, 삼성이 어디에 와 있고 얼마나 무지하게 사는지 알아야 한다. 우리 삼성은 분명히 이류다."

이해 7월 30일 후쿠오카를 마지막으로 '해외 경영특강'을 마친 그는 비서실에 이같이 지시했다.

"임직원들이 개혁의 필요성에 공감해 한 방향으로 나아가기 위해서는 일목요연한 교본이 필요하다. 속히 신경영을 전파할 수 있는 책자를 만들라."

태스크포스 팀은 A4용지로 무려 8500매나 되는 내용을 주제별로 분류해 200장으로 요약했다. 그 결과물이 《삼성 신경영》과 《삼성인의 용어》다. 이들 책자는 50만 부 가량 발간됐다. 현지인 교육을 위해 영어와 일어, 중국어 등 10여 개 국어로 번역되기도 했다. 임직원들은 매일 아침 이 교본을 놓고 1시간씩 윤독회를 갖고 토론회를 벌였다. 협력업체 관계자들의 동참을 유도하기 위해 《먼 나라 이웃 나라》로 성가를 올리고 있던 덕성여대 이원복이 이를 만화로 그렸다.

그럼에도 그가 그토록 강조했던 질경영은 아직 요원했다. 이해 9월 초 삼성본관 28층 회장실. 계열사 사장단 10여 명이 모였다. 이건희는 평소와 달리 탁자를 치면서 흥분된 모습을 보였다.

"내가 그렇게도 강조했는데도 질경영의 후속 조치들이 제대로 이뤄지지 않고 있습니다. 어떻게 해서 회장이 말해도 안 되는 것입니까? 어떻게 하면 내 뜻을 이해하고 질경영이 뿌리를 내릴 수 있겠습니까?"

사장단은 수차례 구수회의를 가진 끝에 '신경영 추진을 위한 경영방침'이라는 보고서를 내놓았다. 이는 비서실 체제 정비, 경영진 평가지표 변경, 신경영 실천 교육 등 크게 세 부분으로 구성돼 있었다. 핵심은 비서실장 교체였다. 이때 차장제가 신설되면서 이학수가 신경영 선언의 실무를 총괄하게 되었다. 이학수의 독려로 삼성의 임원진 모두 신경영 선언을 구체화하기 위해 총력 매진했다. 이학수가 오늘날까지 이건희의 오른팔 역할을 하게 된 배경이다.

# 칩거와
# 사자후

　　　　　"""" 이건희가 신경영 선언 전후에 보여준 일련의 행보는 파격 그 자체였다. 당초 그는 회장 취임 이후 오랫동안 무대 전면에 나서지 않았다. 한남동 자택이나 승지원에서 중요한 손님을 만나는 게 고작이었다. '은둔의 경영자' 내지 '칩거총수' 등의 루머가 나돈 이유다.

　　그는 지금도 별반 다를 바 없다. 서울 태평로 본관에 거의 출근하지 않는다. 한남동 자택과 영빈관인 승지원이 그의 집무실이나 다름없다. 가끔 시내에 나올지라도 기껏 호텔 신라에서 외부 손님과 식사하는 정도다. 이는 그의 어린 시절 추억과 무관하지 않을 듯싶다.

　　그는 초등학교 5학년 때인 1953년에 도쿄로 유학을 갔다. '선진국을 보고 배우라'는 선친의 지시 때문이었다. 당시 큰형 이맹희는 따로 하숙하며 도쿄대 농대에 다니고 있었고, 함께 생활한 둘째 형 이창희는 나이가 9살 차이가 나는데다 와세다대에 재학 중이어서 그와 어울릴 시간이 없었다. 학교에서는 민족차별이 심했다. 그는 훗날 이같이 술회했다.

"태어나면서부터 떨어져 사는 게 버릇이 되어 내성적인 성격을 갖게 되었다. 친구도 없고 그러니까 혼자 생각을 많이 하게 됐고, 생각을 해도 아주 깊이 하게 됐다. 가장 민감한 나이에 민족차별·분노·외로움·그리움 등 모든 걸 절실히 느꼈다."

일각에서 그의 취미를 두고 '연구'와 '생각'으로 빗대어 말하는 것도 어린 시절의 이런 추억과 무관하지 않다고 보아야 한다. 실제로 그는 무엇이든 혼자서 하는 것을 좋아한다. 골프를 좋아하기는 하나 대부분 혼자 친다. 술 역시 부친처럼 맥주 한두 잔 이상은 못 하고 술자리에서는 대개 사이다를 마신다.

《월간조선》1997년 1월호에 따르면 주현미 노래를 좋아한 그는 집에 가라오케를 설치해놓았으나 남 앞에서 노래를 부른 적은 거의 없다. 안가에서 전두환과 회동했을 때 노래를 너무 못해 '분위기를 깬다'는 핀잔을 들었다는 이야기가 홍하상의 《이건희》에 나온다. 재계의 거듭된 요청에도 불구하고 전경련 회장 자리를 한사코 고사한 것도 이와 무관하지 않을 듯 싶다. 이를 두고 강준만은 《이건희 시대》에서 이같이 분석해놓았다.

"이건희는 가족을 끔찍이 아낀다. 자신의 어린 시절이 너무 고독했고 그런 생활에 대해 분노마저 느꼈을지 모를 일이라 자식에 대해서만큼은 부친과 전혀 다른 생각을 갖고 있을지 모르겠다. 그러나 그럴수록 그는 가정 바깥의 대인관계에서는 더욱 고독감을 맛보게 돼 있다. 이는 그가 의외로 세상사의 세부에 둔감할 수 있다는 것을 의미한다."

강준만이 그를 '코쿤'에 비유한 이유다. 일종의 '칩거경영'으로 파악한 셈이다. 유순하는 《삼성, 신화는 없다》에서 '인의 장막' 가능성까지 제기했다. 과연 이런 분석이 타당한 것일까? 만일 그가 인의 장막 속에 칩거로 일관했다면 어떻게 신경영 선언과 같은 파격적인 발표가 가능할 수 있었던 것일까?

이건희에게 승지원은 과거 제왕들이 국가존망을 가르는 중대 현안이 있을 때마다 찾아간 사당이나 다름없다. 제왕들은 목욕재계한 뒤 선왕의 사당에 들어가 자초지종을 보고한 뒤 숙고에 숙고를 거듭했다. 이건희가 승지원에 머무는 시간이 많고 길다는 것은 곧 현재의 상황을 심각하게 보고 있다는 뜻이다.

그렇다고 그가 승지원에서 생각만 하고 아무 행동을 취하지 않는 것은 아니다. 계열사 사장들이 불시에 그의 전화를 받고 관계 전문가들이 승지원에 수시로 호출되고 있는 게 그 증거다. 그는 제갈량이 군막 안에서 전략을 짜고 장수들을 지휘하듯이 승지원에서 나름대로 큰 밑그림을 그리는 것이다. 스스로 확신이 설 때까지는 결코 섣불리 결단하지 않는 것도 제왕들의 행태와 닮았다. 승지원을 무대로 한 그의 경영방식을 칩거경영 등으로 파악하는 것은 사실과 동떨어진 것이다.

그가 신경영 선언을 전후로 파격적인 모습을 보여준 것이 이를 뒷받침한다. 실제로 그는 1993년 2월에 로스앤젤레스를 시작으로 프랑크푸르트와 오사카, 도쿄, 런던으로 이어지는 4개월의 대장정에서 완전히 다른 모습을 보여주었다. 1800여 명의 임직원을 해외로 불러놓고 총 500여 시간에 걸쳐 사자후獅子吼를 토해냈다. 평소 부친이 내려준 경청의 좌우명을 좇아 남의 이야기만 들을 뿐 거의 입을 열지 않았던 그가 이처럼 파격적인 모습을 보여주리라고는 아무도 생각지 못했다.

당시 그는 3~4일 일정으로 출장을 떠났다가 1~2주일을 현지에서 보내는 게 태반이었다. 예상 밖의 장기체류로 속옷을 직접 빨아 호텔 베란다에 널어놓고, 본사에 급히 전화해 신용카드 한도를 늘리느라 진땀을 빼기도 했다. 절박한 위기의식에서 시작한 신경영 선언 행보가 어느덧 그를 몰아의 경지로 몰아넣은 것이 분명하다. 신경영 선언은 그 내용도 파격이었지만 형식 또한 파격 그 자체였다.

# 창조적 파괴와
# 혁신경영

    ■■■■ 경제학자 슘페터Joseph Alois Shumpeter는 경제
발전의 원동력을 기업가의 '창조적 파괴'에서 찾은 바 있다. 기존의 틀을
바꾸고 발전시켜나가야 기업의 미래를 예약할 수 있다고 본 것이다. 이는 인
도의 힌두교가 '창조'와 '파괴'를 일원적으로 파악하고 있는 것과 닮았다.

  힌두교에는 불의 신 '아그니'와 태양의 신 '수리야' 등 모두 3억3000만
개의 신이 있다고 하나 가장 주목할 만한 신으로는 '브라흐마'와 '시바',
'비슈누' 등 세 신이다. 브라흐마는 창조, 시바는 파괴, 비슈누는 보존의
신이다. 힌두교 교리에 따르면 현상유지·파괴·창조는 처음과 끝이 없는
상태로 계속 이어지고 있다. 현상을 유지하면서 창조적 파괴를 해나간다
는 것이 어려울 수밖에 없는 이유다. 최근 〈하버드 비즈니스 리뷰〉는 현상
유지·파괴·창조의 사이클에 지혜롭게 올라타 기업의 지속적인 발전을 꾀
하는 내용의 논문을 실었다.

  기업의 역사를 이 사이클에 넣어 분석할 경우 매우 의미 있는 사실을 찾

아낼 수 있다. 예컨대 소니는 자신들을 성공으로 이끌어준 과거의 '워크맨' 성공에 지나치게 함몰된 나머지 현상유지에 주력하다가 파괴와 창조의 사이클에 올라타는 것을 거부했다. 이내 자신의 하청업체였던 삼성에게 추월을 허용한 게 그 증거다. 도요타 역시 비슷한 덫에 걸려 있다. 이에 반해 최근 3D를 출시한 닌텐도는 파괴와 창조의 사이클에 성공적으로 올라탄 경우에 속한다. 매번 기존상품과는 완전히 다른 혁신적인 제품을 끊임없이 출시하고 있기 때문이다.

그러나 창조적 파괴의 가장 대표적인 사례로는 역시 애플을 들 수 있다. 애플의 제품은 기존의 관행과 통념을 완전히 뛰어넘었다. 관점을 기계중심에서 인간중심, 생산자중심에서 소비자중심으로 바꾼 것이 비결이다. 이와 반대되는 것이 한국의 이동통신업체다. 황금알을 낳은 기존의 성공패턴에 안주하며 파괴와 창조의 사이클에 올라타는 것을 거부했다. 한반도에 불어닥친 아이폰의 무서운 돌풍은 바로 '봉'으로만 여겨졌던 소비자들의 일대 반란이다. 오만과 나태가 초래한 후과다.

이에 대한 일차적인 책임은 국내 소비자를 봉으로 삼아 저질 서비스로도 높은 수익을 올린 이동통신업자와 복잡한 규제장치를 만들어 외부 진입을 차단하며 이를 지원한 정부에 있다. 세계무대를 상대로 세계 최고 수준의 제품을 만들지 못하는 업체를 보호하는 것은 자멸의 길이다. 실제로 이는 안방을 거저 내주는 뼈아픈 결과를 낳았다. 삼성의 독자적인 운영체제인 '바다'의 실기가 그 증거다. 그의 복귀를 계기로 어게인 신경영 선언이 절실히 요구되는 이유가 바로 여기에 있다.

삼성은 2009년 11월 바다를 최초로 공개했다. 화려한 영상이 압권이었다. 그러나 그게 끝이었다. 아이폰처럼 오카리나 연주를 흉내낼 수도 없었고, 거리측정을 순식간에 가능하게 하는 아이폰용 자도 없었다. 물론 이는 앱스토어의 차이에서 비롯된 것이지만 바로 그게 문제였다. 많은 사람이 바다에 큰 기대를 걸었다가 이내 실망스런 표정을 지은 이유다. 하드웨어의 최강자인 삼성의 초라하기 짝이 없는 소프트웨어 속설이 적나라하게 드러난 셈이다.

# 도전과
# 응전

“&#9642;&#9642;&#9642;&#9642; 미국은 9·11테러 사건 이후 경계태세를 코드 블루에서 코드 옐로로 바꿨다. 이듬해 테러 사건 1주년을 하루 앞두고 다시 이보다 한 단계 높은 코드 오렌지를 발령했다. 〈뉴욕타임스〉의 칼럼니스트로 활약하면서 《렉서스와 올리브나무》로 이름을 날린 토머스 프리드먼 Thomas Lauren Friedman은 최근 《코드 그린》을 펴냈다. 21세기 국가 흥망의 키워드로 소위 '녹색기술'을 제시한 것이 골자다. 그는 구체적인 방안으로 클린 에너지 개발, 에너지 효율성 향상, 자연 보호 등을 내세웠다. 가장 관심을 끈 것은 GE의 전 회장 제프리 이멜트 Jeffrey R. Immelt의 말을 인용한 다음 대목이다.

"오늘날 에너지 부문에서는 아직도 내가 입사했을 때와 똑같은 석탄 화력발전 전기를 팔고 있다. 요즘은 약간 깨끗해지고 효율도 조금 높아졌지만 기본적으로 과거와 별반 다를 게 없다."

이멜트와 프리드먼 모두 창조적 파괴가 전혀 이뤄지지 않고 있는 에너지 부문의 현실을 개탄한 것이다. 사실 이는 모든 사람이 공감하고 있는 것이기도 하다. 그러나 막대한 투자를 요하는 새로운 에너지 분야에 선뜻 뛰어드는 것이 그리 쉬운 일은 아니다. 더구나 원유 가격이 대폭 하락할 경우 자칫 큰 손실을 안겨줄 수도 있다.

이건희도 유사한 실패를 맛본 적이 있다. 1973년 10월 OPEC이 원유가격의 17퍼센트 인상을 발표하자 가격이 단박에 네 배로 치솟았다. 6년 뒤 다시 2차 오일쇼크가 불어닥치자 한국의 경제성장률은 마이너스로 치달았다. 그룹 부회장으로 있던 이건희가 원유확보 전선에 발 벗고 나선 이유다.

그러나 원유시장은 예로부터 국제정치와 국제투기자본이 복잡하게 뒤엉킨 그야말로 복마전에 가깝다. 그는 각 분야의 전문가를 영입해 태스크 포스 팀을 구성했다. 멕시코와 말레이시아 등을 분주히 오가며 첩보전을 방불케 하는 협상을 벌인 끝에 마침내 안정적 공급선을 확보하는 데 성공했다. 이는 걸프오일의 철수로 새 주인을 기다리던 석유공사를 인수하기 위한 사전 정지작업이기도 했다. 그러나 1980년 12월에 드러난 새 주인은 선경이었다.

그는 다시 해외자원 개발 쪽으로 방향을 돌렸다. 얼마 후 말레이시아의 석유회사인 페트로나스Petronas와 삼성물산이 주축이 돼 컨소시엄 형태로 원유를 공동 개발하기로 합의했다. 대단한 성과였다. 그러나 2차 오일쇼크가 이내 눈 녹듯 사라졌다. 유가가 하락하자 그가 그토록 심혈을 기울여 이룩한 사업이 오히려 짐이 되고 말았다. 이는 그의 첫 실패사례다. 이후 삼성이 에너지 분야 진출에 소극적인 모습을 보인 것도 이와 무관하지 않을 듯싶다.

그러나 최근 변화의 조짐이 일고 있다. 2010년 6월 삼성토탈이 충남 대산공장에서 'LPG 탱크 준공식'을 가진 것이다. 대산공장의 LPG 저장탱크는 저장능력 4만 톤 규모로 단일 지상 LPG 저장시설로는 국내 최대 규모다. 그러나 이는 전체 소비물량의 약 9퍼센트에 불과해 소비자가격 인하 효과를 기대하기는 힘들다. 일각에서는 친환경 경유인 클린 디젤로 이동하는 세계적 추세에 역행한다는 지적도 나오고 있다. 삼성의 LPG시장 진입이 이멜트 등이 역설하는 에너지 부문의 창조적 파괴와 거리가 있는 것은 부인할 수 없는 사실이다. 그러나 이번 에너지시장 진입을 계기로 그의 '창조적 파괴' 행보가 지속될 경우 기대 이상의 소득을 얻을 수도 있다.

# 자폐와
# 개방

•••• 애플의 아이폰을 직접 써보면 여러모로 매우 뛰어난 제품이라는 것을 금방 안다. '껍데기' 보다 그 안에 담겨 있는 '콘텐츠' 가 충실하기 때문이다. 아이폰의 상륙을 허가하기 전까지만 해도 국내 시장은 동네잔치나 다름없었다. 이동통신사들은 휴대폰은 물론 휴대폰에 올라갈 앱의 종류, 나아가 앱의 비즈니스 모델까지 결정했다. 삼성도 이를 무시할 수 없었다. 그러나 삼성이 가장 중요하게 고려해야 할 대상인 소비자를 그다지 염두에 두지 않은 듯한 모습을 보인 것은 큰 문제였다.

당시 애플은 이와 정반대되는 모습을 보였다. 오직 소비자만을 염두에 두고 어떤 타협도 용납하지 않았다. 한물 간 것으로 치부되던 미국의 실리콘밸리가 다시 벌떡 일어난 배경이다. 애플과 구글 모두 빌 게이츠의 뒤를 이어 미국을 또다시 세계경제의 중심에 올려놓는 데 결정적인 역할을 수행하고 있는 셈이다.

더 가슴 아픈 것은 제 밥도 찾아먹지 못하는 IT코리아의 한심한 현실이다. 앱스토어의 최대 수혜자인 태플러스의 CEO 데크렘의 최근 증언이 이를 뒷받침한다.

"2009년 한국의 한 콘퍼런스에 패널로 참여했을 때 한 대형 휴대폰업체 고위 임원이 '왜 다들 아이폰에 그토록 열광하는지 모르겠다'고 해 어이가 없었다. 한 참석자가 '당신네는 애플 같은 앱스토어가 없지 않느냐'고 반문하자 '그거 별거 아니다'는 반응이었다. 다른 사람이 '당신네 휴대폰용 소프트웨어는 영 엉망이라 도대체 쓸 수가 없다'고 말해주었는데도 마찬가지였다. 그는 뭔가 아름답고 쓰기 쉬운 것을 만들면 소비자들의 행태를 완전히 바꿀 수 있다는 사실을 전혀 이해하지 못했다. 그런 사람들은 세상을 특정한 방식으로만 보는 데 익숙해져 있는 것이다."

여기의 '대형 휴대폰업체'는 말할 것도 없이 삼성 아니면 LG일 것이다. 아이폰이 나온 지 3년이 지나도록 멍하니 있다가 안방을 내준 데에는 삼성의 책임도 크다. 핀란드의 노키아도 이동통신업체인 T모바일의 요구에만 신경을 쓰다가 최근 큰 곤욕을 치르고 있다. 소비자보다 SK텔레콤의 주문에 더 신경 썼던 삼성과 닮은 꼴이다.

IT코리아의 부끄러운 실체를 보여주는 명단에는 비단 삼성만 있는 것도 아니다. 원래 한국의 '싸이월드'는 페이스북의 상징인 '소셜 네트워크 서비스SNS'의 원조 격에 해당한다. 양자의 운명을 가른 것은 '시장의 개방' 여부였다. 싸이월드는 자기들만의 폐쇄적 서비스에 자족한 데 반해 페이스북은 창조적 파괴를 통해 모든 사용자가 다양한 애플리케이션을 만들 수 있도록 문호를 과감히 개방했다. 페이스북이 세계인을 하나로 연결하는 '소셜 플랫폼'이 된 배경이다.

21세기의 세계시장은 이미 하드웨어와 소프트웨어의 경계가 허물어진 지 오래다. 좋은 물건만 만들면 된다는 얘기기가 통하지 않는다. 소프트웨어에 밀릴 경우 이내 하청업체로 전락할 수밖에 없다. KT의 사례를 통해 알 수 있듯이 세계의 이동통신업체는 이미 애플과 구글 등에게 무릎을 꿇은 상태다. 소프트웨어는 하드웨어의 미덕인 '근면'만으로는 부족하다. 창조적 파괴가 절대 필요하다. 이건희가 신경영 선언 전후에 몸소 보여준 것처럼 혁명적인 자기혁신이 전제되지 않으면 안 된다. 페이스북이 세계 최대의 'SNS' 업체가 되고, 싸이월드가 동네 사랑방 연락처로 전락한 이유다.

가장 가공할 시나리오는 애플과 구글 등이 장차 하드웨어와 운영체제의 업그레이드, 소셜 네트워크 기술의 결합, 모바일 광고 플랫폼 등 새로운 기술혁신을 통해 하드웨어 분야까지 집어삼키는 경우다. 이미 그런 조짐이 나타나고 있다. 아이폰이 아이패드, 노트북 PC, 애플 TV와 연동되고 있는 것이 그 증거다. 과거 마이크로소프트가 그러했듯이 이제 애플이나 구글의 운영체제를 탑재하지 않은 핸드폰과 TV, PC 등은 아무리 최첨단 제품일지라도 '껍데기'에 불과할 뿐이다.

삼성은 비록 소니의 하청업체에서 출발하기는 했으나 창조적 파괴를 통해 이미 하드웨어 분야에서 세계 최강자가 된 전력이 있다. 그러나 이는 어디까지나 어제의 일이다. 문제는 지금이다. 삼성은 '왜 다들 아이폰에 그토록 열광하는지 모르겠다'는 식의 반응을 보이다가 아이폰 돌풍에 속수무책으로 당했다. 아편전쟁 당시 중국이 양이洋夷 운운하며 자만심에 빠졌다가 서구 열강의 함포에 놀라 이내 반식민지의 길로 내달은 것과 닮았다.

중국은 화약·총포·나침반·비단·도자기 등을 가장 먼저 발명한 나라다. 이는 자랑할 만한 일이기는 하나 이게 중요한 것이 아니다. 나라의 흥망을 가르는 것은 과연 이를 어떻게 활용하는가의 여부에 달려 있다. 삼성도 자칫 만연히 대처하다가는 소니의 전철을 밟을지도 모른다. 이건희가 복귀 직전 '구멍가게' 운운한 이유다.

실리콘 밸리의 가장 큰 미덕은 기존의 관점과 논리를 완전히 뒤집는 데 있다. 밤낮을 가리지 않고 연구하는 사람들 뒤에는 모든 리스크를 감수하며 과감히 투자하려는 기업가들이 즐비하게 늘어서 있다. 모두 '대박'을 노리는 것이다. 정론正論의 관점에서 보면 이는 일종의 '도박'에 가깝다. 그러나 당사자들은 오히려 '파이오니어Pioneer'를 자부한다.

일본이 1980, 90년대에 미국을 삼킬 듯이 질주하다가 이내 추락한 이유가 여기에 있다. 당시 파이오니어의 선봉장은 바로 마이크로소프트의 빌 게이츠였다. 빌 게이츠 한 사람이 미국 본토 상륙을 꾀하는 거함 '야마토'를 침몰시켰다고 해도 과언이 아니다. 지금 그런 상황이 재연되고 있다. 리스크를 과감히 떠안고 '파괴적 혁신'을 즐기는 미국의 저력을 실감하게 만드는 대목이다.

지금 세계 각국의 이동통신사로부터 모바일 비즈니스의 주도권을 빼앗은 애플과 구글의 기세는 하늘을 찌르고 있다. 삼성 등이 버티고 있는 한국은 약간 사정이 낫기는 하나 별 차이가 없다. 아이폰을 독점 출시한 KT가 터치패드와 배터리 고장 등을 이유로 교환을 요구하는 수많은 고객에게 애플의 이야기만 앵무새처럼 되뇌는 것은 IMF환란 당시를 방불케 한다. 이 모든 일이 이건희의 공백기간 중에 일어났다. 많은 사람이 그의 복귀를

계기로 일대 역전극이 빚어질 것을 고대하는 것은 그만큼 충격이 컸다는

반증이기도 하다.

# 오너십과
# 결단

<br>

    ▪▪▪▪ 이건희의 제왕적 경영 리더십은 기본적으로 확고한 책임의식과 과감한 결단을 특징으로 하는 '오너십'에서 나온 것이다. 이는 기업을 창설해 이를 직접 운영하고 실패에 따른 손실과 위험을 과감히 떠안을 수 있는 자세를 갖췄기에 가능한 일이다. 그런 점에서 그의 제왕적 경영은 슘페터가 역설한 창조적 파괴에 가장 부합하는 리더십으로 평가할 만하다. 창조적 파괴에 기초한 혁신경영을 기술혁신의 뜻으로만 이해해서는 안 되는 이유다.

    슘페터는 새로운 상품 소개, 새로운 생산방법 도입, 새 시장 개척, 새 원자재 확보, 산업 내 새 조직 형성 등 다섯 가지를 들었으나 여기서 한 발 더 나아갈 필요가 있다. 드러커가 역설했듯이 혁신경영은 기존의 성과에 안주하는 '정태적 균형'을 창조적으로 파괴해 새로운 '동태적 균형'을 만들어가는 과정을 말한다. 본질적으로 커다란 리스크를 떠안을 수밖에 없다. 생산성 향상과 비용 감소, 수익 증대는 그 결과물일 뿐이다. 오너십에 기초한 이건희의 제왕적 경영은 바로 이런 관점에서 파악할 필요가 있다.

사실 그간 그가 보여준 제왕적 경영의 본질은 파괴적 창조를 전제로 한 혁신경영에 있다고 해도 과언이 아니다. 이를 제대로 이해하기 위해서는 신경영 선언 당시 그가 역설한 소위 '업業'에 대해 정확히 알 필요가 있다. 프랑스혁명이 일어나기 전까지 신분이 세습되는 봉건제도에 있던 서양은 이를 '신의 부름을 받은 소명Vocation'으로 풀이했다. 막스 베버Max Weber 가 《직업으로서의 정치》에서 정치가의 직업을 '소명'으로 표현한 것도 같은 맥락이다. 베버가 순수한 이념에 충실한 '신념윤리'와 결과에 대한 책임을 강조하는 '책임윤리'의 상호보완을 역설한 것은 바로 이 때문이다. 서양인이 생각하는 소위 '잡Job'은 바로 이런 개념 위에 서 있다.

이는 불교와 힌두교에서 말하는 '카르마karma'와 취지가 같다. 원래 '행위'를 뜻하는 말에서 나온 카르마는 현재의 행위는 과거 행위의 결과이고, 동시에 미래 행위의 원인으로 작용한다는 윤회설의 '업보業報' 개념에서 나왔다. 《주역》〈곤괘·문언〉에도 유사한 대목이 나온다.

"선善을 쌓는 집에는 반드시 경사가 있고, 불선不善을 쌓는 집에는 반드시 재앙이 있다. 신하가 그 군주를 시해하고 자식이 그 부친을 시해한 건 일조일석에 일어난 게 아니다. 이는 그 점진적인 조짐을 일찍 분별치 못한 결과일 뿐이다."

불가에서 말하는 '선업선과善業善果'와 '악업악과惡業惡果' 등의 윤리적 인과법칙과 크게 다르지 않다. 다만 불가의 업은 운명적인 데 반해 《주역》에서 말하는 업은 인간의 의지와 노력에 의해 결정되는 인위적 결과물이라는 것이 약간 다를 뿐이다. 동양고전에 밝은 이건희가 말하는 업은 말할 것도 없이 후자의 뜻이다.

업을 인위의 산물로 볼 경우 가장 큰 업은 말 그대로 '대업大業'이 된다. 흔히 '홍업鴻業'으로도 불리는 대업은 천하통일의 왕조 창업을 뜻하는 말로 쓰인다. 제왕의 길이 바로 대업이다. 21세기의 치열한 상전商戰에서 세계시장을 석권해 지존의 자리에 오르는 것 역시 대업에 속한다. 이건희의 제왕적 경영은 바로 이런 의미를 띠고 있다.

대업의 궁극적인 목표는 난세의 횡포에 처한 백성을 구제하는 '제폭除暴'과 '안민安民'에 있다. 이는 '애민愛民'에서 출발한다. 이를 뒷받침하는 일화가 《관자》〈소광〉편에 나온다.

하루는 제환공이 관중에게 천하의 패권을 장악하기 위한 첫 번째 조건을 물었다. 관중이 백성을 사랑하는 일부터 시작하라는 뜻에서 단 네 글자로 간명하게 대답했다.

"시어애민始於愛民."

삼성이 창업의 기본이념으로 내세운 홍익인간과 사업보국, 인본주의가 바로 시어애민에서 출발하고 있다. 기업경영의 측면에서 해석하면 해당 사업이 인민의 삶과 어떤 관계를 맺고 있는지 통찰하는 데서 출발하는 것을 뜻한다. 이를 뒷받침하는 일화가 있다.

1990년대 초, 이건희가 계열사 사장단과 호텔 신라에서 점심을 먹었다. 식사 도중 문득 신세계백화점 사장에게 물었다.

"백화점 '업'의 특성이 뭐라고 생각합니까?"

당시는 아직 신세계가 그룹에서 분리되기 이전이었다. 사장들이 모두 멈칫했다. 상식적으로 판단할 때 백화점은 유통업이다.

"유통업입니다."

이건희의 대답이 엉뚱했다.

"아닙니다. 백화점은 부동산업입니다."

이는 모든 백화점이 유동인구가 가장 많은 십자로에 위치하고 있는 점에 착안한 것이다. 실제로 신세계백화점과 경쟁관계에 있는 롯데백화점은 국내는 물론 일본의 경우 모두 유동인구가 가장 많은 노른자위 땅에 위치해 있다.

1980년대 후반 호텔 신라 전무로 있던 H씨도 호텔업의 특성이 뭐냐는 질문을 받고 일본까지 출장을 가야만 했다. 당시 H씨는 이같이 대답했다.

"서비스업 아닙니까?"

"일본에 가서 제대로 한번 보세요."

H씨는 오쿠라 호텔, 데이코쿠 호텔 등 일본의 유수 호텔 임직원은 물론 〈호텔&레스토랑〉 잡지의 편집장까지 만났다. 하나같이 '호텔업은 로케이션사업이자 장치산업이다'라는 답이 돌아왔다. 각종 설비를 필요로 하는 장치산업은 부동산업의 성격까지 띠고 있다는 것이다.

신경영 선언 이후 그의 업에 대한 질문은 계열사별 토론회의 화두로 등장했다. 회사 자체의 업은 물론 부서별 업무까지도 토론대상이 되었다. 경영진은 각종 자료를 뒤적이고 해외 선진업체들의 자료를 챙겨 부서별로 워크숍을 가졌다. 이건희가 내린 정의에 따르면 반도체업은 '시간산업', 시계는 '패션업', 가전제품은 '조립양산업'에 해당했다.

그가 늘 장차 무엇을 해서 먹고살 것인지를 고민하는 것도 이런 맥락에서 이해할 수 있다. 이는 사업이 어느 정도 안정되었기에 가능한 일이다.

미래의 신수종 사업을 찾아내기 위해서는 우선 계열사 사장들이 해당 업의 본질을 파악한 가운데 안정적인 사업을 펼쳐주어야만 한다. 그래야만 신수종 사업이라는 하나의 화두를 놓고 몇 날 몇 달을 두고 끊임없이 파고들어 해답을 찾아낼 수 있기 때문이다.

일부 학자는 그가 늘 10년 후를 내다보며 신수종 사업을 찾아내는 것을 두고 소위 '준비경영' 내지 '미래경영'으로 표현하고 있다. 그러나 이는 '혁신경영'의 일환으로 보는 것이 낫다. 이를 뒷받침하는 언급이다.

"CEO는 미래의 변화에 대한 통찰력과 직관으로 기회를 선점하는 전략을 짤 수 있어야 한다. 부단한 자기혁신을 통해 항상 새로운 것에 도전하는 '변화추구형'이어야 하는 것이다."

누구든 변화를 선도해나가면 일류가 되고, 이를 외면하거나 거스르면 영원히 이류 내지 삼류에 머물 수밖에 없다는 점을 지적한 것이다. 이는 도전과 변화를 가로막는 모든 장애물을 과감히 허물어야 한다는 강력한 메시지를 담고 있다. 실제로 그는 스스로를 변화추구형으로 담금질하여 오늘의 삼성을 만들어냈다.

# 상하소통으로
# 터를 다지다

세계시장을 무대로 한 글로벌 기업의 활기찬 행보를 '치국평천하'에 비유할 경우 그 바탕이 되는 '수신제가'는 무엇에 비유할 수 있을까? 기업의 안전운행을 가능하게 하는 '체계경영'이 이에 해당한다. 이는 비상시기의 속도전을 가능하게 하는 '전략경영'과 상호 보완관계에 있다. 자동차와 수레가 울퉁불퉁한 길에서도 정숙운행을 할 수 있는 것은 수레의 두 바퀴를 연결하고 있는 굴대가 자유자재로 신축하며 바퀴의 회전수를 조절해주기 때문이다. 굴대 역할을 하는 것이 바로 '소통경영'이다.

# 합리경영과
# 체계경영

    **····** 국가든 기업이든 그 규모와 성질상의 차이는 있을지언정 하나의 조직이라는 점에서는 하등 차이가 없다. 조직이 체계적으로 움직이기 위해서는 상호 수긍할 수 있는 공정한 이치가 작동해야 한다. 그것이 바로 인간의 보편적인 상식에 부합하는 '합리'이다. '합리경영'은 '체계경영'의 본질에 해당한다.

  합리경영의 가장 큰 덕목은 불필요한 비용을 극소화하고 투자 대비 산출의 효과를 극대화함으로써 가장 짧은 시간에 산업기반을 구축하는 데 있다. 당연히 재무·회계·인사·조직 등 모든 면에서 합리적인 관리에 치중할 수밖에 없다. 이병철 역시 생전에 합리경영을 중시했다. 1985년 4월 한 방송과 가진 대담이 이를 뒷받침한다.

  "기업은 사회적 산물이라는 것을 간과해서는 안 됩니다. 기업은 누가 뭐라고 해도 그 시대의 여건과 상황에 맞는 업종을 선택해서 합리적으로 경영해야 합니다."

이는 《손자병법》을 비롯한 모든 병서가 강조하는 합리성과 효율을 사관학교 시절부터 몸에 익힌 제3공화국 수뇌부의 정서와 부합하는 것이었다. 당시 '합리행정'과 '합리경영'이 '합법행정' 내지 '윤리경영'을 누르고 최고의 이론으로 작동한 배경이다. 실제로 정부와 기업 모두 경영의 개념을 요즘의 '비즈니스'보다는 '공공행정'과 짝을 이루는 소위 '민간행정 Private Management' 개념으로 이해했다. 재무관리·인사관리·조직관리 등의 용어가 난무한 것은 바로 이 때문이었다. 제3, 4공화국 시기를 제1, 2공화국의 '정치시대'와 대비되는 '행정시대'로 규정할 수 있는 이유다.

전두환과 노태우 정부는 행정시대의 회광반조回光返照 : 일몰 직전 태양의 기운에 해당한다. 전두환이 자신의 아호를 일몰 직전의 바다 풍경을 연상시키는 '일해日海'로 지은 것은 얄궂다. 실제로 그는 퇴임 후 자신이 세운 '일해재단'에서 '상왕'으로 군림하고자 했으나 그를 기다린 것은 '백담사'였다. 합리성과 효율에 입각해 선정한 후계자에 의해 일종의 '유폐'를 당한 꼴이다.

노태우 역시 비슷한 꼴을 당하고 말았다. 합리성과 효율을 감안해 손을 들어준 김영삼에 의해 법정에 서게 되었으니 말이다. 도도하게 흐르는 역사의 큰 흐름에서 볼 때 전두환과 노태우 모두 행정시대가 끝나고 그간 억눌려 있던 인권과 민주의 이념이 지각을 뚫고 분출하는 과도적인 시기에 대권을 잡은 셈이다.

그런 점에서 김영삼과 김대중, 노무현 정부의 치세는 민주이념을 지고의 가치로 삼은 까닭에 '민주시대' 내지 '이념시대'로 분류할 수 있다. 이명박 정부는 '행정시대'와 '민주시대'를 변증법적으로 지양하는 소위

'중도실용시대'를 내세우고 있다. 기본 틀만큼은 천하대세의 흐름과 부합하고 있으나 6·3지방선거를 전후로 오락가락하는 행보를 보여 그 실체가 무엇인지 정확히 파악하기가 쉽지 않다.

박정희에서 노태우까지 지속된 행정시대의 상징인 합리경영을 기업 차원에서 구현한 인물이 바로 이병철이다. 그의 분신에 해당하는 방대한 규모의 비서실이 파트별로 나눠 합리경영을 주도한 것이 그 증거다. 삼성의 비서실은 나는 새도 떨어뜨릴 정도의 막강한 위세를 떨쳤다. 당시 청와대의 참모진이 행정부처 장관 위에 군림하며 최고통치권자의 의지를 일사불란하게 관철시킨 것과 닮아 있었다. 신경영 선언 전후로 계열사 사장단이 비서실장의 교체를 키워드로 내세운 이유다.

'관리행정' 내지 '관리경영'의 가장 큰 약점은 급속한 변화가 잇달아 빚어지는 난세의 위기국면에서 느린 행보로 인해 치명타를 입을 수 있다는 데 있다. 전투에서 흔히 속도전에서 패한 부대가 이내 궤멸의 위기를 맞는 이유다. 관리경영이 '속도경영' 내지 '공격경영'과 상반되는 개념으로 간주되는 것도 이와 무관하지 않다고 보아야 한다.

더 큰 문제는 임기응변을 요하는 '전략경영'을 상대적으로 매우 어렵게 만드는 데 있다. '전략경영'은 《도덕경》과 《손자병법》이 비유하고 있듯이 물의 흐름과 유사하다. 평지를 흐를 때는 한없이 유약한 듯 조용하기만 하나 바위와 같은 큰 장애물을 만나면 휘돌아 지나가고 큰 낭떠러지를 만나면 이내 천길만길의 폭포가 되어 지축을 흔드는 것과 같다. 관리경영을 관철할 경우 이런 임기응변이 불가능하다. 대표적인 인물로 삼국시대의 제갈량을 들 수 있다.

《삼국연의》는 제갈량을 신출귀몰한 군신軍神으로 그려놓았으나 《삼국지》와 《자치통감》 등의 정사에 나오는 제갈량의 모습은 이와 사뭇 다르다. 그는 결코 임기응변에 능한 전략가가 아니었다. 오히려 그와는 정반대로 평생 돌다리도 두드리고 건너는 식의 신중한 삶을 살았다. 이는 《삼국지》에 나오는 진수의 다음과 같은 평을 보면 쉽게 알 수 있다.

"제갈량은 군사통솔 방면에 능력은 있었으나 기발한 모략이 부족했다. 오히려 백성을 다스리는 재능이 용병의 재능보다 우수했다. 변화에 적절히 대응할 줄 아는 장수로서의 지략은 그의 장기가 아니었다."

《자치통감》의 내용도 이와 별반 다르지 않다. 제갈량은 역발상의 재능과 임기응변이 요구되는 창조경영 내지 전략경영보다는 기존의 것을 공평한 잣대를 적용해 체계적으로 보수하며 관리하는 합리경영 내지 체계경영에 밝았다고 할 수 있다. 아랫사람에게 위임하면 안심하지 못해 모두 자신이 결재하는 바람에 북벌 도중 과로로 진몰한 것도 바로 이 때문이었다.

합리경영을 극도로 중시한 이병철 역시 여러 면에서 제갈량과 닮았다. 반도체를 삼성의 주력종목으로 선택하는 과정에서 볼 수 있듯이 그는 초기만 하더라도 아들 이건희의 전략경영 취지를 제대로 이해하지 못했다. 이후 소위 도쿄 선언을 계기로 반도체산업에 삼성의 모든 역량을 투입하는 등 오히려 아들보다 더 공격적인 모습을 보이기는 했으나 합리경영의 기조가 바뀐 것은 아니었다. 그러나 이는 행정시대로 표현되는 당시의 시대적 조류에 부합하는 것이기도 했다.

# 빅딜과
# 체계경영

　**▪▪▪▪** 합리경영의 가장 큰 특징은 조직을 체계적으로 운용하는 체계경영에 있다. 그런 관점에서 보면 이건희는 역설적으로 체계경영의 달인이라고 할 수 있다. 지난 2005년 6월 27일자 〈주간조선〉에 실린 '1인 중심 대 시스템 중심' 기사가 이를 뒷받침한다.

　"생각과 동시에 행동하는 김우중 회장은 총론과 각론을 직접 꼬치꼬치 챙기지만, 심사숙고한 뒤 행동하는 이건희 회장은 주로 큰 맥만 짚어주는 등 총론만 챙기고 각론은 전적으로 아랫사람에게 맡긴다. IMF 당시 '빅딜'이 시작되었을 때 전경련 회장직을 맡고 있던 김 회장은 각종 사안에 일일이 개입하고 간섭했다. 그러나 이 회장은 삼성차의 매각 건조차 비서실 고위간부에게 결정권을 주고 본인은 아무런 언급도 하지 않았다. 김 회장이 1인 체제와 1인 회사를 강화시켜왔다면 이 회장은 시스템 위주로 회사가 가동되도록 했다. 결론적으로 김 회장은 산업화시대의 스타이고, 이 회장은 정보화시대의 스타에 해당한다."

이건희의 제왕적 경영 리더십이 일종의 '복합경영'의 형태를 띠고 있음을 뒷받침하는 대목이다. 그러나 강준만은 《이건희 시대》에서 반론을 제기하고 있다. 이건희야말로 김우중보다 더 '1인 체제'를 강화해왔다는 것이다. 삼성의 운영방식이 철저한 1인 체제 중심으로 진행됐기에 과감한 권한이양과 더불어 체계경영이 가능했다는 것이 논거다. 그는 《마키아벨리라면 어떻게 할까》의 저자 스탠리 빙Stanley Bing의 분석을 인용해 '유능한 지도자는 변덕스런 행동으로 주변을 제압하는 마키아벨리안의 리더십을 발휘한다'고 주장했다.

나름대로 일리 있는 분석이다. 그러나 서구의 잣대를 도식적으로 적용했다는 지적을 면하기 어렵다. 당시 이건희가 보여준 행보는 결코 '변덕스런 행동'이 아니었다. 원래 마키아벨리가 《군주론》에서 역설한 군주 리더십의 요체는 목적을 달성하기 위해 기존의 통념과 관행에서 과감히 벗어나는 데 있다. 목적은 말할 것도 없이 '외부침공의 봉쇄'와 '영토의 통일적 관리', '인민의 안녕 보장' 등 고금동서의 모든 군주가 반드시 지켜야 할 최소한의 덕목이다. 군주의 변덕스런 행동은 바로 이런 목적을 이루기 위한 것으로 하나의 방법론에 지나지 않는다.

서구에서는 아직도 마키아벨리를 부정적으로 바라보는 시각이 우세한 까닭에 '마키아벨리안 리더십'의 용어는 신중을 요한다. 자칫 '폭군 리더십'으로 곡해될 소지가 크기 때문이다. 실제로 일부 학자는 이승만과 박정희의 리더십을 마키아벨리안 리더십으로 규정하며 극히 부정적인 의미로 해석하고 있다.

20세기 최고의 지성으로 칭송받는 한나 아렌트가 마키아벨리를 서구

지성사의 가장 높은 봉우리 중 하나로 꼽은 사실에 주목할 필요가 있다. 난세의 시기에는 마키아벨리안 리더십이 더욱 빛을 발한다고 평가한 결과다.

조선조에서 제왕적 리더십의 표상인 태종과 세조는 강력한 무력을 배경으로 강온양면책으로 여진족을 제압하며 북방영토를 대폭 확장하고 건국 초기의 기틀을 안정시킴으로써 세종과 성종의 치세를 가능하게 했다. 마키아벨리안 리더십을 무턱대고 사갈시해서는 안 되는 이유다. 그러나 빅딜 때 이건희가 보여준 리더십은 IMF환란의 수렁에서 빠져나오기 위한 고육책의 일환으로 나온 것이다. 이는 태종과 세조가 구사한 마키아벨리안 리더십과는 차원이 다르다. 〈주간조선〉의 분석처럼 체계경영의 일환으로 보는 것이 타당하다.

# 삼성웨이와
# 체계경영

　　**··** 현재 '삼성웨이'는 '도요타웨이'와 더불어 해외 유수의 비즈니스스쿨에서 매우 중요한 분석 대상이 되고 있다. 가장 눈길을 끄는 것은 이건희를 정점으로 한 유연한 경영 시스템에서 성공비결을 찾는 견해다. 이들은 삼성웨이를 '사람이 아닌 조직이 움직이는 시스템경영'으로 규정하고 있다.

　　이는 크게 두 가지 의미를 지니고 있다. 사내의 원활한 의사소통에 따른 시스템경영과 기업운영에 관한 경영차원의 시스템경영이 그것이다. 1994년 그는 신임 임원교육에서 이같이 지시한 바 있다.

　　"회장의 지시가 12시간 내에 과장급까지 전달되고, 현장의 목소리가 24시간 이내에 회장에게 전달되도록 내부 커뮤니케이션 시스템을 구축해야 한다."

　　삼성이 1999년부터 정보화 비전을 수립하고, 그룹 전체를 아우르는 자원관리ERP 시스템인 소위 싱글을 구축한 배경이 여기에 있다. 실제로 삼성은 회장인 그가 지시사항 문건을 마우스로 누르는 순간 25만여 명의 임직원이 리얼타임으로 이를 받아보고 즉각 업무에 반영한다. 웹사이트와 마이 싱글로 연결된 해외지사도 다를 바가 없다. 마이 싱글의 정착으로 고객관계 관리, 공급망 관리, 정보인프라 확충을 통한 지식경영 관리 등이 가능하게 된 것은 체계경영의 구체적인 성공사례에 해당한다.

가장 큰 배경은 역설적으로 서구의 학자들이 극히 비판적으로 바라보는 그의 제왕적 경영에 있다. 이는 그가 회사의 비전과 경영 방향 등 큰 밑그림을 제시하는 것에 자신의 역할을 한정하고 있는 데 따른 것이다. 그는 일단 큰 밑그림을 그려 경영진에게 제시한 후에는 위기상황이 아닌 한 일일이 간섭하지 않는다. 역대 제왕들이 보여준 리더십과 사뭇 닮았다. 그의 체계경영이 자율경영과 불가분의 관계를 맺고 있는 것도 바로 이 때문이다.

이와 관련해 홍하상은 《세계의 인재를 구하다》에서 미국식 첨단경영과 일본의 전통적인 경영방식을 융합한 결과로 분석했다. 해당 대목이다.

"단적으로 말해 잭 웰치를 중심으로 한 미국의 GE 방식과 가족 및 오너체제를 중심으로 한 일본의 도요타 방식을 합친 경영이라고 할 수 있다. 실적과 성과 면에서는 GE, 조직에 대한 충성과 철저한 관리경영은 도요타 스타일이다."

삼성웨이를 좋은 점만 취하는 일종의 '잡종강세'로 풀이한 셈이다. 탁월한 분석이기는 하나 그보다는 동양 전래의 제왕학 전통을 이어받은 것으로 보는 것이 옳을 것이다. 제왕은 무릇 큰 밑그림을 그리는 데 충실해야 한다는 주장은 유가와 법가, 도가 등 모든 제자백가의 공통된 입장이다. 이는 제자백가사상이 관중의 '예의염치'와 '치국평천하' 사상에 뿌리를 둔 데 따른 것이다. 이를 뒷받침하는 《관자》〈군신 상〉편의 해당대목이다.

"군주는 관직의 대체만을 통솔하고 관리할 뿐 그 구체적인 내용은 말하지 않는다. 신하는 관직의 구체적인 사무를 시행할 뿐 직책 이외의 것은 말하지 않는다. 군주의 도리가 밝지 않으면 명을 받은 사람이 의심한다."

제자백가가 왜 하나같이 제왕의 가장 중요한 덕목 중 하나로 큰 밑그림의 작성을 들고 있는지를 짐작하게 해준다. 이건희의 이런 행보는 미덥지 못하면 맡기지 말고, 일단 기용했으면 믿고 맡기라는 선친의 유명을 좇은 것이다.

사실 작은 것까지 세세히 챙기는 것과 신임하는 부하에게 권한을 대폭 위임하는 것은 결코 배치되는 것이 아니다. 이 두 가지 덕목은 사안에 따라 서로 겹치기도 하면서 상호보완하는 관계에 있다. 아무리 대강大綱에 충실한 제왕적 경영을 할지라도 사안과 상황에 따라서는 세목細目에도 세심한 주의를 기울여야 한다. 박정희가 경부고속도로 건설 당시 매일 청와대에 지도를 펴놓고 건설현황을 체크하며 독려한 것은 그 실례라고 할 수 있다.

박정희는 기본적으로 산업입국産業立國의 큰 그림을 그린 후 구체적인 경제정책에 관해서는 김학렬과 김용환 등 자신이 신임하는 경제관료에게 일임했다. 박태준에게 포항제철의 건설을 일임한 것도 같은 맥락이다. '합리경영'을 유독 강조했던 이병철도 박정희와 별반 다를 것이 없다. 그는 평소 사소한 것까지 꼼꼼히 챙기며 일일이 지시하는 등 제갈량과 비슷한 모습을 보이면서도 신임하는 경영진에게는 과감히 권한을 위임하는 통 큰 모습을 보여준 것으로 유명하다. 이건희가 신경영 선언 당시 혁명적인 자기변혁의 큰 틀을 제시한 뒤 매일 전개상황을 체크한 것도 같은 맥락이

다. 모두 제왕학의 보고라고 할 수 있는 동양고전의 세례를 받은 결과로 볼
수 있다.

# 소통경영과
# 체계경영

　　●●●● 세계시장을 무대로 한 글로벌기업의 활기찬 행보를 '치국평천하'에 비유할 경우 그 바탕이 되는 '수신제가'는 무엇에 비유할 수 있을까? 기업의 안전운행을 가능하게 하는 '체계경영'이 이에 해당한다. 이는 비상시기의 속도전을 가능하게 하는 '전략경영'과 상호보완 관계에 있다. 자동차와 수레가 울퉁불퉁한 길에서도 정숙운행을 할 수 있는 것은 수레의 두 바퀴를 연결하고 있는 굴대가 자유자재로 신축하며 바퀴의 회전수를 조절해주기 때문이다. 굴대 역할을 하는 것이 바로 '소통경영'이다.

　　이병철이 생전에 합리경영의 기조하에 삼성을 효율적으로 관리하면서도 전략경영 차원에서 임직원의 창조적 아이디어를 북돋우기 위해 권한을 대폭 위임한 것은 바로 이 때문이다. 이를 뒷받침하는 《호암어록》의 해당 구절이다.

　　"무릇 윗사람은 아랫사람이 신바람 나게 일할 수 있게 해야 한다. 회의

때 토론이 실종된 채 일방적인 상의하달이 있어서는 안 된다.”

원래 제왕적 경영은 조정관원들의 ‘면절정쟁面折廷爭’과 민의가 왜곡되지 않고 조정에 있는 그대로 전달되는 ‘민의상달民意上達’이 전제되어야만 소기의 성과를 거둘 수 있다. 면절정쟁은 신하들이 역린逆鱗으로 인한 불이익을 두려워하지 않고 군왕의 면전에서 서로 쟁론을 벌이는 것을 말한다. 《조선왕조실록》을 보면 조정관원들이 왕 앞에서 팔뚝을 걷어붙이며 서로 삿대질을 하다 물의를 빚은 일이 비일비재했음을 알 수 있다.

《정관정요》에서도 당태종은 면절정쟁을 일삼은 위징을 극찬하고 있다. 동양의 제왕적 경영은 결코 서구의 학자들이 오해하는 것처럼 ‘언론봉쇄’가 아니었다. 조선조는 조정관원들이 지방의 유림들과 합세해 국가현안은 물론 사소한 사안까지 당파로 갈려 다툰 것이 문제였지 면절정쟁의 기풍 자체가 문제였던 것은 아니다.

조선조는 면절정쟁 이외에도 민의상달에 각별히 신경을 썼다. 관원과 유림들이 올리는 ‘상소上疏’와 일반 백성이 올리는 ‘상언上言’이 극히 자유로웠던 것이 그 증거다. 동양의 역대 왕조 중 조선조처럼 언론이 자유로웠던 왕조는 존재하지 않았다. 이는 백성을 군주보다 중시한 맹자의 귀민경군사상이 성리학에 그대로 투영된 결과다.

당시 상언은 서민들이 자신들의 억울한 사정을 써서 바치면 승정원에서 이를 수합한 뒤 각방 승지의 견해를 덧붙여 보고하는 형식으로 이뤄졌다. 그러나 상언은 횟수가 2회로 제한되어 있는데다 한문으로 본인이 직접 작성해 제출해야 했던 까닭에 문자를 모르는 하층민은 북과 꽹과리를 이용한 소위 ‘격쟁擊錚’을 주로 사용했다. 태종 때 등장한 ‘신문고’도 격쟁의 일종이다. 격쟁은 횟수의 제한도 없고 글로 써야 하는 부담이 없었던 까닭에 서민이 크게 선호했다.

격쟁은 16세기에 크게 세 가지 형식으로 정착됐다. 직접 대궐 안으로 뛰어 들어가 국왕에게 호소하는 '궐내격쟁闕內擊錚'을 비롯해 국왕의 외부 행차인 행행行幸 때 어가 앞에서 행하는 '위내격쟁衛內擊錚', 어가로부터 멀리 떨어진 곳에서 북과 꽹과리를 울리는 '위외격쟁衛外擊錚'이 그것이다. 위외격쟁에서는 커다란 나뭇가지 끝에다 글자를 크게 써서 국왕의 눈에 뜨이게 하거나 크게 소리를 지르는 방식도 동원되었다.

영조는 격쟁이 급격히 늘어나자 재위 47년1771에 원래의 취지를 되살려 창덕궁 남쪽에 신문고를 다시 설치해 민원民怨을 수렴하고자 했으나 별다른 효과를 거두지 못했다. 뒤를 이은 정조는 대민접촉을 강화하면서 격쟁으로 다룰 수 있는 사안의 범위를 일상적인 사안으로까지 확대했다. 이는 관원들이 사안을 축소해 보고하는 것을 막기 위한 조치였다.

면절정쟁과 민의상달을 배경으로 성립된 과거 군주정 시절의 제왕적 경영을 21세기의 기업경영에 적용한 것이 바로 소통경영이다. 이는 크게 두 가지 측면으로 나눠볼 수 있다. 하나는 고객과 기업, 기업 내부의 조직 간 또는 임직원 간의 의사소통이다. 이는 체계경영의 영역에 속한다. 다른 하나는 정보와 지식, 경험, 자원 등을 물 흐르듯 소통시키는 것이다. 이는 전략경영 내지 창조경영 영역에 속한다. 소통경영은 이 양자를 유기적으로 결합한 것을 뜻한다. 기업이 장기적이면서도 지속적인 발전을 꾀할 경우 반드시 소통경영이 전제되어야 하는 것은 말할 것도 없다. 크게 두 가지 이유를 들 수 있다.

첫째, 집단적 창의성을 자극하는 창조경영의 밑거름이 되기 때문이다. 21세기는 그 어느 때보다 창의성이 강조되고 있다. 최상의 방안은 중지를 모으는 데 있다. 소통경영이 이를 가능하게 한다. 이는 조직 내부의 '부서 이기주의'에 따른 불필요한 마찰과 자원의 낭비를 막아주고 상호협력을 통한 시너지효과를 증폭시킨다. 원래 합리경영을 기초로 한 체계경영은 강조하면 강조할수록 언로경색의 부작용을 낳는다. 이를 뚫는 것이 바로 소통경영이다. 이것이 원활이 이뤄져야만 창의적인 아이디어가 사장되는 일이 없어진다.

둘째, 고객의 높은 충성도를 유인하는 고객경영 내지 감동경영의 밑거름이 되기 때문이다. 고객경영의 관건은 고객이 원하는 것을 얼마나 빠른 시간 내에 효과적으로 제공하는가에 달려 있다. 이때 주의할 것이 '공급자 중심 마인드' 내지 '기술 지상주의'의 덫이다. 최첨단 기술에 대한 자부심이 지나친 나머지 고객은 별로 원하지 않는 복잡한 기능의 신제품을 출시하거나 고객이 오히려 부담감을 느낄 정도의 과도한 서비스를 내놓는 것이 이 경우에 속한다. 일본의 소니 등이 삼성에게 패한 이유다.

과거 델컴퓨터가 데스크톱 컴퓨터와 워크스테이션의 장점만을 골라 출시한 '올림픽'도 유사한 경우에 속한다. 기술적으로 볼 때 이는 매우 뛰어난 제품이었다. 홍보에도 많은 돈을 투여했으나 결국 실패했다. 소비자가 기능이 복잡하고 성능이 뛰어난 컴퓨터를 외면했기 때문이다. 델 관계자의 자탄은 타산지석으로 삼을 만하다.

"당시 '올림픽'은 고객을 위한 기술이라기보다 기술자를 위한 기술이었다."

고객과 밀착해 그들이 현 시점에서 간절히 원하는 것이 무엇인지를 수시로 체크하는 소통경영을 소홀히 한 결과다. 아무리 뛰어난 신기술일지라도 고객이 외면하면 아무 쓸모가 없다. 마이크로소프트의 윈도우체제가 복잡한 기능의 애플의 매킨토시를 제압하고 소프트웨어 시장을 석권한 것도 마찬가지 경우다.

설령 현재 적잖은 성과를 거두고 있을지라도 소통경영이 제대로 이뤄지지 않는 가운데 나타나는 혁신경영과 창조경영은 일시적인 것에 지나지 않는다. 기업 내 조직 간 소통과 기업과 고객 간의 소통이 늘 원활히 이뤄져야 하는 이유다.

왜란 당시 동인과 서인 모두 도요토미 히데요시豊臣秀吉의 조선침공 가능성을 읽었다. 그럼에도 조정을 장악하고 있던 동인은 서인과 대립각을 세우기 위해 애써 그 가능성을 축소 내지 무시하는 쪽으로 나아갔다. 면절 정쟁까지는 좋았으나 조직 내 소통이 차단된 것이다. 막상 왜란이 터지자 적잖은 백성이 왜군의 회유책에 넘어가 선조의 어가가 나아간 방향을 알려주는 등 적극 협조하고 나섰다. 민의상달이 막힌 나머지 고객과의 소통이 두절된 결과다. 이건희는 신경영 선언 당시 이같이 일갈한 바 있다.

"삼성을 망치고 있는 게 관리 위주 경영방식이다. 관리 출신들이 전부 간부 하고 있는 게 그 증거다."

제왕적 경영으로 비판받고 있는 이병철과 이건희 부자는 오히려 소통경영을 통해 합리경영과 창조경영을 하나로 녹여냈다고 볼 수 있다. 다만 시류를 좇아 강조하는 방점을 약간 달리 찍었을 뿐이다.

소통경영을 중시한 이들 부자의 행보는 뛰어난 리더십을 보여준 역대 제왕이 면절정쟁과 민의상달을 적극 권한 것과 닮았다. 오늘의 삼성이 있게 된 것도 소통경영을 전제로 한 제왕적 경영이 제대로 작동했기 때문이라고 해석할 수 있다.

# 복합경영과
# 체계경영

    **···** 1995년 이건희가 과학기술원KAIST에 '테크노 MBA' 과정 개설을 요구한 것은 이공계 인재가 미래의 최고경영자가 되기 위해서는 경영도 알아야 한다고 판단한 결과다. 당시 비서실장 H씨에게 전화를 걸어 그 필요성을 역설한 대목이 이를 뒷받침한다.

"이공계 인력육성을 그렇게도 강조했는데 아직 시행하지 않고 있습니까? 속히 과학기술원과 협의하세요. 지금 중국이 몰려오고 있어요. 중국 지도부의 70퍼센트가 이공계 출신입니다!"

이는 막대한 예산을 들여 직원을 2년 동안 연수 보내는 방안을 탐탁지 않게 여기는 사장단의 고루한 생각을 질타한 것이기도 했다. 당시 그는 테크노 MBA에 선발된 사람들의 인사자료를 직접 챙겨보면서 지대한 관심을 보였다. 미래에 대한 아낌없는 투자만이 삼성의 앞날을 보장할 수 있다고 판단한 결과다. 먼 미래를 내다본 '원략遠略'이 아닐 수 없다.

그가 소위 '복합건물' 내지 '복합도시'를 구상한 것도 바로 이런 원략에서 나온 것이다. 자체적으로 돌아가는 타운을 건설하고자 한 그의        구상은 신경영 선언 때 등장했다. 당시의 언급이다.

"매일 아침 수만 명의 사람이 1시간 반 이상을 허비하며 공장에 출근하고 있다. 게다가 공장은 뿔뿔이 흩어져 있어 하루에 공장 몇 군데 돌면 실제로 일하는 시간은 서너 시간이다. 복합화가 이런 불합리를 해결해준다. 좁은 국토를 효율적으로 이용하자. 빌딩을 옆으로 넓히지 말고 위로 높이면 된다. 한 곳에 모든 임직원이 모여 살면 40초 만에 모일 수 있다. 이게 바로 경쟁력이다."

1993년 9월 초, 비서실 차장 이학수는 계열사 관리본부장들과 함께 복합화 시설 현장을 탐방하기 위해 일본 출장길에 나섰다. 이들이 둘러본 곳은 최신식 인텔리전트 빌딩인 NEC 본사와 후쿠오카 돔, 미야자키 현의 복합휴양지 등 모두 10여 개였다. NEC 빌딩은 벽 사이로 연결된 파이프라인에 공기압력으로 서류를 옆 부서로 옮기는 혁신적 시스템을 설치한 것으로 유명하다. 후쿠오카 돔은 스포츠 경기는 물론 공연장, 놀이 공간, 쇼핑몰 등의 부대시설이 들어서 있다.

이듬해 초 실무진은 곧바로 부지 물색작업에 들어갔다. 마침 서울시가 추진 중이던 도곡동 체비지 매각에 참여해 이를 사들였다. 총 2만3000평으로 매입대금은 6226억 원이었다. 이로써 계열사들을 단위별로 묶어 크게 태평로 금융복합단지, 서초동 패션복합단지, 도곡동 IT복합단지를 조성하는 청사진이 확정됐다. 세 개 복합단지 연결의 핵심은 말할 것도 없이 도곡동 IT단지였다. 뉴욕의 록펠러센터와 필라델피아의 리버티 플레이스 등이 벤치마킹 대상이 되었다.

1996년 초 도곡동 IT복합단지의 골격이 드러났다. 연면적 32만 평, 지상 111층450미터의 초고층 복합건물이었다. 당시 세계 최고층이었다. 이곳에는 오피스와 호텔, 컨벤션센터가 들어서는 비즈니스 구역과 쇼핑과 스포츠레저를 즐기는 상가 구역, 주민들이 공연 등의 문화예술을 즐기는 문화 구역 등 모두 세 개 단위의 관련시설이 들어가도록 설계되었다. 당시 그는 임직원들이 엘리베이터를 이용해 30초 만에 회의장에 모일 수 있는 소위 '직주일체職住一體'의 비즈니스 타운을 만들고자 했다. 그러나 이는 이내 주민들의 반대와 IMF환란으로 무산되었다. 계획이 무산된 1998년 그는 거듭 아쉬움을 나타냈다.

"아까운 자식 한 명을 잃은 것이나 다름없다."

이 와중에 IT복합단지 구상은 '주상복합건물' 건설로 바뀌었다. 당시 계열사 사장단은 도곡동 부지를 나대지로 매각하고자 했다. 급전이 필요했기 때문이다. IMF환란은 유동성이 가장 풍부했던 삼성에게도 큰 시련이었다. 그가 일갈했다.

"이 땅이 어떤 부지인데 한 치 앞을 내다보지 않고 팔려고만 하는 것이오. 주상복합건물로 개발해 분양하는 게 좋을 것이오. 분양을 할지라도 우리 것이라는 신념으로 짓도록 하시오."

현재 국내 최대의 명품 아파트로 손꼽히는 타워팰리스가 등장한 배경이다. 높이 264m로 2010년 현재까지 국내 최고층 건물로 존재하고 있는 이 건물은 여의도의 63빌딩보다 13m나 높다. 밑에서 올려다보면 끝이 보이지 않는다. 최고의 시설과 마감재를 사용한 초호화 주거공간으로 한국 최초의 초고층 주상복합아파트에 해당한다.

그러나 이는 취지만 좋았을 뿐 주변 여건을 종합적으로 검토하지 못한 그의 실패를 상징적으로 보여주는 건물이기도 하다. 타워팰리스 완공 후 교통문제와 환경문제, 부동산 투기, 배타적 공동체문화 형성 등 많은 논란이 야기된 것이다. 최근에는 중대형아파트에 대한 기피현상으로 타워팰리스를 떠나려는 사람이 늘고 있어 국내 최대의 명품 아파트라는 명칭이 무색해지고 있다.

그럼에도 그의 복합화 구상은 나름대로 적잖은 성과를 거둔 것이 사실이다. 소비자들의 폭발적인 반응을 불러낸 카메라폰, 공기청정기가 내장된 에어컨, 디지털카메라가 내장된 캠코더 등이 모두 복합화 구상의 산물이다. 제품의 질 제고와 물류비용 감소, 교통체증 해소, 경영 스피드 제고, 임직원 결속강화 등도 부수적인 효과로 볼 수 있다.

현재 그의 복합화 구상은 계열사 시설 및 단지, 제품, 인재개발 등 곳곳에 녹아 있다. 삼성서울병원의 검진센터와 생명과학연구소, 의사실 등이 환자의 동선動線을 좇아 체계적으로 배치된 것을 보면 알 수 있다. 1995년 개원 후 '환자들이 기다리지 않는 병원', '보호자가 필요 없는 병원'이라는 입소문이 나면서 태평양 지역 미국 대통령 전용 병원으로 지정되었다. 미국 대통령이 태평양 지역을 순방하다 불의의 사고를 당할 경우 바로 삼성서울병원으로 옮겨지게 되어 있다. '복합화'로 상징되는 '체계경영'의 개가가 아닐 수 없다.

# 무위지치로
# 군령을 세우다

이건희가 보여주는 자율경영 행보는 목계의 교훈에서 나온 것이다. 목계는 노자와 장자로 대표되는 도가사상의 진수를 담고 있다.

# 만기친재와
# 자율경영

●●●● 어떤 조직이든 규모가 일정 수준 이상으로 커지면 최고경영자가 조직의 모든 것을 속속들이 파악하는 일 자체가 불가능해진다. 소규모 때처럼 CEO가 경영 활동 전반을 일일이 감독하고자 하면 오히려 부작용을 초래할 수 있다. 사상 처음으로 천하를 통일한 진시황이 좋은 실례다. 당시 그는 모든 것을 스스로 결재하는 소위 '만기친재萬機親裁'를 실천하다 천하순행 도중 과로사하고 말았다. 아무리 근면하고 출중한 재주를 지녔을지라도 조직은 함께 운영할 수밖에 없다.

국가경영이든 기업경영이든 만기친재는 결코 바람직하지 않다. 2인자 이하의 모든 사람이 오직 최고경영자 한 사람만 바라보고 일을 하는 타율적인 분위기가 만연하기 때문이다. 이는 주변의 급변상황에 임기응변하는 능력을 상실하게 만들어 끝내는 자멸로 이어지고 만다.

동양에서 기원전부터 군왕과 신하가 함께 천하를 다스린다는 취지의 '군신공치君臣共治'를 강조한 이유가 여기에 있다. 공자는 《논어》〈안연〉

편에서 군주와 신하 모두 맡은 바 직무에 충실해야 한다는 취지로 소위 '군군신신君君臣臣'을 역설했다. 이런 생각은 공자만 한 것도 아니다. 제자백가 모두 같은 생각이었다. 맹자는 군신공치의 요체로 군신 간의 '인간적 신뢰'를 들었다. 《맹자》〈이루 하〉편의 해당 구절이다.

"군주가 신하를 자신의 손과 발처럼 중히 여기면 신하는 군주를 자신의 배와 가슴처럼 여긴다. 그러나 신하를 개와 말처럼 하찮게 여기면 신하는 군주를 길거리의 사람처럼 여긴다. 군주가 신하를 흙덩이와 지푸라기처럼 천하게 여기면 신하는 마침내 군주를 원수처럼 여긴다."

맹자가 말한 군신 간의 인간적 신뢰는 '자율경영'을 달리 표현한 것이다. 일찍이 관중은 용인의 요체를 '지용임신知用任信' 네 자로 요약한 바 있다. 우선 인재가 어디에 있는지 파악해 소재가 확인되면 필히 불러들이고, 일단 불러들인 이상은 반드시 임무를 맡기고, 임무를 맡긴 이상 주변의 참소에 흔들리지 말고 신뢰를 보내라고 주문한 것이다.

삼국시대 당시 지용임신을 철저히 수행한 인물로 단연 손권을 꼽을 수 있다. 그는 모든 것을 신하들에게 맡겼다. 적벽대전 당시 주유와 정보 등에게 군사를 맡기면서 여타의 번잡한 문서처리 역시 모두 아랫사람에게 일임했다. 적벽대전을 승리로 이끈 이유다. 그 비결은 말할 것도 없이 인간적 신뢰에 있다. 이를 뒷받침하는 손권의 언급이다.

"나는 상대의 장점을 높여주는 대신 상대의 단점은 곧 잊어버렸다."

인간은 우주만물 중 가장 존귀한 존재인 까닭에 기본적으로 '자존自尊' 의식이 강하다. 주변 사람들로부터 인정을 받으면 더욱 잘하기 위해 분발하게 되어 있다. 실제로 손권은 상대의 단점에 대해서는 모르는 척 눈을 감아버리고 장점에 대해서는 극구 칭찬하며 분발심을 더욱 북돋웠다. 손권이 수성에 성공하여 50여 년 동안 재위할 수 있었던 비결이다.

이건희가 큰 밑그림만 그리면서 나머지는 계열사 사장단에게 대폭 위임하는 모습을 보이는 것도 이와 닮았다. 그의 선친 이병철이 매사를 꼼꼼히 챙기면서도 전문적인 식견이 필요한 사안에 대해서는 자신이 신뢰하는 사장단에 권한을 대폭 위임하는 모습을 보인 것도 같은 맥락이다. 두 사람이 보여준 '자율경영' 행보는 곡은 달라도 그 효과는 똑같은 '동공이곡同工異曲'에 해당한다.

# 벤허와
# 자율경영

    """ 인터넷 등의 발달로 국내시장과 국제시장의 구별이 아무 의미가 없어졌다. 그간 보호막에 둘러싸여 편히 장사하던 현대기아차가 높은 브랜드와 뛰어난 품질, 저렴한 가격 등을 앞세운 벤츠 등의 공세에 놀라 황급히 자동차 가격을 내리는 등 허둥대는 모습을 보인 이유다. 이제 과거처럼 정부의 보호하에 편히 장사할 수 있는 시대는 끝났다.

2010년 벽두에 한국의 전자통신업계를 강타한 애플의 아이폰 공습도 같은 맥락에서 이해할 수 있다. 비록 이건희의 공백기간 중에 일어난 충격이기는 했으나 삼성 수뇌부는 크게 당혹해했다. 천하대세를 제대로 읽지 못한 후과다. 전 세계를 시장으로 하는 21세기의 글로벌 경제전쟁에서 2등은 의미가 없다. 그런 점에서 삼성과 LG의 각축은 그 의미가 크다. 국내에서 양궁 또는 태권도를 석권하는 것이 곧 세계를 제패하는 것이나 다름없는 현실을 상기하면 될 것이다. 미국에서 전개되고 있는 마이크로소프트와 애플, 구글의 3파전도 마찬가지다.

FTA 체결에 따른 농수산물 수입문제도 새로운 발상에서 접근할 필요가 있다. 정부와 농민, 학계 등이 일치단결해 '사즉생死即生'의 각오로 배수진을 치고 활로를 모색하면 오히려 복이 될 수 있다. 여기에는 피해의식을 떨치고 '우리도 하면 1등이 될 수 있다'는 긍정적인 사고가 필요하다. 위정자를 비롯해 기업 CEO들의 분발이 요구되는 대목이다.

이를 실현시키기 위해서는 기존의 통념과 관행을 과감히 벗어던져야 한다. 드러커는 《미래경영》에서 이같이 역설한 바 있다.

"지식사회에서는 조직 내 상사와 부하의 구분도 없어지고, 지시와 감독이 더 이상 통하지 않을 것이다."

이는 리더가 부하들보다 우월한 지위에서 부하들을 이끌어주어야 한다는 기존의 리더십 이론을 뒤엎는 것이다. 그는 부하의 리더십 능력을 키워주기 위해 노력하는 새로운 CEO 리더십 유형을 제시한 셈이다. 드러커에 따르면 기업의 CEO는 대표적인 공인公人에 해당한다. 경제발전의 선봉 역할을 담당하고 있고 그 성과에 대한 사회적 책임을 지기 때문이다.

치열한 글로벌 경제전쟁의 상황을 감안할 때 기업 CEO는 야전의 장수에 비유할 수 있다. 치열한 접전에서 승리하면 세계시장을 석권할 수 있고 패하면 안방까지 내줘야 한다. 기업 CEO의 남다른 각오와 탁월한 리더십이 필요한 이유다. 야전에 임하는 장수가 싸움에서 승리하는 비결 중 하나로 '자율경영'을 들 수 있다.

이건희의 예를 들어보자. 그는 〈벤허〉를 수십 번 봤다. 볼 때마다 관점을 달리해서 봤기에 전혀 지루하지 않았다. 이 영화의 하이라이트는 전차 경주다. 주인공 벤허는 채찍도 없이 말을 몬다. 이는 채찍을 마구 휘두르며 수레를 모는 경쟁자 멧살라와 극명한 대조를 이룬다. 이건희가 이 영화에서 가장 감동을 받은 장면이기도 하다. 자율경영의 위대한 이치를 깨달았기 때문이다.

사람은 벤허가 모는 말과는 차원이 다르다. 자율경영의 대표적인 사례로 꼽히는 일본 미라이未來 공업의 사장 야마다 아키오山田昭男는 이같이 말한 바 있다.

"사람은 말이 아니지 않습니까? 사람에게는 당근만 필요할 뿐 채찍은 필요 없습니다. 직원들이 열심히 일하고 있는지를 살펴보는 것은 그들을 믿지 못하기 때문입니다."

이 회사는 기존 회사들이 당연시하는 모든 규칙을 철폐해 괄목할 만한 성과를 거둔 것으로 유명하다. 전문가들은 그 비결과 관련해 70세까지 정년을 보장하는 종신고용 관행 등을 들고 있다. 직원들의 생활을 안정시키고 활기를 불어넣고 있다는 이유다.

그러나 그보다는 인간적 신뢰를 더 큰 요인으로 보는 것이 타당하다. 모든 회사에서 당연시되고 있는 성과급제도와 승진제도가 없는 게 그 증거다. 이 회사에서는 직원들의 이름이 적힌 종이를 선풍기 앞에 두고 바람을 불어 가장 멀리 날아간 순서대로 공장장부터 말단 사원의 업무를 맡긴다. 모든 것을 직원끼리 알아서 하기 때문에 이런 풍경이 연출되는 것이다. 여기에는 파격적인 휴가제도 등이 한몫하고 있다. 야마다 사장의 해석이다.

"인건비 아끼려고 직원을 속이고, 휴가도 안 보내면서까지 직원들을 쥐어짜면 있던 창의성도 죽지 않겠습니까? 여행도 가며 새로운 걸 봐야 아이디어가 샘솟는 법입니다. 그래서 나는 복도에 쓸데없이 켜져 있는 전등을 끄고 비품을 아껴서 모은 돈을 직원들 휴가 보내는 데에 투자하고 있습니다."

이 회사의 자율경영은 엄청난 힘을 발휘하고 있다. 업계에서 가장 많은 특허건수를 자랑하고 있고, 매년 2500억 원 이상의 매출에 두 자릿수 영업이익률을 올리고 있는 게 그 증거다.

# 목계와
# 무위지치

　　▪▪▪▪ 이건희가 보여주는 '자율경영' 행보는 '목계'의
교훈에서 나온 것이다. 목계는 노자와 장자로 대표되는 도가사상의 진수
를 담고 있다. 그러나 노자는 '무위지치無爲之治'를 주장한 데 반해 장자는
'무위자연無爲自然'을 역설한 점에 주의할 필요가 있다. 똑같이 '무위'를
이야기하고 있지만 내용상 적잖은 차이가 있다.

　　역사적으로 볼 때 《도덕경》에 대한 해석은 크게 두 가지로 대별된다. 하
나는 무위자연으로 상징되는 유심론의 관점으로 세속정치에 초연한 입장
을 견지하는 것이다. 장자가 대표적인 인물이다. 다른 하나는 유가의 인치
人治에 반대되는 '법' 등의 물치物治를 중시하는 유물론의 관점이다. 법가
사상을 집대성한 한비자가 대표적인 인물이다. 사마천이 《사기》를 저술하
면서 노자와 한비자의 사상을 동일한 차원에서 다룬 〈노자한비열전〉을 제
자백가 열전 맨 앞에 배치한 것도 같은 맥락이다.

　　원래 노자가 말한 '도'는 천지만물의 시원을 뜻하는 동시에 운행이치를

의미한다. 이러한 도가 인간에게 적용되어 나타난 것이 바로 무위지치다. 이는 기본적으로 국가공동체를 형성하는 각 구성원의 자율성을 보장하면서도 공동체 전체의 조화를 도모한 데서 출발하고 있다. 인간과 자연이 조화를 이루며 공존하는 것처럼 치자와 피치자가 유기적으로 결합해 창조적이면서도 고차원적인 삶을 영위하는 것을 추구한다. 전한제국 초기 약 100년 가까이 무위지치가 최고의 통치이념으로 통용된 적이 있다.

무위지치는 기계론적이면서도 원자론적인 서구의 세계관과 확연히 구별된다. 자유민주주의에 입각한 서구의 세계관은 소위 '근대화의 신화'에 매몰된 나머지 전 세계를 분열과 폭력이 난무하는 세계로 몰아가고 있다는 지적을 받고 있다. 물질문명의 발달에 따른 '인간소외'와 '비인간화'가 그 증거다. 이런 상태가 지속될 경우 인류 생존의 기반을 뒤흔들지도 모를 일이다. 인간적인 삶의 회복이 21세기의 기본과제로 등장한 이유다.

역사적으로 볼 때 바람직한 통치에 관한 논의는 동서고금을 막론하고 크게 통치를 가능한 한 축소하려는 견해와 확대하려는 견해가 대립해왔다. 서양은 시종 축소지향의 통치를 바람직한 것으로 여겼다. 플라톤 이래 도시국가를 뜻하는 그리스의 '폴리스'에서 이상형을 찾은 결과다. 축소지향의 서양사상사를 상징적으로 보여주는 인물이 바로 마르크스다. 그의 유물사관은 궁극적으로 국가 및 천하의 해체를 겨냥하고 있다. 서양에 '치천하'의 개념이 아예 존재하지 않은 것이 적잖은 영향을 미쳤을 것으로 보인다.

이에 반해 동양의 경우는 확대지향의 통치이념이 주류를 이뤘다. 유가와 법가가 '치국평천하' 논리를 동원해 이를 이론적으로 뒷받침한 결과다. 물론 동양에도 축소지향의 통치이념을 제시한 인물이 없는 것은 아니다. 소위 '위아爲我 : 이기주의'를 기치로 내세운 양주楊朱와 무위자연을 역설한 장자가 그들이다. 장자는 노자보다 양주의 영향을 더 크게 받았다. 그럼에도 대다수 사람은 이를 제대로 간파하지 못하고 노자의 통치사상을 축소지향의 통치사상으로 간주하고 있다. 이는 크게 두 가지 이유에서 비롯된 것이다.

첫째, 노자사상의 본령이 통치사상이라는 점을 간과하고 있다. 노자가 말한 무위는 결코 무치無治나 '무정부'를 뜻하는 것이 아니다. 노자가 반대한 것은 인위적인 '유위有爲'이지 결코 무치가 아니다. 장자의 무위자연은 아예 세속을 떠난 소위 '출세간出世間'의 입장에 서 있기에 무치에 가깝다. 세속정치 자체를 혐오한 것이다. '입세간入世間'의 문제를 고민한 노자의 무위지치와 근본적으로 다를 수밖에 없다. 노자와 장자를 하나로 묶을 수 없는 이유다.

둘째, 노자가 무위지치의 이념형으로 제시한 소위 '소국과민小國寡民 : 나라가 작고 백성이 적음'에 대한 오해를 들 수 있다. 노자의 소국과민은 무위지치의 가장 이상적인 모습을 비유하기 위해 나온 것이다. 결코 통치를 고대 농촌공동체와 같은 소규모 단위로 축소시키라고 주장한 것이 아니다. 《도덕경》 제80장의 해당 대목을 보면 쉽게 확인할 수 있다.

"나라가 작고 백성이 적으니 여러 편리한 기물이 있을지라도 이를 사용하지 않게 하고, 백성으로 하여금 죽음을 중히 여겨 멀리 옮겨 다니지 않게 한다. 그러면 비록 배와 수레가 있을지라도 이를 탈 일이 없게 되고, 무기가 있을지라도 이를 펼칠 일이 없게 된다. 또한 사람들로 하여금 다시 새끼

줄로 엮은 결승結繩문자를 사용하도록 하니 백성들은 어떤 음식이든 달게 여기고, 어떤 옷이든 아름답게 여기고, 자신이 사는 거처를 편히 여기고, 풍속을 즐기게 된다. 그러면 이웃나라가 서로 바라보이고 닭과 개 소리가 서로 들릴 정도로 가까울지라도 백성들은 늙어 죽을 때까지 서로 왕래치 않을 것이다.”

문면 그대로 해석하면 노자가 원시공산사회를 이상적인 국가로 상정한 것이 아닌가 하는 의심이 들 수밖에 없다. 실제로 수천 년 동안 사람들은 그런 식으로 해석해왔다. 그러나 무위지치는 인위적이면서도 자의적인 ‘유위지치有爲之治’를 극소화하라는 취지에서 나온 것으로 원래 치천하治天下에서 그 진면목을 드러낸다. 치천하는 ‘치국治國’과 차원이 다르다. 노자는 제왕의 천하통치가 너무나 막중하고 거대한 까닭에 외양상 마치 아무 것도 행하지 않는 무위지치처럼 보인다는 취지에서 소국과민을 언급한 것이다.

‘하늘은 특별히 가까이하는 사람이 없다’는 뜻을 지닌《도덕경》제70장의 소위 ‘천도무친天道無親’도 같은 맥락이다. 이는 유가경전인《서경》등에도 그대로 인용되고 있다. 치자와 피치자 간의 구별은 물론 치국의 준거가 되는 자국과 타국의 구별조차 거부한 결과가 바로 천도무친으로 표현된 것이다.

서양의 학자들은 이분법적 사유에 익숙한 까닭에 이를 제대로 이해하기가 어렵다. 프란시스 베이컨Francis Bacon이 ‘방황하고 있는 자연을 사냥해 노예로 만들어 봉사케 해야 한다’고 언명한 것이 그 증거다. 인간과 사물을 서로 용납할 수 없는 대립관계로 간주한 후과다. 이분법적 사유는 과학문명의 발전과 물질적 풍요를 가져온 게 사실이나 무분별한 자원개발로 인한 '인간소외'와 '지구의 황폐화'를 초래한 것 또한 부인할 수 없는 사실이다.

원래 자연과 인간의 조화를 역설한 《도덕경》은 《논어》와 마찬가지로 춘추전국시대라는 전대미문의 난세 속에서 나온 것이다. 제자백가가 치열한 논쟁을 전개한 소위 '백가쟁명百家爭鳴' 역시 바람직한 통치이념을 모색하기 위한 노력의 일환으로 나타난 것이다. 노자의 무위지치는 기본적으로 치자와 피치자, 사용자와 노동자 등의 이분법적 접근을 거부하고 있다.

극렬한 양태의 노동쟁의가 보여주듯이 대립과 분열을 거듭하며 국가공동체 해체의 위기를 겪고 있는 우리에게는 대화합을 역설한 노자의 무위지치 언급이 새삼 피부에 와닿을 수밖에 없다. 이를 알기 쉽게 풀이해 놓은 것이 바로 《장자》와 《열자》에 나오는 목계 일화다. 《장자》와 《열자》의 주석가들은 목계를 이같이 풀이해 놓고 있다.

"목계는 싸움닭이 너무 잘 훈련돼 있는 까닭에 굳이 싸움을 하지 않더라도 근엄한 위용을 갖춤으로써 모든 싸움닭을 제압하는 것이다."

목계는 비록 무위자연을 역설한 《장자》에 실려 있으나 사실은 무위지치를 언급한 《도덕경》과 취지를 같이한 것이다. 출세간에 집착한 《장자》와 달리 입세간에 뿌리를 두고 있는 《열자》가 목계의 일화를 실어놓은 게 그 증거다. 시간적으로 《열자》가 더 앞선다. 《장자》는 《열자》의 무위지치를 무위자연의 취지로 위장하기 위해 목계의 일화를 베낀 것으로 해석할 수 있다.

이건희가 좌우명으로 삼고 있는 목계 역시 무위자연이 아닌 무위지치의 목계로 보아야 한다. 그가 '제왕적 경영'을 통해 근엄한 위용을 갖추고, 이를 토대로 '자율경영'을 실천하고 있는 게 그 증거다. 《열자》의 목계는 병법의 이치와도 통한다. 《손자병법》은 〈모공〉편에서 싸움에서 승리를 거두는 최상의 방책을 이같이 제시하고 있다.

"백전백승은 결코 최상의 방책이 아니다. 싸우지 않고 적을 굴복시키는 것이야말로 최상의 방책이다."

이는 목계를 병가兵家 입장에서 해석해놓은 것이다. 17세기 초 일본에서 벌어진 소위 '간류 섬의 결투'에서 목검木劍을 들고 당대 최고의 검객 사사키 고지로를 제압한 일본의 전설적인 사무라이 미야모토 무사시宮本武藏가 그 실례다. 이는 '목계'의 교훈을 실전에 적용한 구체적인 사례에 해당한다. 전후 행보에 비춰볼 때 어찌 보면 이건희도 미야모토 무사시처럼 21세기 버전의 '목검'을 사용하고 있는지도 모르겠다.

# 무노조와
# 자율경영

　　　　　**····** 통상 정치학에서는 '자치행정'을 '자율경영'의
취지로 이해하고 있다. 이는 자율경영이 결코 '방임경영'이 될 수 없다는
것을 시사하고 있다. 해당 지역 주민들의 자치가 국가통치의 기본노선과
배치되어서는 안 되듯이 자율경영 역시 해당 기업의 기본노선과 배치되어
서는 안 된다. 자율경영은 어디까지나 조직원의 자발적인 참여를 통해 조
직에 활력을 불어넣고 참신한 아이디어를 자극하고자 하는 취지에서 나온
것이기 때문이다.

　권한을 대폭 위임할 때 그에 따른 책임까지 떠넘기는 점을 감안하면 자
율경영은 동전의 앞뒷면처럼 '책임경영'과 불가분의 관계를 맺고 있다.
책임경영이 전제되지 않으면 그 어떤 조직이든 근간이 흔들리게 되어 있
다. 제갈량이 가정전투 패배 후 마속의 목을 베는 '읍참마속'을 행한 것은
바로 이 때문이다. 책임경영이 결여된 자율경영은 만기친재만큼이나 위
험하다.

국가의 존망을 좌우하는 큰 싸움이 벌어질 때는 나라의 모든 장병과 물자를 총동원할 수밖에 없다. 두 번의 기회가 주어지지 않기 때문이다. 이는 출전 장수에게 모든 것을 맡긴 것이나 다름없다. 문제는 출전 장수가 흑심을 품을 경우이다. 이는 나라를 통째로 상납하는 꼴이 된다. 실제로 송 태조 조광윤과 조선의 창업주 이성계는 이런 수법으로 나라를 세웠다. 큰 싸움이 벌어졌을 때 전쟁의 특성상 출전 장수에게 모든 권한을 위임하면서도 그 결과에 대한 포상과 문책을 엄히 한 것은 바로 이 때문이다.

역사적인 사례를 볼지라도 자율경영은 강력한 '제왕적 경영' 하의 정교한 통제체계가 전제되어야만 소기의 성과를 기할 수 있다. 조선조 최고의 명군으로 손꼽히는 세종이 황희를 무려 18년 동안 정승의 자리에 앉힌 것이 그 실례다. 이는 의정부의 수장인 황희에게 최대한의 자율을 보장하는 동시에 유사시 책임을 묻겠다는 취지에서 나온 것이다. 황희의 절대적인 충성을 믿었기에 가능한 조치였다.

삼성의 자율경영도 이런 취지에 입각해 있다. 이병철은 1977년 8월 일본 〈닛케이비즈니스〉와 가진 인터뷰에서 이같이 말한 바 있다.

"1년에 한두 번 사업계획과 사업보고를 들을 뿐 나는 모든 일을 계열사 사장에게 맡기고 있다. 그들 모두 해당 사업을 책임지고 맡을 만한 능력이 있기에 그 자리에 오른 분들이다. 그들이 결재한 것이라면 따로 내가 개입할 필요는 없다. 믿고 맡길 수 없다면 삼성만한 규모의 기업이 제대로 돌아가는 건 어려운 일이다."

돌다리도 두드리고 건너는 이병철이 삼성의 자율경영을 이처럼 자랑할 수 있었던 것은 '체계경영' 및 '책임경영'이 확고히 이뤄지고 있다는 판단이 섰기에 가능했다. 스스로 알아서 공부하며 뛰어난 학업성적을 올리고 있는 자녀에게 부모가 일일이 '공부해라' 라는 잔소리를 하지 않는 경우를 생각하면 될 것이다.

삼성만이 유지하고 있는 소위 '무노조 경영' 도 이런 맥락에서 이해할 수 있다. 이에 대해 상당수 노동운동가와 시민단체는 비판적이다. 무노조 경영은 노동자들에 대한 회유와 협박으로 이뤄진 '독불장군 경영' 을 호도한 것으로 결코 자랑거리가 될 수 없고, 독점 재벌의 횡포에 지나지 않는다는 것이다. 주치호의 《삼성공화국》에 나오는 해당 대목이다.

"삼성그룹과 같은 엘리트 집단 속에는 노동조합이 있어야 한다. 종업원에게 회비를 징수하고 그 돈으로 움직이는 처지라면 정당한 비판의 소리가 나올 수밖에 없다. 이건희 회장이 진정으로 언로를 열고 정당한 비판이 필요하다면 노동조합을 장려해야 한다."

그러나 오랫동안 노동쟁의 문제를 다뤘던 노동부 관계자들은 오히려 삼성의 '무노조 신화' 를 긍정적으로 평가하고 있다. 무노조 신화를 이어가는 삼성과 '노조경영' 에 성공적인 LG는 상호 선의의 경쟁을 하고 있는 까닭에 이를 무조건 매도해서는 안 된다는 것이다.

LG전자 노조는 지난 2010년 1월 노조와 회사의 발전적 동반자관계를 모색하고 고객을 위한 가치창출에 앞장서는 노동조합의 새로운 패러다임으로 '노조의 사회적 책임USR : Union Social Responsibility' 을 선언한 바 있다. 협력사의 생산성혁신 지원, 협력사 노동 및 인권 개선, 저탄소 문화 확산, 온실가스 저감 활동, 에너지 효율제고 활동 등이 구체적인 내용이다. 이들은 향후 관심 영역을 기업 울타리 내 이해관계에 한정하지 않고 지역사회와 글로벌고객, 환경 등 외부로 확대할 방침이다.

이들의 'USR' 선언 배경에는 500여만 명에 이르는 비정규직 근로자, 900여만 명의 취약사업장 근로자, 300여만 명의 저임금 근로자, 일자리 자체가 없는 300~500만 명의 실업자가 존재하고 있는 현실이 크게 작용했다. 비교적 좋은 근로조건의 대기업 정규 근로자들이 앞장서 이들에 대한 사회적 책임을 나눠가져야 한다는 각성이 이런 선언으로 연결된 셈이다. 노사 모두 선진국 진입이라는 시대적 과제를 떠안은 공동책임자라는 사실을 각성한 결과로 볼 수 있다. 치열한 21세기 경제전쟁에서 살아남기 위해 노조가 이제는 '기업의 사회적 책임'을 언급하기에 앞서 능동적으로 '노조의 사회적 책임'을 선언하고 나왔다는 점에서 매우 고무적이다.

이들의 USR 선언은 삼성전자의 무노조 방침과 더불어 기존의 대립적인 노사관계의 틀을 근본적으로 바꿀 수 있다는 점에서 매우 주목된다. 그런 점에서 삼성이 경쟁사보다 더 많은 임금을 보장하고 있는 것을 두고 무노조 신화를 유지하기 위한 고육책으로 해석하는 것은 잘못이다. 삼성과 LG는 상호 새로운 노사문화 패러다임 정립을 위한 선의의 경쟁자에 해당하기 때문이다. 제품경쟁과 인재경쟁에 이어 이제는 노사문화정립 경쟁을 벌이고 있는 셈이다. 삼성을 이야기할 때 반드시 LG도 더불어 이야기하는 이유다. 이제 우리나라의 노동운동도 노사관계 안정의 소극적 개념에서 노사관계 혁신을 통한 기업경쟁력 강화라는 적극적 노동운동으로 전환할 시점이 되었다.

自律經營 05

# 계급투쟁과
# 무노조

　　•••• 무노조 경영은 기본적으로 이병철이 '노조 불가' 입장을 표명한 이래 삼성의 기본 경영방침으로 자리 잡은 것이기는 하나 대다수의 임직원이 이에 동조하고 있는 사실에 주목할 필요가 있다. 실제로 대다수 삼성맨은 상대적으로 높은 임금을 받는 것을 두고 자신들의 분투에 힘입어 삼성이 초일류 글로벌기업으로 도약한 데 따른 대가로 생각하며 만족감을 표하고 있다. 무노조 신화를 잇기 위한 고육책의 반사효과가 아니라는 방증이다. 그런 점에서 삼성의 무노조 신화는 계속 이어질 공산이 크다.

　　물론 삼성의 무노조 신화가 해외에서도 그대로 통하는 것은 아니다. 지난 1995년 3월에 빚어진 삼성전자 독일지사의 노조설립 방해 물의가 그 실례다. 그러나 이는 해외의 현지인들이 삼성웨이를 제대로 이해하지 못한 데 따른 것이다. 만일 삼성의 위상이 더욱 올라가 삼성웨이가 세계 표준으로 자리 잡을 경우 해외 지사에 근무하는 외국인 노동자들도 기본취지를 이해하게 될 것이다. 무노조 경영은 자본과 노동에 관한 마르크스의 낡은 이론을 혁파하는 계기로 작용할 공산이 크다. 이건희도 그런 희망을 갖고 있다. 유순하의《삼성, 신화는 없다》에 나오는 언급이 그 증거다.

"나는 대처 영국 수상이 기적적인 확률로 세계의 위인이 되었다고 본다. 영국국민은 날 때부터 귀족과 노동자가 대립돼 있다. 이런 영국사회에서 노조를 뜯어고치고 없앤다고 할 정도면 대처 수상은 세계에서 뛰어난 남자 100명보다 나은 것이다. 반대를 위한 노조, 파괴하고 거저먹는 노조는 안 된다. 삼성에는 노사협의회가 있다. 상호 이익을 추구해 공생하자는 점에서 삼성은 다른 어느 회사보다 유대가 강하다고 자부한다."

그가 말한 '노사공생'은 마르크스의 유물사관을 완전히 뒤집는 발상이다. 이는 동양 전래의 노사공생 전통에 부합한다. 서양은 그리스·로마 시대 이후 19세기 말까지 농노는 물론 노예제도를 계속 유지해왔으나, 동양은 진한秦漢 이후 농노가 사라지고 부곡部曲과 고농雇農으로 존재했다. 이들은 자유민과 천민 사이에 위치했다. 부곡이 당나라 때 천민으로 분류돼 생산작업에 종사하면서 백성은 크게 양천良賤으로 분류됐다. 양천을 구별하는 가장 큰 기준은 천민에게는 과거시험 응시자격을 부여하지 않은 데 있다.

중국과 달리 양반이 위세를 떨친 조선조는 19세기 말까지 노비제도를 유지했다. 서양의 노예제도와 더불어 인류역사에서 가장 가혹한 제도를 유지한 경우에 속한다. 그럼에도 조선조의 노비는 서양의 노예나 농노와는 차원이 달랐다. 조선조의 노비는 심지어 휘하에 노비를 두고 거대한 저택을 소유할 수도 있었다. 부역을 면할 생각으로 노비를 자원하거나 속금

贖金을 내면 평민이 될 수 있었다. 서양의 노예나 농노와는 질적으로 다른 것이다.

실제로 동양에서 오랫동안 이어져온 사·농·공·상의 '4민四民'은 역할 상의 구분에 따른 것이지 신분상의 구별이 아니었다. 전국시대 말기에 여불위가 최강국인 진나라에서 '사士'의 최정상인 정승이 된 것이 그 증거다. 제왕의 자리도 예외가 아니었다. 유독 농민 출신 유방과 주원장만이 한나라와 명나라의 창업에 성공하기는 했으나 당나라 말기에 천하를 발칵 뒤집은 황소와 원나라 말기에 주원장과 자웅을 겨룬 장사성은 모두 상인 출신이었다. 중국의 저명한 사학자 치엔무錢穆가 역설한 것처럼 동양은 본인의 선택에 따른 신분이동이 자유로웠던 까닭에 계급투쟁이 등장할 이유가 없었다. 마르크스의 '계급투쟁론'은 전적으로 서양의 역사를 토대로 한 것으로 이에 기초한 과격한 투쟁은 이제 종식될 때가 되었다.

노조와 시민단체 내에서 아직도 마르크스의 '잉여가치론'과 '계급투쟁'이 위세를 떨치고 있는 상황에서 삼성의 무노조 경영은 경제경영학의 차원을 넘어 사회과학 전반에 대한 새로운 패러다임을 제시한 것이나 다름없다. 닛산이 도요타에 뒤진 배경에 '강성노조'가 있다는 생각을 갖고 있는 이건희가 소위 '영국병'을 치유한 대처를 높이 평가하는 것도 이런 맥락에서 이해할 수 있다. 선친에 이어 무노조 경영을 견지하고 있는 이건희가 이상한 것이 아니라 반드시 노조가 있어야 한다고 주장하는 사람들 자신이 동서의 역사문화 배경과 전통을 제대로 이해하지 못하고 있는 것이다.

# 신상필상으로
# 진을 펼치다

'공을 세울 경우 상을 받는다는 것을 믿게 하고, 틀림없이 상을 내려야 한다.'

# 현장경영과
# 위기 리더십

　　▪▪▪▪ 통상 전쟁이 벌어질 경우 치열한 접전이 전개되는 개개의 전쟁터는 아무리 뛰어난 전략을 세웠을지라도 일선 지휘관의 임기응변이 승부를 가르기 마련이다. 모든 것이 급박하게 돌아가기 때문이다. 기업경영도 하등 다를 바가 없다. 소위 '현장경영'이 중시되는 이유다. 삼성의 창업주 이병철은 1979년 말에 가진 한 간담회에서 이같이 말했다.

　"경영자는 큰 것도 알아야 하지만 작은 것도 알아야 한다. 작은 것부터 파악해야 큰 것을 알 수 있다. 꼭대기에서부터 저 밑에까지 알아야 참다운 경영자가 될 수 있다. 현장을 모르는 경영자가 어떻게 큰 방향을 잡을 수 있겠는가?"

　큰 밑그림에 해당하는 전략경영 못지않게 급변하는 현장상황을 토대로 한 현장경영 또한 중요하다는 점을 강조한 것이다. 그러나 전략 자체가 잘못되었을 때는 아무리 임기응변에 능한 장수를 보낼지라도 장수와 병사를 모두 죽음으로 몰아넣을 수 있다. 개개의 전술에 앞서 전략이 더욱 중시되는 이유다.

가장 바람직한 것은 전략과 전술에 모두 능한 경우다. 그러나 그게 쉽지 않다. 《손자병법》에 주석을 단 조조는 '전략의 대가'였다. 일선 장수를 보내 전투를 벌였을 때는 대부분 승리를 거뒀으나 그 자신이 직접 나선 때는 그 결과가 신통치 않았다. 목숨을 잃을 뻔한 적도 여러 번 있었다. 그는 확실히 전술 면에서는 전략만큼 뛰어나지 못했다.

이에 반해 조조와 함께 병서를 펴내기도 했던 가후는 자타가 공인하는 '전술의 대가'였다. 그는 비록 큰 밑그림에 해당하는 전략에는 조조에 미치지 못했으나 개개 전투에서 주어진 상황을 토대로 전술을 짜는 데에는 그를 당할 사람이 없었다. 그가 낸 계책은 거의 한 번도 어긋난 적이 없다. 조조가 그와 함께 병서를 펴낸 이유다. 전략과 전술의 대가가 머리를 맞대고 병서를 쓸 경우 불후의 명저가 될 것으로 판단한 것이다. 불행히도 이 책은 현재 전해지지 않고 있다. 전술에 해당하는 현장경영의 중요성을 역설한 이병철도 이런 이치를 잘 알고 있었다. 1977년의 신년사가 그 증거다.

"우리의 일상사는 크든 작든 판단의 연속이다. 사장은 사장으로서, 사원은 사원으로서 맡겨진 판단을 피할 길이 없다. 시작이 반이라는 말이 있지만 시작보다 더 중요한 반은 바로 이 판단력에 있다."

그가 말한 '판단'은 '전략적 선택'과 같은 말이다.

원래 전략은 다각도로 검토한 여러 방안 중 가장 타당하다고 판단되는 선택지를 결정하는 '선택' 내지 '결단'을 의미한다. 전략적 선택이 가장 빛나는 순간은 활로가 전혀 없어 보이는 위기상황에 처했을 때다. CEO 리더십이 존재하는 이유가 여기에 있다. 활로를 찾아내지 못해 회사가 도산할 경우 임직원과 그 가족은 물론 관련업체 가족들까지 포함해 수십만 명이 졸지에 길거리에 나앉게 된다. IMF환란 당시 '슬로건 정치'로 일관하다가 참사를 부른 김영삼과 휘하 참모들은 회사를 도산하게 만든 기업 CEO에 비유할 수 있다.

그런 점에서 삼성의 경우는 특기할 만하다. IMF환란을 전화위복의 계기로 삼아 초일류 글로벌기업으로 우뚝 섰기 때문이다. 여기에는 그의 전략경영이 지대한 공헌을 했다. 당시 이건희도 전대미문의 IMF환란이 이내 닥치리라고는 전혀 생각지 못했다. 그 또한 크게 당황할 수밖에 없었다. 하루빨리 사지에서 벗어날 필요가 있었다.

1997년 12월 삼성 영빈관 승지원. IMF체제에 돌입한 지 한 달 남짓 지난 시점이었다. 세계적인 투자회사인 미국 '골드만삭스' 회장인 존 코자인John Corzine 일행이 며칠째 승지원을 안방처럼 드나들었다. 이건희가 삼성의 구조개혁 방안을 의뢰하기 위해 초청한 탓이다. 마침내 최종 결정의 순간이 다가왔다. 코자인과 이건희가 담판을 짓는 자리에 비서실장 이학수가 배석했다. 이건희가 먼저 요점을 정리했다.

"삼성전자와 핵심 전자계열사, 삼성생명을 제외하고 그 어떤 회사를 처분해도 좋습니다."

이는 뜻밖의 제안이었다. 삼성의 계열사 중에는 알짜기업이 적지 않았다. 이에 눈독을 들이던 코자인은 자신의 귀를 의심했다. 그가 믿지 못하겠다는 투로 반문했다.

"어디까지가 우리가 해야 할 일입니까?"

이건희가 태연히 대답했다.

"우리 회사를 분석하고 값을 매겨 원매자를 찾아서 처분까지 해주시오. 모든 것을 위임하겠소."

이듬해인 1998년 초. 갓 출범한 김대중 정부는 날 선 칼을 뽑아들고 대기업에 대한 구조개혁에 착수했다. 삼성전자와 삼성생명을 제외한 모든 계열사가 도마 위에 올랐다. 언론도 놀라기는 마찬가지였다. 일부 언론은 이를 난파선이 살아남기 위해 배 안의 화물을 바다에 투척하는 소위 '선상투기船上投棄'에 비유했다.

이건희의 전략경영이 진면목을 드러낸 대목이 바로 여기에 있다. 당시 월가의 투기자본은 한국의 알짜기업을 헐값에 후려쳐 사실상 거저먹을 속셈으로 IMF를 배후조정하고 있었다. 이를 간파하지 못한 김대중 정부는 훗날 대우자동차와 쌍룡자동차 사태 등에서 보듯이 한국경제를 속으로 멍들게 하는 줄도 모르고 IMF의 가혹한 요구를 당연시하며 구조조정의 칼을 마구 휘둘렀다. 소 잡는 칼로 닭 잡는 식의 '할계우도割鷄牛刀'의 우를 범한 것이다.

만일 당시 그가 미련을 갖고 일부 계열사만 구조조정 대상으로 내놓고자 했을 경우 할계우도의 칼을 뽑아들던 김대중 정부를 자극해 커다란 역풍을 맞을 소지가 컸다. 더구나 대선 때 한나라당 후보 이회창에게 막대한 대선자금을 제공한 의혹을 받고 있는 상황에서 이는 자멸의 화를 불러올 수 있었다. 삼성은 오로지 재무구조 개선에 초점을 맞춰 구조조정 대상을 선정했다고 설명하고 있다. 그러나 오너인 이건희는 나름대로 '정치전략' 차원에서 이런 결정을 내렸을 공산이 크다.

삼성의 선상투기가 IMF사태 극복을 선전하기 위한 가시적인 성과에 부심하던 김대중 정부에게 호감을 주고, 내부적으로도 '슬림 경영'의 토대를 마련하는 결정적 계기로 작용한 것만은 확실하다. 결과적으로 상대방의 허를 찌른 호수비好守備에 해당한다. 삼성은 이건희가 스스로를 비웠기 때문에 가능했던 일로 보고 있다. 당시 구조조정본부 재무팀장으로 있던 K씨의 회고다.

"삼성이 위기를 조기에 극복하고 구조조정을 성공적으로 해낼 수 있었던 것은 이건희 회장이 뒤에서 확고히 밀어주었기에 가능했습니다. 사재를 털어 인수했던 부천 반도체 공장 매각도 결단을 내려주었기에 원칙대로 실행할 수 있었습니다."

그러나 선상투기로 인해 삼성전자조차 계획상으로는 총 3만여 명이 직장을 떠나야만 했다. 간신히 분사 등을 통해 인력을 최대한 흡수함으로써 순수하게 그만둔 사람은 절반 이하로 줄어들었다. 분사를 하거나 매각할 때 값을 조금 적게 받는 한이 있더라도 직원의 고용승계를 반드시 조항에 넣는 등 세심히 배려한 결과였다.

삼성의 선상투기는 기업 확장의 적극적 측면이 아닌 기업 축소의 소극적 측면으로 작용한 까닭에 크게 주목받지 못하고 있으나, 사실 이는 오히려 전략경영의 대표적인 사례로 꼽을 만하다. 삼성이 2000년 이후 창립을 기점으로 지난 60여 년간 벌어들인 이익을 모두 합한 것보다 더 큰 이익을 매년 벌어들이고 있는 것도 바로 선상투기 덕분으로 볼 수 있다. 《도덕경》에 더 큰 것을 얻기 위해 손안의 것을 과감히 내던질 것을 권하는 대목이 나온다.

"상대방을 약하게 만들고자 하면 반드시 먼저 강하게 해주고, 상대방을 쓰러뜨리고자 하면 반드시 먼저 흥하게 해주고, 상대방의 것을 빼앗고자 하면 반드시 먼저 주어야 한다."

그럴듯하기는 하나 사실 이게 쉬운 일이 아니다. 서양 속담에 나오듯이 손안의 새 한 마리가 덤불 속의 새 두 마리보다 나은 법이다. 그러나 눈앞의 이익에 지나치게 매달릴 경우 유능한 CEO가 될 수 없다. 이를 뒷받침하는 《관자》〈목민〉편의 해당 대목이다.

"백성들이 바라는 즐거움·부귀·평안·생육의 네 가지를 따르면 먼 곳의 사람도 저절로 다가와 친해지고, 백성들이 싫어하는 걱정·빈천·위험·죽음의 네 가지를 행하면 가까운 곳의 사람도 배반하게 된다. 그래서 '주는 것이 도리어 받는 것임을 아는 것이 다스림의 요체이다' 라고 말하는 것이다."

대인과 소인의 분기점은 바로 더 큰 이익을 얻기 위해 손안에 있는 작은 것을 포기할 줄 아는가 하는 데 달려 있다. 초한전 당시 항우의 책사로 활약한 범증은 유방의 '대인' 행보를 이같이 분석한 바 있다.

"유방은 함양에 입성한 후 재물도 취하지 않고 부녀도 총애하지 않고 있습니다. 이는 그의 뜻이 결코 작은 데 있는 것이 아님을 뜻합니다."

시골 마을의 소리小吏 출신인 유방 역시 처음에는 진제국의 도성인 함양을 점령하고는 화려한 궁전과 여인에 넋을 빼앗겼다. 번쾌가 나서 간언했으나 듣지 않다가 장량이 다시 간곡히 간한 뒤에야 비로소 정신을 차리고 '공약3장' 을 발표했다. 함양 백성들의 신망을 얻게 된 결정적이 배경이다. 천하를 취할 생각이 있기에 눈앞의 작은 이익에 연연하지 않은 것이다.

기본적으로 자신이 애지중지하는 것을 버리는 것은 그 꿈과 그릇이 크기 때문이다. 이건희가 과감히 '선상투기'를 할 수 있었던 것도 바로 초일류 글로벌기업이라는 원대한 꿈이 있었기에 가능했다. 실제로 그는 위기상황에서 손안의 것을 과감히 내던짐으로써 더 큰 것을 얻었다. 전략경영의 묘리가 여기에 있다.

# 전략과
## 전술

&#8259;&#8259;&#8259;&#8259; 21세기 글로벌 경제전쟁은 전쟁터를 방불케 한다. 군사학에서 사용되는 '전략' 및 '전술' 개념이 경영전략 및 경영전술에 그대로 적용되는 이유다. 치열한 접전이 전개되는 상황에서 기업의 경영전략은 통상 전략경영에 초점이 맞춰질 수밖에 없다. 기본적으로 모든 기업은 기업목표를 달성하기 위해 어떤 식으로든 전략을 짜야만 한다. 전략이 선택된 뒤에야 비로소 기업의 세부적인 활동이 가능하기 때문이다. 이것이 바로 경영전술이다. 경영전술은 경영전략과 달리 단기적인 경영계획으로 구성돼 있다.

삼국시대에 최고의 전략경영을 실천한 인물을 꼽으라면 단연 조조를 들 수 있다. 그는 장황한 보고에 질색했다. 그가 본질을 꿰는 단 한 줄의 요약문과 발언에 감동하는 모습을 보인 것은 인재가 인재를 알아볼 때의 기쁨과 같은 것이다. 사물의 본질을 통찰한 사람에게는 긴 말이 필요 없다.

이건희가 주어조차 생략한 짧은 단문을 즐기는 것도 이런 맥락에서 이해할 수 있다. 참여정부 시절 박근혜가 청와대를 겨냥해 '참 나쁜 사람'이라고 표현한 것도 같은 맥락이다. 주변 사람이 모두 알고 있는 사항을 굳이 긴 문장을 만들어 표현할 필요가 없다. 동서고금을 막론하고 촌철살인寸鐵殺人의 모든 경구가 주어 등을 과감히 생략한 단문으로 구성돼 있는 이유다.

조조가 한중 지역에서 철수할 때 암호로 사용한 '계륵鷄肋'이 대표적인 사례에 속한다. 이건희의 선상투기도 조조가 계륵에 해당하는 한중을 과감히 포기한 것과 닮아 있다. 삼성에 많은 인재가 몰려 있고, 조조 곁에 탁월한 책사들이 운집한 것도 닮아 있다. 곽가와 가후, 순욱, 순유, 정욱 등의 책사들은 현안이 등장할 때마다 핵심을 짚어내며 간명한 대안을 제시했다. 총명한 조조는 그 취지를 단박에 알아챘고 이를 과감히 현실에 옮겼다. 그가 당대 최고의 전략경영을 수행했다는 평가를 받는 이유다.

조조의 전략경영은 크게 '인재경영'의 일환으로 볼 수 있다. 주목할 것은 그의 임기응변이다. 그가 임기응변에 얼마나 밝았는지는 《자치통감》〈황초 원년〉조에 나오는 사마광의 평을 보면 쉽게 알 수 있다.

"조조는 적과 대진하여 싸울 때 태연자약하여 마치 싸우지 않는 듯했다. 그러나 결정적인 기회에 결단하여 승세에 올라탈 때는 기세가 용솟음쳐 마치 돌을 뚫는 듯하였다."

조조가 구사한 임기응변은 마치 물이 담는 그릇에 따라 다양한 모습을 띠듯이 일정한 유형과 기준이 없었다. 주어진 상황에 따라 최적의 전술을 구사한다는 것 하나만이 유일한 기준이었다. 그의 임기응변 전술을 일정한 형태가 없다는 뜻의 소위 '무상형無常形'으로 표현하는 이유다.

무상형의 대표적인 예로 짐짓 아군의 약한 모습을 보여주는 약병弱兵, 적장의 교만을 부추겨 방심하게 만드는 교병驕兵, 무력시위로 적을 지레 겁먹게 만드는 요병耀兵, 허수아비 등을 이용한 거짓 용병으로 아군에 대한 판단을 흐리게 하는 의병疑兵, 적이 예상하지 못한 시점을 선택해 적의 허점을 불시에 찌르고 들어가는 기병奇兵 등을 들 수 있다. 가장 대표적인 것이 '기병'이다.

기업이 신제품을 출하할 때 경쟁업체가 방심하는 틈을 타 불시에 출하하는 것이 이에 해당한다. 첩보전을 방불케 하는 신경전이 벌어지는 것도 이 때문이다. 애플이 아이폰4를 출시하자마자 삼성이 갤럭시S를 전 세계 100개국에서 일시에 출하하며 맞불을 지른 것이 그 실례다. 승부수를 띄운 셈이다. 일단 싸움이 시작된 이상 사운을 건 총력전을 펼 수밖에 없다.

세계 스마트폰시장 싸움의 관건은 '정병正兵'에 해당하는 '콘텐츠'다. 여기서 밀릴 경우 궁극적인 승리를 기약하기가 어렵다. 우수한 콘텐츠만 확보할 수 있다면 일시 국지전에서 패할지라도 궁극적인 승리를 거머쥘 수 있다. 애플이 칼을 갈며 콘텐츠를 다듬어오다가 때가 오자 아이폰과 아이패드를 잇달아 출시해 경쟁업체인 마이크로소프트를 일거에 제압한 것이 그 증거다. 전략을 짤 때 통상 기병 대신 정예병으로 구성된 정병을 기본요소로 삼는 이유가 여기에 있다.

실제로 적이 틈을 보일 때는 기병보다 정병이 훨씬 효과적이다. 이는 권투에서 스텝이 엇갈리며 중심이 흔들리는 상대방에게 정권正拳을 날려 그로기 상태로 모는 것에 비유할 수 있다. 삼성도 일단 갤럭시S를 내세워 아이폰4와 전면전에 들어간 만큼 결정적인 순간에 정권을 날릴 수 있도록 만

반의 준비를 갖춰야 한다. 요체는 콘텐츠다. 현재 구글이 무료로 제공하고 있는 안드로이드 운영체제도 복병이다. 언제 유료로 일변할지 모르기 때문이다. 속히 자체 개발한 '바다'를 적극 보완하고 나서야 하는 이유가 여기에 있다.

# 신상필상과 인센티브

　　•••• 이건희는 늘 임원진에게 회사에 도움이 되는 인력에게는 비용을 아끼지 말라는 주문을 한다. 심지어 비록 성과가 부진할지라도 노력을 인정할 만하면 인센티브를 줘야 한다고 주장한다. 인센티브에 대한 그의 기본입장이 어떤 것인지를 극명하게 보여주는 대목이다.

　"인센티브는 인류가 찾아낸 뛰어난 발명품 중 하나다. 자본주의가 공산주의를 누를 수 있었던 것도 바로 이 때문이다."

　가히 '인센티브 신봉자'라고 할 만하다. 실제로 오늘의 삼성이 있게 된 데에는 경영진에 대한 파격적인 연봉, 과감한 스톡옵션 등이 크게 작용했다. 인센티브야말로 개인 및 조직의 활성화와 창의력 발휘에 결정적인 공헌을 한다는 그의 신념이 반영된 결과다. 삼성의 인센티브를 두고 소위 '신상필상信賞必賞'으로 규정하는 것도 바로 이 때문이다. 그의 독특한 신상필상은 법가나 병가에서 역설하는 '신상필벌信賞必罰'에서 벌罰을 상賞으로 대체한 것이다.

법가사상의 전개과정에서 볼 때 이는 새로운 이론에 해당한다. 형정刑鼎: 형률을 새겨넣은 세발솥을 최초로 만든 춘추시대 정나라 재상 자산을 비롯해 전국시대에 활약한 이회와 신도, 시교, 신불해, 상앙 등은 자신들이 생각하는 바의 다양한 법가이론을 내세웠다. 이를 집대성한 사람이 전국시대 말기 순자 밑에서 공부한 한비자다. 그는 법가사상을 크게 상앙의 법치法治: 법을 이용한 통치술와 신불해의 술치術治: 술책을 이용한 통치술, 신도의 세치勢治: 위세를 이용한 통치술로 정리했다.

한비자는 기본적으로 상앙의 법치이론만으로는 바람직한 통치를 이룰 수 없다고 보았다. 이는 상앙이 자신을 밀어주던 진효공 사후 세족들에 의해 비참한 죽음을 당한 점에 주목한 결과다. 한비자가 신불해의 술치이론을 중시한 것은 신하들을 적절히 제압하지 않으면 군주의 자리도 위험해질 수 있다는 판단에 따른 것이다. 그는 여기서 한 발 더 나아가 군주는 위세가 더해져야만 신하들을 능히 제압할 수 있다고 생각했다. 군주의 막강한 권위가 뒷받침되지 않으면 신하들에게 업신여김을 당할 수 있다고 본 것이다. 신도의 세치이론을 강조한 이유다.

당초 신상필벌은 상앙이 법치의 한 방편으로 거론한 것이다. 상앙은 진효공의 절대적인 신임을 바탕으로 대대적인 변법變法을 실시해 진나라를 일약 최강국으로 만드는 데 성공했다. 엄밀한 의미에서 법가사상은 그로부터 시작됐다. 형명학刑名學에 밝았던 그는 자신의 법치이론을《상군서》에 정리해놓았다. 형명학은 훗날 명가名家: 논리학파의 이론을 지칭하는 뜻으로 쓰이기도 했으나 원래는 법가사상을 뜻한다.《상군서》〈획책〉편의 다음 대목은 법치에 대한 그의 확신이 어떠했는지를 짐작하게 해준다.

"법치를 잘하기만 하면 군주는 침상에 누워 음악을 듣기만 해도 천하를 잘 다스릴 수 있다."

상앙이 법치를 실현하는 구체적인 방안으로 제시한 신상필벌은 크게 '신상'과 '필벌'로 나눌 수 있다. 신상은 공을 세우면 반드시 포상하고, 필벌은 임무를 수행하지 못하면 벌을 내리는 것을 말한다. 상앙은 군권君權을 확고히 다지기 위해 엄법을 철저히 시행했다. 사소한 잘못을 저지른 진나라 세자도 처벌을 받을 정도였다. 그가 진나라를 부강한 나라로 만드는 대공을 세웠음에도 진효공 사후 비참한 죽음을 맞은 배경이 여기에 있다. 필벌을 지나치게 강조하는 바람에 신상의 의미를 퇴색하게 만든 결과다. 한비자가 신상의 중요성을 역설한 이유가 여기에 있다. 《한비자》〈내저설상〉편의 해당 대목이다.

"상을 내리면서 인색하고 적절하지 않아 신뢰성이 없으면 신하들은 군주의 명을 따르지 않는다. 그러나 상이 후하고 적절해 신뢰성이 있으면 신하들은 죽음을 가볍게 여긴다. 포상이 후하면 누구나 용사가 된다. 부녀자들이 징그러운 누에를 손으로 만지고 어부가 뱀장어를 잡는 게 족히 그 증거가 될 만하다."

이는 상앙이 비록 신상을 행했으나 그 포상이 후하지 못해 결과적으로 필벌 행보만 부각된 것을 경계한 것이다. 그렇다고 한비자가 필벌을 과소평가한 것은 아니다. 상앙이 실시한 필벌의 내용을 구체적으로 적시한 것이 그 증거다. 한비자는 한마디로 신상과 필벌의 균형을 역설한 셈이다.

필벌을 필상으로 바꾼 이건희의 신상필상은 사실 동어반복에 해당한다. 신상의 '신信'은 필벌의 '필必'과 마찬가지로 '반드시'의 뜻을 지닌 부사어로 쓰이고 있기 때문이다. 만일 신상필상의 취지를 살리려면 '신'을 동사로 간주해 '공을 세울 경우 상을 받는다는 것을 믿게 하고, 틀림없이 상을 내려야 한다'는 뜻으로 새기면 된다. 이는 인센티브를 극히 중시하는 그의 기본입장과 부합한다.

인센티브와 후상厚賞의 효능과 중요성을 공히 강조했다는 점에서 볼 때 그의 신상필상은 한비자와 궤를 같이한다. 그렇다면 이건희가 굳이 필벌조차 필상으로 바꿔놓은 이유는 뭘까? 필벌의 취지를 거의 찾아보기 힘들기 때문이다. 그는 신상 못지않게 필벌의 중요성을 역설한 한비자의 주장이 잘못됐다고 판단한 것일까? 그렇지는 않다. 그 역시 필벌은 아닐지라도 조직의 근간을 흔들 정도의 위험이 있다고 판단될 경우 필벌을 찾는다. 신경영 선언 당시의 다음 언급이 그 증거다.

"변화를 강요하지는 않겠다. 변하기 싫은 사람은 변하지 않아도 좋다. 그러나 남들 뒷다리는 잡지 말라. 뒷다리 잡는 사람은 내가 집어내겠다."

한비자의 입장에 설 경우 명을 좇지 않는 자에게는 필벌을 행해야 한다. 그러나 그는 자신의 명을 좇지 않을지라도 회사에서 내쫓는 등의 필벌 조치는 취하지 않겠다고 공언했다. 다만 남의 뒷다리를 잡는 등 회사의 앞날에 심각한 해악을 끼칠 경우는 특단의 조치를 취하겠다고 토를 달았다.

그가 여러 이유로 회사를 나간 사람을 필요에 따라 수시로 재기용하는 용인술을 구사하는 것도 이 때문이다. 한 번 눈 밖에 난 사람은 두 번 다시 거들떠보지도 않은 그의 선친과 대조를 이룬다. 이병철은 신상과 필벌을 공히 중시한 한비자의 용인술을 충실히 따른 경우에 속한다. 법가사상의 전체 맥락에서 볼 때 이건희의 신상필상은 새로운 이론으로 간주할 만하다. '신상필상'이 나름대로 성공을 거둘 경우 수천 년 동안 내려온 제왕적 경영 리더십 이론에 일대 수정이 이뤄질 수밖에 없다.

# 패자부활의
# 용인술

■■■■ 한무제 때 《사기》의 저자 사마천은 흉노에게 투항한 장군 이릉을 변호하다가 황제의 노여움을 사 궁형宮刑을 당했다. 출정한 장수는 전쟁에서 패했을 때 자진하는 것이 춘추전국시대 이래의 관행이었다. 삼국시대 당시 조조는 번성을 치던 휘하 장수 우금이 관우에게 투항하고 방덕이 의연히 죽음을 맞았다는 소식을 듣고는 이같이 탄식한바 있다.

"나는 우금을 30년 동안 같이 있어 잘 안다고 생각했다. 그가 위기에 처하자 방덕만도 못할 줄이야 어찌 생각조차 할 수 있겠는가?"

한무제의 대로와 조조의 탄식은 같은 맥락에서 나온 것이다. 동양에서는 출정한 장수가 싸움에 패한 후 목숨을 구하기 위해 투항하는 것을 매우 비루한 일로 여겼다. 반면 포로가 되기 전에 스스로 목숨을 끊거나 설령 포로가 되었을지라도 의연히 투항을 거부한 채 죽음을 맞는 것은 높이 표창했다. 조조가 죽는 순간까지 기개를 잃지 않은 방덕을 기리기 위해 그의 두

아들을 열후에 봉한 게 그 증거다. 이 또한 일종의 신상필벌에 해당한다.

당시 용케 패잔병을 이끌고 귀환한 후 재차 출정의 기회를 얻어 대공을 세운 경우도 적지 않았다. 이는 '설욕전'에 성공함으로써 위기를 기회로 만든 경우에 해당한다. 대개의 경우 절치부심하며 설욕전을 다짐한 패장들은 소기의 성과를 거두었다. 예기치 못한 변수와 뜻하지 않은 실수 등으로 패배를 당한 패장에게 설욕전의 기회를 주는 이유가 바로 여기에 있다.

이건희도 설욕전의 효능을 통찰한 경우에 속한다. 퇴사 후 경쟁업체로 자리를 옮긴 사람까지 필요에 따라 재차 기용하는 게 그 증거다. 이는 신상필상의 또 다른 효능으로 볼 수 있다. 물론《삼성을 생각한다》를 펴낸 변호사 김용철처럼 퇴사 후에도 계속 삼성을 부정적인 시각에서 바라보며 극도의 적의를 드러내는 경우는 재기용의 가능성이 거의 없다고 보아야 할 것이다.

그가 설욕전의 효능에 주목한 것은 극히 사소한 일에서 비롯되었다. 회장 취임 초기 그는 회사의 감사팀이 거래처에서 책상 위에 놓고 간 구두티켓 한 장 때문에 유능한 직원을 가차 없이 내보내는 것을 보고 충격을 받았다. 사소한 비리일지라도 결코 묵과하지 않았던 선대의 여풍餘風 때문이었다.

그러나 인재를 한 번 내보내면 다시 구하기 어려운 법이다.《사기》〈회음후열전〉에 따르면 초한전 당시 한신은 유방이 끝내 자신을 중용하지 않을 것으로 생각해 다른 병사들처럼 도주했다. 소문을 들은 소하는 다급해진 나머지 유방에게 보고도 하지 않은 채 곧바로 그의 뒤를 좇아갔다. 어떤 사람이 유방에게 보고했다.

"승상 소하가 도주했습니다."

영문을 모르는 유방이 크게 화를 냈다. 하루 이틀 지난 뒤 소하가 돌아오자 유방이 화를 냈다.

"그대가 도망치다니 어찌 된 일인가?"

"신은 단지 도망치는 사람을 쫓아갔을 뿐입니다."

"쫓아간 사람이 누구요?"

"한신입니다."

유방이 욕을 해댔다.

"도망친 장수가 지금까지 10여 명에 달하나 그대는 한 번도 쫓아간 적이 없었다. 장수도 아닌 한신 같은 자를 쫓아갔다는 건 나를 속이려는 짓이 아닌가?"

"지금까지 도망친 장수들은 어디서나 쉽게 얻을 수 있는 자들뿐입니다. 그러나 한신 같은 자는 소위 '국사무쌍國士無雙'입니다. 대왕이 좁은 곳에서 오랫동안 왕을 칭하고자 한다면 그를 쓸 일이 없습니다. 그러나 천하를 얻고자 한다면 그가 아니고는 안 됩니다."

여기서 나라에 둘도 없는 인재라는 뜻의 국사무쌍이라는 성어가 나왔다. 이건희도 소하와 유사한 생각을 했다. 그는 조직을 유지하기 위해 잘못을 범한 사람에게 그에 상응한 벌은 주되 다시 한 번 기회를 줘 회사에 보답하게 해야 한다는 생각을 갖고 있다. 동일한 잘못을 거듭하는 것은 용서할 수 없지만 그 이전에 칭찬과 격려를 아끼지 않는 것이 필요하다고 본 것이다.

사실 애정이 없으면 벌도 내리지 않는다. 이건희가 '필벌'을 '필상'으로 바꾼 것도 아마 이 때문이었을 것이다. 삼성맨들이 말하는 소위 '패자부활전'이 신상필상에서 비롯됐다는 것은 이론의 여지가 없다. 이를 뒷받침하는 일화다.

1997년 도쿄에 들른 이건희는 한때 경제연구소장으로 좌천된 바 있던 재팬삼성 사장 J씨와 함께 차를 타고 저녁을 먹으러 나갔다. 차 안에서 이런저런 이야기를 하던 중 그가 불쑥 이같이 말했다.

"나에게 감사해야 합니다. 좌천되면 뭐가 달라지는지 압니까?"

J씨가 우물쭈물하자 그가 말했다.

"좌천되면 안 보이던 게 보이고, 보이던 게 안 보입니다."

'좌천'을 일종의 '담금질'의 계기로 삼아야 한다고 말한 것이다. 그는 스톡옵션 등 물질적인 인센티브 못지않게 정신적인 인센티브 역시 매우 중요하다는 사실을 알고 있다. 그가 노력하다 실패한 경영진을 직접 찾아서 격려하는 이유다. 대표적인 예로 그의 핵심측근으로 분류되고 있는 부회장 윤종용의 경우를 들 수 있다. 삼성전자 VCR사업부장을 지냈던 그는 1980년대 중반 현대전자로 옮겼다. 당시 VCR은 삼성의 핵심사업이었지만 사업 초기 높은 불량률로 인해 그는 여러 차례 질책을 받았다. 그가 현대로 옮기려 한다는 정보를 입수한 비서실 팀장들이 그를 찾아가 설득했다.

"회장이 살아 계셔봐야 얼마나 오래 살 것이냐? 기업 오너가 절대적인 권한을 갖고 있더라도 삼성이 이병철 회장 개인 기업은 아니지 않느냐? 라이벌 그룹으로 옮기는 것은 경솔한 일이다. 유럽이나 미주 등 해외본부장으로 잠시 나가 있으면 안 되겠는가?"

그러나 그는 오너가 절대적인 힘을 발휘하는 상황에서 오너의 신뢰를 받지 못하면 희망이 없다고 판단해 이내 현대전자로 옮겼다가 네덜란드 필립스 본사로 다시 이적했다. 이건희는 회장 취임 직후 그를 다시 불러들였다. 결국 그는 IMF환란 때 성공적인 구조조정을 주도함으로써 삼성전자를 한 단계 도약시키는 것으로 보답했다. 이후 삼성 내에서 '꺼진 불도 다시 보자'라는 말이 유행하게 되었다. 이병철이 토너먼트 형식으로 승자에게만 기회를 준 것과 대비되는 대목이다.

삼성을 떠난 인사들이 좀처럼 '친정'을 비난하지 않는 전통이 만들어진 것은 그의 이런 용인술과 무관하지 않을 것이다. 실제로 일단 곁을 떠난 인물을 다시 기용하는 그의 용인술은 놀라운 위력을 발휘하고 있다. 기존 조직에 긴장감을 불어넣는 것은 물론, 복귀한 당사자는 더욱 열심히 일하며 다른 곳에서 배웠던 노하우까지 전수하고 있기 때문이다. '신상필상'의 위대한 효능이다.

速
度
經
營

속
도
경
영

# 속전속결로
# 자웅을 겨루다

"지금 세계경제는 불확실하고 경영여건 변화도 더 심해질 것으로 예상된다. 그러나 이런 시기일수록 투자를 더 늘리고 인력도 더 많이 뽑아서 글로벌사업 기회를 선점해야 한다. 그래야만 삼성에 성장의 기회가 오고, 우리 경제가 성장하는 데도 도움이 될 것이다."

# 벌본갈원과
# 골드러시

　　▪▪▪▪ 현재 중국 국토의 5분의 1이 사막지대다. 이같이 된 데에는 마오쩌둥의 책임이 크다. 무차별적인 벌목으로 쇠를 녹이고, 산을 밀어 계단밭을 만들고, 초원을 걷어내 곡식을 심었다. 그 후과가 눈을 뜰 수 없을 정도로 자욱한 황사다.

　일찍이 순자는 마오쩌둥 식의 접근방식은 끝내 천하에 재난을 초래할 수밖에 없다고 갈파한 바 있다. 《순자》 〈부국〉편의 해당 대목이다.

　"묵자에게 크게는 천하를 다스리고 작게는 한 나라를 다스리게 하면 그는 궁색하게 거친 옷을 입고 조악한 음식을 먹으며 근심스런 표정으로 음악을 내칠 것이다. 이리 하면 물자가 모자라고, 물자가 모자라면 기본 욕구를 채우지 못하고, 기본 욕구를 채우지 못하면 공을 세운 사람에 대한 포상이 행해지지 않을 것이다. 포상이 행해지지 않으면 군자가 나아갈 수 없고, 형벌이 행해지지 않아 소인이 물러나지 않게 된다. 이리 되면 만물이 합당함을 잃어 변화에 적응치 못하게 된다. 묵자가 비록 칡베 옷을 입고 콩국을 먹고 냉수를 마실지라도 어찌 능히 그 손실을 보충할 수 있겠는가. 이미 뿌리를 자르고 근원을 마르게 함으로써 천하를 태워버렸기 때문이다."

여기서 '발본색원拔本塞源'과 같은 뜻의 '벌본갈원伐本竭源'성어가 나왔다. 경제를 피폐하게 만들어 천하를 도탄에 빠뜨린다는 뜻이다. 묵자처럼 음악을 철폐하고 조악한 음식을 먹는 식의 접근방식으로는 결코 부국부민을 이룰 수 없을 뿐만 아니라 오히려 천하를 태우는 결과를 초래할 수밖에 없다는 지적이다. 부국부민을 달성하는 것이 천하통치의 선결요건임을 역설하기 위해 나온 것이다.

그러나 역사는 반복된다. 1950년대의 '대약진운동' 당시 마오쩌둥은 7년 내 영국을 따라잡고, 15년 내 미국을 추월하겠다며 '집단농장' 단위로 철강증산운동을 밀어붙였다. 황당한 것은 제철소를 만들 생각을 하지 않고 흙벽돌로 만든 조악한 고로에서도 능히 질 좋은 철강을 만들 수 있다고 생각한 점이다. 그 결과는 참담했다. 산의 나무가 불쏘시개용으로 남벌되는 바람에 전국의 산은 모두 민둥산이 됐고, 솥과 괭이 등을 녹여 만든 철은 철강이 아닌 철괴鐵塊에 지나지 않았다. 농기구까지 헌납한 농민들은 농사를 지을 길이 없어 초근목피로 연명하다가 이내 추위가 닥치자 무수히 죽어나갔다. 그 숫자가 수천만 명에 달했다. 군왕을 포함한 모든 사람이 힘써 절약하고 근로하면 의식 걱정을 할 일이 없다며 일체의 음악과 허례허식을 철폐하고 함께 근로전선에 나설 것을 역설한 묵자의 전철을 밟은 것이다.

'절약'과 '근로'는 미덕이기는 하나 그 도가 지나치면 오히려 순자가 우려했듯이 천하를 태우는 결과를 낳는다. 마오쩌둥이 7년 내 영국을 능가

하고 15년 내 미국을 따라잡겠다고 목표를 설정한 것 자체는 탓할 일이 아니다. 문제는 방법론이다. 당시 마오쩌둥이 현실을 제대로 인식했다면 미국과 소련, 영국 등으로부터 자본과 기술을 도입해 대규모 제철소를 세우는 게 맞다. 그리 했으면 15년 내에 최소한 철강생산량에서 미국을 따라잡을 수도 있었을 것이다. 그러나 그는 중국혁명을 성사시킨 중국농민은 특별나다는 생각에 사로잡힌 나머지 이처럼 황당한 일을 저지른 것이다.

최근 환경문제가 날로 심각해지자 중국 수뇌부는 이 문제를 근원적으로 해결하기 위해 골몰하고 있다. 2010년 당시 총리였던 원자바오溫家寶가 당이 발행하는 잡지 《구시求是》에 소위 '녹색 계열'을 발표하며 임산자원과 수자원 보호를 '100년 국가과제'로 선언한 게 그 증거다. '계열'은 단일한 분야의 단기적인 정책인 '공정'과 달리 다방면에 걸친 장기적인 정책을 말한다. 원자바오가 향후 모든 산업과 개발에 환경평가의 잣대를 들이대겠다고 선언한 이상 중국 진출 한국기업의 비용 증가는 불가피하다. 중국 진출의 의미가 퇴색할 수도 있다.

그러나 위기는 동시에 기회이기도 하다. 중국은 앞으로 국가 차원의 대대적인 환경사업을 벌일 것이 확실하다. 실제로 일종의 '중국발 골드러시' 조짐이 보이고 있다. 중국정부는 환경 관련 산업에 대해 세금을 깎아주는 등 파격적인 인센티브를 주고 있다. 잘만 하면 중국을 내수시장처럼 만들 수도 있을 것이다. '10년 후의 먹을거리'를 늘 걱정하는 이건희의 향후 대응이 주목되는 이유다.

그는 오래전에 이런 흐름을 간파하고 있었던 듯하다. 2003년 6월 초, 소위 '신경영 2기' 출범을 공식 선언할 당시 그는 천재경영과 미래 성장엔진 발굴, 중국시장 전략 강화를 3대 사업과제로 선정한 바 있다. 천재경영은 소프트웨어, 미래 성장엔진 발굴은 콘텐츠, 중국시장 전략은 하드웨어의 성격을 띠고 있다. 그는 중국시장 전략에 방점을 찍었다.

"중국시장에서 기회를 놓칠 경우 미래 경쟁력이 크게 약화되는 건 물론 장차 백전백패하게 될 것이다. 그룹 차원에서 중국시장 경영전략을 새롭게 짜야 한다."

장차 최대 라이벌이 될 중국기업들을 '속도경영'과 '공격경영'을 통해 미리 제압하고자 한 것이다. 선견지명이다. 실제로 세계 최대 소비시장으로 급부상하고 있는 중국에서 우위를 점하지 못할 경우 이내 경쟁에서 낙오될 수밖에 없다.

그의 발언 이후 삼성의 각 계열사들은 서둘러 중국으로 진출했다. 이들의 진출은 크게 '중국시장 파고들기'와 '중국기업과 경쟁하기'로 요약된다. 현재 중국에 진출한 한국기업 중 삼성이 여러모로 가장 좋은 성과를 얻고 있다는 게 중평이다.

그러나 아직 부족한 면도 많다. 중국이 심혈을 기울여 개발하고 있는 태양광사업 등 녹색사업에 대한 삼성의 움직임이 잘 포착되지 않고 있는 게 그렇다. 핵심전략으로 내세웠던 미래 성장엔진 발굴이 사실상 별다른 효험을 보지 못하고 있다는 증거다. 2010년 5월 25일자 〈조선일보〉 '태평로' 논평이 이를 뒷받침한다.

"구글이 최근 소니와 손잡고 '스마트TV'를 선보였다. 애플도 곧 유사한 '아이TV'를 내놓을 것이라고 한다. 삼성과 LG는 3D에 전력투구해왔으나 스마트TV 보급이 더 빠를 것이라는 전망이 우세하다. 한국 IT산업은 스마트폰시장에서도 뒷북을 친 경험이 있다. 이렇게 갈팡질팡하는 건 선진국기업들이 만들어놓은 시장에 뒤늦게 뛰어들어 승부를 거는 낡은 성공방정식에서 벗어나지 못한 탓이다. 남의 뒤만 따라가는 '뒷북' 체질이 몸에 배어 있는 것이다. 그래서 창의적이고 혁신적인 제품으로 새로운 시장을 만들어낼 엄두를 내지 못한다."

통렬한 지적이다. 이건희가 경영일선 복귀 후 야심차게 내놓은 삼성전자의 26조 원 투자계획도 비판대상이 되고 있다. 여전히 반도체 등 하드웨어에 치우쳐 있어 소프트웨어와 콘텐츠 분야에 대한 비전이 보이지 않는다는 것이다. 귀담아들어야 할 대목이다.

# 반도체와
# 속도전

▪▪▪▪ 반도체는 흔히 '산업의 쌀'로 불린다. 모든 전자
제품에 반도체가 들어가기 때문이다. 삼성전자는 반도체 분야에서 오랫동
안 세계 최고 수준의 최첨단 기술과 생산력을 자랑해왔다. 이는 소위 '황
의 법칙'으로 알려진 메모리 집적기술에서 선두를 달린 데 따른 것이다.
황의 법칙은 메모리의 용량이 1년마다 두 배씩 증가한다는 이론으로 삼성
전자 사장으로 있던 황창규가 소위 '메모리 신성장론'을 발표한 데서 나
온 것이다.

지난 1960년대 미국에서 반도체산업이 시작되면서 인텔의 공동설립자
인 고든 무어Gordon Earle Moore는 마이크로 칩에 저장할 수 있는 데이터
용량이 1년 반마다 두 배씩 증가하고 PC가 이를 주도할 것이라는 가설을
제시했다. 실제로 인텔의 반도체가 이러한 법칙에 따라 용량이 향상되자
이는 하나의 이론으로 대접받았다. 이를 '무어의 법칙'이라고 한다.

그러나 지난 2002년 〈국제반도체회로학술회의〉에서 삼성전자의 반도

체총괄 겸 메모리사업부장으로 있던 황창규가 이를 반박하는 메모리 신성장론을 발표했다. 내용인즉 반도체의 집적도가 두 배로 증가하는 시간은 1년으로 단축되었고, 이를 주도하는 것은 PC가 아닌 모바일 기기와 디지털 가전제품 등 비非PC 분야라는 것이다. 그의 이런 주장은 삼성전자의 실제 성과를 토대로 한 것이었다.

실제로 삼성은 1999년에 256M 낸드플래시메모리를 개발한 것을 기점으로 2001년까지 매년 그 용량을 두 배씩 증대시켜왔다. 이를 계기로 학계에서는 무어의 법칙 대신 그의 이름을 딴 황의 법칙이 풍미했다. 그간 황의 법칙은 한국 과학기술계의 자랑이자 삼성의 자랑이었다. 국내 언론은 이를 '반도체 신화'로 묘사했다. 삼성의 '속도경영'이 얼마나 성공적이었는지를 방증하는 대목이다.

삼성전자는 2008년부터 황의 법칙을 뒷받침하는 발표를 중단했다. 개발 완료된 제품 양산에 주력한다는 게 이유였다. 그런 와중에 2010년 2월 경쟁사인 하이닉스 반도체가 20나노급 생산 공정으로 64G 낸드플래시 개발에 성공했다고 발표했다. 이는 인텔과 마이크론 합작사인 IM플래시테크놀로지에 이은 두 번째 개발 성공 사례에 해당한다. 적잖은 사람이 삼성의 반도체 신화가 흔들리는 것 아니냐는 의문을 제기했다. 삼성 측은 파장을 우려했는지 곧 공식해명에 나섰다.

"그간 삼성전자는 메모리 신성장론에 따라 1년마다 신제품을 발표해왔지만 지난해 황 전 사장의 퇴임 이후 '시간'에 맞춰 발표하는 원칙은 없어졌다. 앞으로는 양산 가능한 제품이 나온 뒤에야 이를 발표할 것이다."

삼성 관계자에 따르면 20나노 기술은 이미 2009년 10월에 연구를 끝내고 1월에 양산 기술까지 개발된 상태라고 한다. 그러나 삼성과 경쟁업체들의 기술력 차이가 상당히 좁혀진 것은 부인할 수 없다. 황창규는 2008년 9월 이같이 말한 바 있다.

"반도체 미세화에는 한계가 있고 앞으로 미세화의 속도는 늦어질 것이다."

반도체 메모리 분야에서 '속도' 경쟁의 중요성이 사라질 리 만무하다. 일부 전문가는 반도체 미세화로 공정기술이 한계에 달해 삼성 고유의 장점이 사라짐에 따라 황의 법칙을 뒷받침하는 발표를 중단한 것으로 보고 있다.

문제는 과연 앞으로도 삼성이 반도체 신화를 계속 써내려갈 것인가 하는 점이다. 삼성전자의 이번 반도체사업 전략 변경과 관련해 업계에서는 시장 지배력 강화 차원으로 해석하는 견해가 주종을 이루고 있다. 이는 삼성이 그룹 차원에서 이건희의 복귀를 계기로 하드웨어를 석권할 당시의 속도경영을 재연하고 있는 점에 비춰 나름대로 설득력이 있다.

실제로 삼성은 신경영 선언 17주년 기념일 바로 다음날인 2010년 6월 8일 소위 '이순신폰'으로 불리는 전략 스마트폰 갤럭시S를 세계 100개국에서 동시에 출시해 애플의 아이폰4 출시에 맞불을 지르고 나섰다. 정면승부를 선언한 것이다. 현재 여러 정황을 종합해볼 때 전망은 매우 밝다.

세계 100개국의 1위 통신사업자와 손을 잡고 한 제품을 동시에 출시한 것은 전례 없는 일이다. 업계 스스로 갤럭시S의 전망을 밝게 보고 있다는 증거다. 애플은 지난 2007년 아이폰3G를 내놓으면서 미국 내 AT&T와 공급계약을 맺었고, 2년이 지나서야 공급대상을 84개국으로 늘렸다. 삼성은 비록 뒤늦기는 했으나 갤럭시S를 일거에 세계 100개국에서 동시에 출시함으로써 애플을 압도했다. 나폴레옹이 눈 덮인 알프스 산을 넘어가 상황을 역전시킨 것에 비유할 만하다. 이는 그간 하드웨어 부문에서 꾸준히 쌓아온 세계 최고 품질과 성능에 대한 자신감이 있기에 가능한 일이다.

삼성의 복안은 가입자를 순식간에 확산시키는 전술을 구사해 장차 삼성의 최대 약점으로 꼽히고 있는 앱스토어를 보완함으로써 선두로 치고 나가겠다는 것이다. 업계에서는 특유의 속도경영을 통해 애플의 허를 찌름으로써 상황을 역전시키려는 전술로 보고 있다. 삼성의 이런 속도경영은 이병철이 생전에 반도체 분야의 속도전을 역설한 데서 비롯된 것으로 볼 수 있다. 1983년 3월 3일 그는 반도체 및 컴퓨터 회의에서 이같이 말한 바 있다.

"반도체가 사업으로 성공하려면 지속적으로 첨단기술 개발력이 있어야 한다. 반도체 기술의 승패는 누가 먼저 첨단으로 가느냐에 달려 있다."

황의 법칙이 나오게 된 것도 이와 무관하지 않다. 실제로 이건희는 부친의 유지를 이어 반도체의 '속도전'에 사운을 걸다시피 했다. 그의 이런 전폭적인 지원이 없었다면 황의 법칙이 학계에서 통용되기는 쉽지 않았을 것이다.

# 결단과
# 속도

▪▪▪▪ 전투가 벌어질 때 일선 지휘관이 가장 중시하는
전술은 속도전이다. 여기서 패할 경우 전 부대원이 이내 몰살당할 소지가
크다. 나폴레옹이 지휘하는 프랑스군의 진군속도는 1분에 120보로 적군
보다 두 배나 빨랐다. 그가 한 곳에 화력을 집중시킨 비결이 여기에 있다.
당시 막대한 병력을 보유한 오스트리아군은 숫자만 믿고 섣부른 공격을
가하다가 이내 순식간에 불어난 프랑스군에 포위돼 궤멸당하곤 했다.

1798년 5월 나폴레옹이 '내 사전에 불가능은 없다'며 직접 6만 대군을
이끌고 눈 덮인 알프스산을 넘어가 이탈리아 주둔군을 포위, 공격하던 오
스트리아군을 역으로 포위해 궤멸시킨 것이 그 실례다. 당시 그는 부하들
이 소수의 병력으로 승리를 거둔 것을 칭송하자 이같이 반박했다.

"맞는 말이다. 우리는 전체 병력에서 늘 소수였다. 그러나 적과 만나는
접점에서만큼은 빠른 진군속도로 늘 적보다 많은 병력을 투입할 수 있었
다. 나는 언제나 다수를 가지고 소수를 이겼다."

한국기업과 접촉한 세계 여러 나라 사람들은 다른 말은 몰라도 '빨리빨리' 라는 한국어만큼은 잘 안다. 한국문화는 속도경영과 인연이 깊다. 실제로 세계 굴지의 기업들은 첨단 신제품을 출시할 때 한국에서 먼저 검증한다. 한국의 소비자는 새로운 기술과 첨단기기를 과감히 받아들이는 속도가 다른 나라 소비자보다 두 배나 빠르다고 한다. 빨리빨리 문화가 21세기 속도경영에서 위력을 발휘하고 있는 셈이다. 많은 사람이 세계 스마트폰시장에서 삼성이 속히 역전극을 펼쳐주길 바라는 것도 빨리빨리 문화의 한 형태로 볼 수 있다.

2004년 10월 일본 〈니혼게이자이 신문〉의 기술경영 전문 자매지인 〈니혼비즈테크〉는 48페이지에 달하는 '삼성, 역전의 방정식' 제목의 특집을 실었다. 삼성이 반도체·LCD패널·휴대전화 등 3대 사업에서 세계 정상에 우뚝 서게 된 배경을 심층 분석한 특집이었다. 이에 따르면 삼성은 일본의 경쟁기업이 주저하는 사이 반도체 개발 등에 과감히 투자해 추격을 따돌렸다. LCD에서는 소니 등 세계 굴지의 업체를 고객으로 잡아 시장을 지배해 나가고 있고, 휴대전화에서도 고급 브랜드 이미지를 심으며 세계 1위 노키아를 가파르게 추격하고 있다는 내용이었다.

눈길을 끄는 것은 사령탑 이건희가 카리스마를 배경으로 강력하고도 신속한 의사결정을 내린 것이 주효했다는 대목이다. 이는 그의 제왕적 경영에서 해답을 찾은 것이나 다름없다. 실제로 이 특집은 기사의 대미를 이같이 마무리지었다.

"일본기업의 최대 약점은 이건희 회장과 같은 강력한 리더십을 가진 경영자가 없다는 점이다."

이건희가 경영일선에 복귀할 때 그의 제왕적 경영에 부정적인 반응을 보인 영국의 경제주간지 〈이코노미스트〉와는 상반되는 시각이다. 삼성의 임직원들 역시 〈니혼비즈테크〉의 분석과 유사한 입장이다. 오른팔 격인 이학수의 증언이 이를 뒷받침한다.

"반도체 투자 같은 천문학적인 액수는 보통의 최고경영자들은 쉽게 결정을 내리지 못한다. 한때 잘나갔던 일본 반도체업체들도 CEO들이 결단을 내리지 못해 투자시기를 놓쳤다. 반면 삼성은 이 회장이 전략을 제시하고 투자를 결정해줌으로써 강력한 리더십이 생길 수 있었다. 계열사 사장들은 회장의 비전 제시를 책임감 있게 충실히 이행하고, 구조조정본부는 이 과정에서 정보 분석 등 보좌업무를 수행한다. 삼성의 힘은 이런 3각 체제에서 나온다."

이학수의 증언은 이건희의 제왕적 경경이 동양 전래의 '제왕정'과 사뭇 닮아 있다는 것을 뒷받침하고 있다. 실제로 이건희는 제왕이 머무는 태정부太政府, 계열사 사장은 조정대신이 주축이 된 집정부執政府, 구조조정본부는 젊고 기개가 높은 정예 관원으로 구성된 사정부司正府 역할을 수행한 것에 비유할 수 있다. 태정부는 지금의 청와대에 해당한다. 조선조에서는 붕당이 성립되는 선조 이전까지만 해도 이들 3각 체제가 제대로 작동했다. 조선조가 세종과 성종의 치세 때 최고의 성세를 구가할 수 있었던 배경이 여기에 있었다.

그러나 붕당이 성립한 이후 상황이 일변했다. 국정을 집행하는 집정부와 법과 언론을 장악한 사정부가 붕당세력에 장악됨으로써 마침내 신권臣權이 왕권王權을 제압하는 양상이 빚어진 결과다. 조선조가 후기에 들어와 왜란과 호란 이후 4색당쟁과 세도정치 등으로 인해 피폐를 면치 못하다가 이내 일제에 의해 패망하게 된 것은 바로 이 때문이다. 강력한 '왕권'이 존재하지 않은 것이 근본원인이다.

그런 점에서 그의 제왕적 경영은 오늘의 삼성을 가능하게 한 원동력으로 볼 수 있다. 아이폰의 폭격에 속수무책으로 당하던 삼성이 그의 복귀를 계기로 아연 활기를 띠게 된 사실이 이를 뒷받침한다. '절체절명의 위기상황'을 외치며 경영일선에 복귀한 후 그의 속도경영과 공격경영은 과거 그 어느 때보다 훨씬 속도감과 무게감을 더하고 있다.

2010년 5월 17일 삼성나노시티 화성캠퍼스에서 행한 '메모리 16라인 기공식' 기념사가 그 증거다. 그는 임직원 500여 명이 모인 자리에서 이같이 역설했다.

"지금 세계경제는 불확실하고 경영여건 변화도 더 심해질 것으로 예상된다. 그러나 이런 시기일수록 투자를 더 늘리고 인력도 더 많이 뽑아서 글로벌사업 기회를 선점해야 한다. 그래야만 삼성에 성장의 기회가 오고, 우리 경제가 성장하는 데도 도움이 될 것이다."

이날 그는 다섯 개 신종 사업에 향후 10년 동안 총 23조 원을 투자하겠다고 밝혔다. '신사업 선점'과 '과감한 투자'로 세계시장의 고지를 선점하겠다는 취지를 드러낸 것이다. 그는 이와 별도로 삼성전자에 대한 총 26조 원 규모의 2010년 투자계획을 밝혔다. 이는 삼성전자의 연간 투자로는 사상 최대다. IT 경기가 호조를 보이고 있는 상황에서 이런 방대한 규모의 투자계획을 밝힌 것은 후발주자의 추격을 멀리 따돌리자는 속셈에서 나온 것이다. '공격경영'과 '속도경영'의 전형에 해당한다.

# 동풍과
# 군자쾌쾌

    •••• 삼성 반도체가 세계시장을 석권한 데에는 이건희의 과감하면서도 발 빠른 행보가 결정적인 배경으로 작용했다. 이는 《주역》의 '쾌괘 夬' 에서 말하는 소위 '군자쾌쾌君子 ' 의 취지와 부합한다. 《주역》의 해당 대목이다.

 "군자가 결단하여 소인배 제거를 결행하니 마치 비를 흠뻑 맞은 것처럼 한때 소인배와 어울린 혐의로 사람들의 비난을 살지라도 끝내 허물이 없다."

 이건희가 그간 삼성비자금 사건 등으로 인해 우여곡절을 겪은 것을 연상시키는 대목이다. 여기의 '쾌 ' 는 원래 활시위를 당기기 위해 엄지손가락에 끼는 깍지를 말한다. 결단을 뜻한다. 한자 '쾌快' 는 여기서 나왔다. 이는 군자의 결단이 마음을 통쾌하게 만든다는 취지에서 나온 것이다. '결단' 은 곧 '속도' 다. 아무리 심사숙고해 결단할지라도 때를 놓치면 결코 결단이 될 수 없다. '장고 끝에 악수 나온다' 는 바둑속담이 이를 뒷받침한다.

《주역》의 군자쾌쾌는 모순이 격화되는 시점의 결단을 의미한다. 마오쩌둥이 생전에 극찬해 마지않은 소설 《홍루몽》 제82회에 이와 관련된 구절이 나온다.

"무릇 가정의 일이란 동풍東風이 서풍西風을 제압하지 못하면 즉시 서풍이 동풍을 제압키 마련이다."

동풍으로 상징되는 군자와 서풍으로 상징되는 소인배가 뒤섞여 사는 세상의 논리를 설명한 것이다. 군자가 소인을 제압해야 하는 결정적인 시기에 제압하지 못할 경우 오히려 소인에게 제압당할 수밖에 없다는 뜻을 담고 있다. 군자쾌쾌는 사물의 대립적인 모순이 격화되는 결정적인 시점에 발휘돼야 그 빛을 발할 수 있다.

마오쩌둥은 중소이념 분쟁 당시 《홍루몽》의 이 대목을 인용해 '동풍이 서풍을 제압할 것'이라고 호언했다. 중국이 조만간 공산주의 종주국인 소련을 제압하고, 더 나아가 대영제국의 후신인 대미제국마저 제압하리라는 자신감의 표시였다. 물론 그의 치세 때는 이런 일이 벌어지지 않았지만 21세기의 중국은 동풍이 서풍을 제압하는 그의 예언을 증명하는 쪽으로 진행하고 있다. 가정사와 기업의 사업, 천하대사 모두 모순이 격화되는 결정적인 시점에 군자쾌쾌의 결단이 이뤄져야 한다. 이는 소인이 득세해 군자를 억압하는 난세의 개혁논리이기도 하다.

삼성에서 기왕의 성과에 안주하고자 하는 사람은 개혁을 거부하는 소인, 위기의식에 휩싸여 강력한 개혁을 추진하고자 하는 사람은 군자에 비유할 수 있다. 이건희는 군자쾌쾌에서 말하는 군자의 표상에 해당한다.

# 왕패병용으로
# 기선을 잡다

이병철은 왕도 리더십을 유지하면서 상황에 따라서는 적절히 패도 리더십을 구사한 경우에 속한다. 그런 점에서 제갈량 내지 세종과 많이 닮았다.

이건희는 정반대로 패도 리더십의 기조를 유지하면서 신상필상과 같은 왕도 리더십을 발휘하는 유형에 속한다. 이는 조조 내지 태종과 닮은꼴이다. 이병철과 이건희 부자는 조조와 제갈량, 태종과 세종이 그렇듯이 왕패병용을 리더십의 요체로 삼은 점에서 하등 차이가 없다.

# 경제와
# 경영

　　**░░░░** 대다수 사람은 살아가면서 일련의 체험을 통해 모든 사물이 양면적인 모습을 띠고 있다는 사실을 자연스레 터득하게 된다. 동양에서 이를 이론적으로 정립해놓은 고전이 바로 《주역》과 《중용》이다. 《주역》은 태극기의 형상이 암시하듯이 음과 양이 서로 뒤섞여 있다는 전제하에서 만물의 생장소멸 과정을 모두 64개의 카테고리로 정리해놓았다. 소위 '64괘'다.

　　'소주역小周易'의 별명을 갖고 있는 《중용》은 상대적으로 실천 측면이 강하다. 요지는 좌우의 어느 한쪽에 치우치지 않아야 한다는 것이다. 《주역》은 이를 '중정中正'으로 표현해놓았다. 마오쩌둥에게 패한 장제스蔣介石의 본명이 중정이다. 그가 평생 《주역》을 가까이하며 이에 관한 주석서를 펴낸 것도 이런 인연과 무관하지 않을 것이다.

　　《주역》의 대가 장제스가 역대 제왕의 행적을 요약해 정리해놓은 《자치통감》을 17번 읽은 마오쩌둥에게 패한 것은 시사하는 바가 크다. 이는 이론보다 실천이 더 중요하다는 사실을 암시한다. 실제로 장제스처럼 《주역》과 《중용》을 훤히 꿸지라도 막상 현실에서 중정과 중용을 제대로 취할 수 있는가 하는 것은 차원이 다른 문제다.

《주역》이나 《중용》을 가까이하지 않은 일반인은 초등학교 때부터 매사를 이분법적 사고로 대하는 훈련을 받은 까닭에 이것이 더 어렵다. 대학의 고등학문도 별반 다를 게 없다. 가장 과학적인 '사회과학'으로 대접받고 있는 경제학의 이론조차 '다른 모든 조건이 동일하다면'을 뜻하는 소위 '세테리스 파리부스ceteris paribus' 위에 서 있는 가설의 집합에 지나지 않는다.

실제로 소비자가 상품을 구입할 때는 가격 이외에도 디자인과 애프터서비스, 해당 회사의 브랜드 가치 등 모든 것을 고려해 결정하는데도 경제학 이론은 고작 가격에 따른 수요 공급의 물량변화만 언급하고 있다. 세테리스 파리부스를 전제로 한 탓이다. '강단 경제학'보다 '실물 경제'에 밝은 기업가나 상인이 훨씬 현실에 근접한 경제전망을 내놓는 이유가 여기에 있다.

순간적인 선택이 생사를 가르는 전장의 상황도 비슷하다. 전황이 수시로 변하는 까닭에 한가하게 중정과 중용을 논할 여유가 없다. 실제로 《손자병법》을 비롯한 병서는 극히 현실적인 전략과 전술에 관한 이야기로 채워져 있다. 군사학이 경제학과 달리 여러 변수를 종합적으로 고려한 심리전과 첩보전 등에 주의를 기울이는 이유다.

21세기의 글로벌 경제전쟁은 전장을 방불케 하고 있다. 환율과 무역수지 등과 연동해 수시로 출렁이는 상황商況 또한 부대원의 사기와 화력의 집중 여부 등에 따라 승패가 수시로 뒤바뀌는 전황戰況과 닮아 있다. 군사학에서 가르치는 전략전술에 대응하는 정교한 상략商略과 상술商術의 구사가 필요한 이유다.

주의할 점은 《손자병법》을 비롯한 동양 전래의 병서 모두 지휘관에게 여러 변수를 종합적으로 검토해 전략과 전술을 짤 것을 주문하고 있는 점이다. 사실 이것이 《주역》과 《중용》에서 말하는 중정과 중용의 요체다. 모든 변수를 배제한 채 오직 한두 가지 변수만을 분석대상으로 삼는 세테리스 파리부스의 접근방식과는 정반대다.

21세기 글로벌 경제전쟁에서 진두지휘를 하고 있는 기업 CEO들 역시 전장에서 휘하장수들의 생사를 책임지고 있는 장수의 리더십을 발휘해야 하는 것은 말할 것도 없다. 강단 경제학 이론을 도식적으로 적용해서는 안 되는 이유다. 비록 군사학이 현실을 토대로 성립된 것이라고는 하나 일선 지휘관이 이를 고식적으로 적용했다가는 낭패를 보기 십상이다. 가설의 집합인 강단 경제학 이론은 더 말할 것도 없다. 이를 그대로 실물경제에 적용하려는 것은 이미 실패를 예고한 것이나 다름없다.

《한비자》 등의 법가사상서도 병서처럼 극히 현실적인 정략政略과 정술政術에 입각해 있는 까닭에 일독할 필요가 있다. 마키아벨리는 비록 한비자 수준은 아닐지라도 서양에서는 가장 탁월한 정략정술의 대가에 해당한다. 그가 《정략론》을 펴낸 것은 한비자가 춘추전국시대에 대한 분석을 토대로 '정략론'을 설파해놓은 《한비자》를 편찬한 것과 취지를 같이한다. 《정략론》은 로마의 역사를 분석대상으로 삼은 까닭에 흔히 '로마사론'으로 불리고 있으나 이는 고식적인 번역어에 불과하다. 《한비자》가 사서가 아니듯이 《정략론》 역시 사서가 아니다. 일본에서 로마사론 대신 정략론으로 번역해놓은 점에 주목할 필요가 있다. 마키아벨리의 대표작으로 알려져 있는 《군주론》은 《정략론》을 축약해놓은 것이다. 이는 《정략론》의 내용 중 군주가 바로 써먹을 수 있는 내용만 발췌한 데서 알 수 있듯이 일종의 '정술론' 에 해당한다.

그런 점에서 이건희가 경영진에게 《손자병법》과 《한비자》《삼국지》 등을 필독서로 권하는 것은 높이 평가할 만하다. 이는 정전政戰과 병전兵戰, 상전商戰 모두 정권취탈과 국가존망, 기업흥망을 놓고 한판 승부를 겨루는 매우 급박하면서도 극히 현실적인 사안이라는 사실을 통찰한 결과로 볼 수 있다. '제왕학' 을 근간으로 하고 있는 동양고전의 요체를 꿰고 있는 셈이다.

# 공격과
# 수비

    ■■■■ 삼성의 갤럭시S와 애플의 아이폰4의 결투에서 알 수 있듯이 국내시장을 석권한 제품이 곧바로 세계시장을 평정하고, 정반대로 세계시장을 석권한 제품이 이내 한국시장까지 평정하게 되어 있다. 총력전을 펼쳐 기필코 승리를 낚아야 하는 이유다. 21세기에 들어와 대선 등과 같이 정권의 운명을 좌우하는 정전政戰이나, 국가의 존망을 좌우하는 병전兵戰이나, 기업의 흥망을 가르는 글로벌 상전商戰이나 그 양상이 서로 닮아가고 있다.

기업 CEO가 《손자병법》과 《한비자》《삼국지》 등의 고전을 열심히 탐독해야 하는 이유다. 동양고전은 수천 년 동안 제왕을 포함해 일선 장수들이 취해야 할 바람직한 리더십이 무엇인지를 역사적 사실 속에서 찾아내려는 노력을 끊임없이 기울여왔다.

서양의 고전 중 이에 버금할 만한 것으로는 16세기 초에 나온 마키아벨리의 《정략론》과 《군주론》 정도밖에 없다. 리더십 이론에 관한 한 역사가 일천한 것이다. 21세기에 들어와 하버드 비즈니스스쿨 등에서는《손자병법》등 전략전술에 관한 동양고전에 남다른 관심을 기울이고 있다. 실제로 소위 '구루Guru'로 칭송받는 사람들이 제시하고 있는 잡다한 경영전략은 동양고전에 나오는 무수한 금언 중 한두 개를 뽑아 마치 새로운 이론인 양 살짝 포장해 내놓은 것에 지나지 않는다.

그런 점에서 한국과 일본, 중국 등 동양의 기업 CEO들은 상대적으로 매우 유리한 입장에 있다. 동양고전에 나오는 무수한 전략전술의 지혜를 손쉽게 얻을 수 있기 때문이다. 동양고전을 멀리한 채 구루의 책에 매달리는 것은 득보다 실이 많다. 이는 곁에 있는 보옥寶玉을 잡석雜石으로 여기고, 먼 곳의 잡석을 보옥으로 여기는 것에 비유할 수 있다.

보옥을 알아채기 위해서는 뛰어난 감식안이 필요하다. 전문가를 자처하는 사람이라고 해서 달리 감식안이 뛰어난 것도 아니다. 이에 관한 유명한 일화가 있다. 춘추시대 말기 소진과 더불어 일세를 풍미한 당대의 유세가인 장의는 초기만 해도 알아주는 사람이 없어 크게 고생했다. 그가 초나라로 가 유세하자 초나라 재상 소양은 단박에 그의 재주를 알아보고 휘하에 두었다. 그는 덕분에 군사를 이끌고 가 위나라의 일곱 개 성읍을 빼앗는데 성공했다. 초나라의 위세가 날로 떨어지는 것에 상심하고 있던 초위왕은 크게 기뻐하며 그에게 '화씨벽和氏璧'을 하사했다. 이는 한때 진소양왕이 크게 탐을 내 15개의 성과 바꿀 것을 제안하기도 했던 보옥이었다. 15개의 성을 하나로 묶어 교환하고 싶을 정도로 귀하다는 뜻의 '연성連城'이라는 성어가 나온 이유다.

당시에도 이미 화씨벽과 관련해 많은 일화가 만들어지고 있었다. 기원

전 8세기 중엽 변화라는 사람이 형산에서 보옥 하나를 주워 초여왕에게 바쳤다. 초여왕이 이를 옥장玉匠에게 보이자 옥장이 말했다.

"이는 보옥이 아니라 잡석입니다."

초여왕이 변화를 잡아들였다.

"잡석을 보옥이라고 속였으니 그 죄를 어찌 면하겠는가!"

이에 변화는 왼쪽다리를 잃고 말았다. 뒤이어 초무왕이 즉위하자 변화는 다시 이를 바쳤다. 옥장이 이번에도 잡석이라고 하자 대로한 초무왕은 그의 오른쪽다리마저 끊게 했다. 다시 초문왕이 즉위하자 변화는 또 이를 바치고자 했으나 두 다리가 없어 움직일 수가 없었다. 형산 아래서 보옥을 가슴에 품은 채 3일 밤낮을 통곡하자 눈에서 피가 흘렀다. 소문을 들은 초문왕이 그를 부른 뒤 옥장으로 하여금 보옥을 자르게 했다. 하자瑕疵 하나 없는 천하의 보배였다. 초문왕이 옥장을 시켜 둥근 고리 모양의 벽璧을 만들게 했다. 변화는 대부가 되어 종신토록 국록을 받았다. 여기서 '포박抱璞'이라는 성어가 나왔다. 때를 만나지 못해 불우한 처지에 있기는 하나 언젠가는 크게 쓰일 인재라는 뜻이다.

이처럼 아무리 소문난 옥장일지라도 보옥을 단박에 제대로 알아보는 것은 아니다. 세계적인 구루도 마찬가지다. 그들은 리더십의 보고인 동양고전을 잘 모른다. 《손자병법》 등에 관한 번역서를 읽겠지만 그 뜻을 제대로 알기가 어렵다. 한국과 일본, 중국 등 동양의 기업 CEO들이 적극적인 '공격경영'에 나설 호기가 도래한 셈이다.

《손자병법》의 공격경영에 대한 기본해석은 '공격이 곧 수비이고, 수비가 곧 공격이다'라는 논리에서 출발하고 있다. 명대 말기의 대학자 왕부지는 《독통감론》에서 제갈량의 잦은 북벌을 유사한 입장에서 분석해놓았다.

"제갈량은 천하대세의 흐름을 깊이 읽고 있었다. 그래서 위나라는 하루 아침에 무너뜨릴 수도 없고 구석에 있는 촉한의 힘으로는 천하를 회복할 수 없다는 것도 알고 있었다. 그가 군사를 일으켜 북벌에 나선 것은 소위 '이공위수以攻爲守 : 공격을 통해 수비를 다짐'때문이었다. 이는 다른 사람에게 보일 수 있는 계책이 아니었던 까닭에 그는 위연의 계책을 받아들이지 않았던 것이다."

왕부지의 해석을 액면 그대로 받아들일 수는 없으나 그의 이공위수 주장은 사물의 두 측면을 종합적으로 파악하는 동양의 역사문화 전통을 잘 보여주고 있다. 이분법적 사고에 익숙한 서양의 구루는 이 뜻을 제대로 파악하기가 쉽지 않다. 스포츠계에서 흔히 말하는 '공격이 최상의 방어다'라는 격언도 이공위수의 논리와 맥을 같이 하는 것이다.

현실에서 정전과 병전, 상전과 가장 유사한 혈전이 전개되는 곳이 스포츠 세계다. 비록 국가존망 및 기업흥망 등의 거창한 차원은 아닐지라도 승패 여부가 팀 구성원 전체의 앞날을 크게 좌우한다는 점에서 볼 때 본질상 차이가 없다. 월드컵이나 올림픽 등은 1982년에 영국과 아르헨티나가 맞붙은 포클랜드 전쟁 등의 실제 전쟁 못지않게 국민 전체의 사기에 미치는 영향이 지대하다. 많은 나라가 거국적으로 이들 스포츠 행사를 뒷받침하는 이유다.

위정자가 보여주는 '정치 리더십'이나, 각급 군 지휘관의 '군사 리더십'이나, 오너를 포함한 기업경영인의 '경영 리더십'이나, 스포츠 분야의 '체육 리더십'이나 모두 규모나 내용상의 차이만 있을 뿐 그 본질은 같다.

크게 두 가지 논거를 들 수 있다.

첫째, 예상치 못한 감동과 굴욕의 드라마가 연출된다. 이는 모든 변수가 종합적으로 작용한 데 따른 것이다. 하청업체에서 출발한 삼성이 마침내 하드웨어 부문에서 세계 최정상에 오른 것은 하나의 감동 드라마에 해당한다. IMF환란 당시의 여러 복잡한 정황을 감안할지라도 삼성·현대와 어깨를 나란히 했던 대우의 몰락은 당사자는 물론 한국의 굴욕에 해당한다. 대우자동차 사태가 보여주듯이 이는 지금까지도 우리경제의 그늘로 남아 있다.

정치와 군사, 경영, 스포츠 분야에서는 '역전'과 '반전'을 오히려 더 상식적인 개념으로 받아들일 필요가 있다. 지도자의 역량에 절대적으로 의존하고 있기 때문이다. 똑같은 선수들이 감독에 따라 전혀 다른 성적을 거두는 게 그 증거다. 한국 축구팀이 2002년 월드컵에서 4강신화를 만들어 세계인을 경악하게 만들고, 박정희가 야당과 언론의 거센 반대에도 불구하고 경부고속도로를 건설한 것 역시 일종의 역전에 해당한다. 이들 분야에서 예상하지 못한 반전과 역전, 피 말리는 접전의 드라마가 등장하는 것은 극히 자연스러운 현상이다.

이는 물리학과 수학 등 자연과학에서는 기대할 수 없는 일이다. 자연과학에서는 분석대상의 질량과 속도 등에 따라 승부가 이미 정해지는 까닭에 이를 '돌연변이'로 취급한다. 자연과학을 흉내 내고 있는 경제학은 미적분과 함수 등을 이용해 수많은 분석과 전망을 내놓고 있으나 사실 상식수준 이상의 것을 기대하는 것은 무리다. 여러 변수를 세테리스 파리부스로 묶어놓았기 때문이다. 기업들이 구루의 지적과 충고에 앞서 고객경영과 감동경영, 윤리경영, 가치경영 등의 필요성을 먼저 절감하는 이유이기도 하다.

둘째, 중정 및 중용의 논리가 진가를 발휘한다. 정치와 군사, 경영, 스포츠 분야는 대상이나 상황 등에 따라 힘을 배경으로 한 강력한 패도覇道와 덕을 배경으로 한 온화한 왕도王道가 적절히 배합돼 구사되는 영역임을 의미한다. 스포츠 경기에서 상대 팀의 색깔에 따라 다양한 전략전술을 구사하는 것을 상기하면 쉽게 이해할 수 있을 것이다.

지도자마다 특징적인 리더십 유형을 가질 수는 있으나 이를 매사에 그대로 관철하고자 하는 것은 실패의 지름길이다. 정치와 군사, 경영 분야도 똑같다. 왕도에 해당하는 '민주적 경영' 성향의 지도자일지라도 상황이나 사안에 따라서는 단호한 모습을 보여줄 필요가 있다. 패도에 해당하는 '제왕적 경영' 성향의 지도자도 마찬가지다.

전한제국 초기에 유생들은 유방의 창업과정을 과연 왕도 또는 패도로 볼 것인지의 여부를 놓고 심하게 다퉜다. 소위 '왕패논쟁王覇論爭'이다. 이후 이를 섞어 사용하는 '왕패병용'의 리더십을 기본으로 삼았다. 조선조 창업 때도 유사한 논쟁이 빚어졌다. 이성계의 창업을 패도로 본 고려의 유신들은 대거 두문동으로 들어갔으나 이후 권근과 하륜, 황희 등은 이를 왕패병용으로 재해석해 이내 조선조의 부름을 좇아 두문동에서 빠져나왔다. 이들이 초창기에 건국의 기틀을 다지는 데 결정적인 역할을 한 것은 말할 것도 없다.

조선조 역대 군왕 중 왕패병용을 절묘하게 구사한 대표적인 인물로 세종을 들 수 있다. 그는 기본적으로 '왕도 리더십'의 기조를 유지했다. 그러나 그는 결코 이를 고집하지 않았다. 상황에 따라서는 '패도 리더십'의 전형으로 간주된 부왕 태종보다 더욱 심한 모습을 보였다. 그는 재위 28년에 소헌왕후 심씨가 죽자 극히 애통해하며 신하들의 반대에도 불구하고 극락왕생을 기원하는 불사佛事를 대대적으로 벌였다. 그러나 영의정으로 있으면서 세종의 친정親政을 꾀하다가 상왕인 태종의 미움을 받아 횡사한 장인 심온의 신원伸寃을 결코 하지 않았다. 더 기가 막힌 것은 역모혐의를 받아 관노官奴가 된 장모를 죽을 때까지 그대로 둔 것이다. 선왕이 내린 명을 거스를 수 없다는 이유였다. 이게 세종의 진면목이다.

세종이 재위기간 내내 후덕한 왕도 리더십의 기조를 유지한 것은 맞지만 결코 그것만으로 일관하지는 않았다는 사실을 주지할 필요가 있다. 이병철과 이건희 부자가 보여준 제왕적 경영 역시 어느 한 유형으로만 일관한 것이 아니다. 경영일선에서 퇴임한 후 손자들에게 승지원에서《논어》를 강독하며 소일한 이병철은 왕도 리더십을 유지하면서 상황에 따라서는 적절히 패도 리더십을 구사한 경우에 속한다. 그런 점에서 제갈량 내지 세종과 많이 닮았다.

이건희는 정반대로 패도 리더십의 기조를 유지하면서 신상필상과 같은 왕도 리더십을 발휘한 유형에 속한다. 이는 조조 내지 태종과 닮은꼴이다. 이병철과 이건희 부자는 조조와 제갈량, 태종과 세종이 그렇듯이 '왕패병용'을 리더십의 요체로 삼은 점에서 하등 차이가 없다.

# 궤도와
# 공격경영

　　•••• 삼국시대 당시 100여 년에 걸친 난세를 평정한 당사자는 사마씨였다. 사마의로부터 사마염에 이르기까지 3대에 걸친 사마씨의 행보는 그야말로 속임수로 상대방을 속이는 소위 '궤도詭道'로 점철돼 있다고 해도 과언이 아니다. 궤도의 요체는 《손자병법》이 역설하는 '허허실실虛虛實實'에 있다. 이는 상대방의 '허'를 찌르고 자신의 '실'을 꾀하는 계책을 말한다.

　　허허실실을 무예이론으로 정립해놓은 것이 일본의 검도다. 검도에서는 마음가짐이나 준비자세에 틈이 생긴 상태나 약점 부위를 '허虛', 빈틈없이 견실한 상태나 부위를 '실實'이라고 한다. 막상 진검으로 승부할 때 틈을 보이지 않는 상대방에게 짐짓 자신의 허를 보여 상대방의 허를 유인하는 것을 '색色'이라고 한다. 여인의 '미색'에서 취한 용어다. 이 색이 바로 허허실실의 진면목에 해당한다.

　　나관중의 《삼국연의》에는 적장을 현혹하기 위한 '색계色計'가 빈번히 등장하고 있다. 대표적인 예로 관우와 황충이 싸우는 장면을 들 수 있다. 적벽대전 직후 제갈량은 관우를 격동시켜 장사長沙를 취하게 했다. 이곳은 당대의 용장 황충이 지키고 있었다. 첫 번째 싸움에서 승부가 나지 않자 관우는 일단 군사를 물렸다가 다음날 다시 싸웠다. 싸움 도중 관우가 문득 말머리를 돌려 달아나자 황충이 그 뒤를 쫓아갔다. 관우가 칼을 내려뜨려 상대방을 유인하는 소위 '타도계拖刀計'를 쓰려는 순간 공교롭게도 황충의 말이 돌부리에 걸려 넘어졌다. 관우가 말을 돌려세워 다가와서는 칼을 추켜들며 말했다.

"목숨을 살려줄 터이니 말을 갈아타고 온 후 다시 싸우자!"

다음날 싸움에서는 30여 합이 못 돼 황충이 달아나면서 빈 활을 건성으로 당겨 시위소리만 냈다. 관우가 몸을 틀어 피했으나 화살이 보이지 않았다. 황충이 다시 빈 활을 당기자 관우가 또 피했다. 이번에도 화살이 보이지 않았다. 관우는 황충이 활을 잘 쏘지 못하는 것으로 짐작하고 더욱 급히 추격했다. 관우가 성 밖 적교吊橋까지 추격했을 때 황충이 다리 위에서 활을 쏘자 화살이 번개처럼 날아와 곧바로 관우의 투구 끈에 꽂혔다.

혼비백산해 투구 끈에 화살을 단 채 영채로 돌아온 관우는 황충이 신궁神弓이라는 이야기를 전해 듣고는 그가 전날의 빚을 갚은 것이라는 사실을 알게 되었다. 마침 유비의 군사까지 몰려오자 장사태수가 항복했다. 유비는 입성 후 황충을 불렀으나 황충이 응하지 않았다. 이내 관우와 함께 집으로 찾아가 만나기를 청하자 감복한 황충이 마침내 유비에게 투항했다.

이상이 《삼국연의》 제53회에 나오는 소위 '관우의석황충' 대목의 골자다. 의리를 중시하는 관우와 황충의 공방전을 실감나게 그려놓은 이 장면은《삼국연의》에 나오는 명장면 중 하나다. 이를 액면 그대로 믿을 수는 없으나 관우가 구사한 타도계와 활시위만 울려 상대를 유인하는 황충의 '위사계僞射計'는 검도에서 말하는 색계의 대표적인 사례에 해당한다.

삼성이 LCD 부문을 석권하게 된 과정도 색계의 일환인 '공격경영'의 대표적인 사례로 꼽을 만하다. 지난 2002년 말 호텔 신라, 삼성전자 사장단 송년모임이 있었다. 15조 원 이익이라는 사상최대의 실적을 올린 것을 치하하기 위해 총수로서 한 턱 내는 자리였기 때문인지 분위기는 약간 들떠 있었다. 와인이 몇 순배 돌자 그가 문득 이야기를 꺼냈다.

"LCD가 PC에서 TV로 영역을 확대하면서 적어도 앞으로 10년 동안 초고속 성장을 할 겁니다. 지금까지 그래왔듯이 '삼성이 만들면 표준이 된다'는 점을 명심해 휴대폰을 포함해 모바일용 소형제품에도 더욱 신경을 써주시기 바랍니다."

LCD 투자전략에 대한 일대 수정을 주문한 셈이다. 이날 그가 진지하게 언급한 '표준화'는 기회를 선점하라는 공격경영의 메시지가 담겨 있는 것이었다. 사실 LCD사업에 대한 그의 공격경영 행보는 그 시기가 훨씬 더 거슬러 올라간다.

1990년 말 그는 도쿄에서 일본의 LCD업계의 최고경영진을 잇달아 만나면서 곧 심각한 고민에 빠졌다. 새로 시작하려는 LCD사업을 어느 부서에 맡겨야 좋을지 판단이 서지 않았기 때문이다. 당시 도시바와 NEC는 반도체사업부, 샤프나 히타치는 디스플레이사업부에서 추진하고 있었다. 서울로 전화를 걸었다.

"삼성전관에서 추진 중인 LCD사업을 삼성전자로 옮기는 방안을 적극 검토하세요. 내가 귀국하면 바로 보고받을 수 있도록 말이오."

당시 삼성은 LCD사업을 위해 브라운관을 만들고 있는 삼성전관에 전담 연구개발팀을 발족해놓은 상태였다. 삼성전관이 맡을 것으로 보는 게 중론이었다. 1991년 2월 일본에서 귀국한 그는 즉시 사장단회의를 소집했다. 의견이 엇갈리자 그가 결론을 냈다.

"LCD는 삼성전자로 이관합니다. LCD사업은 개척정신이 있어야 합니다. 브라운관은 농업적 근면성은 있으나 창의적인 사업을 할 수 있는 분야가 아닙니다."

자존심에 큰 상처를 입은 삼성전관은 PDP 등 또 다른 첨단 디스플레이 소재개발에 집중했다. 이것이 큰 성과를 거두면서 삼성전자와 선의의 경쟁을 펼치게 됐다. 전화위복이 된 셈이다. 당시 LCD사업 전망은 극히 불투명했다. 삼성전자도 이를 부담스러워 이관을 원하지 않았다.

실제로 삼성전자는 LCD사업을 떠맡은 후 높은 불량률과 선진업체의 견제로 크게 휘청거렸다. 1995년 양산체제가 시작되면서 불량률이 엄청났다. 기흥공장의 생산 1라인에서는 불량률이 절반 가까이나 되었다. 게다가 도시바와 샤프 등 일본업체들은 후발주자인 삼성을 미리 주저앉히기 위해 가격을 절반 가까이 내려버렸다. 1000달러에 이르던 11인치 PC용 LCD 가격이 폭락하자 적자폭이 기하급수적으로 늘었다. 내부에서 LCD사업에 발을 잘못 내디딘 게 아니냐는 불만이 터져나왔다. 고민에 빠진 그는 심사숙고 끝에 임직원을 모아놓고 그 유명한 화두를 던졌다.

"앞으로 5~10년 후에 무엇을 해서 먹고살 것인지를 고민하라!"

당시 그나마 다행이었던 것은 1995년 이후의 반도체 호황으로 어느 정도 자금에 여력이 생긴 점이다. 그는 이 자금을 몽땅 LCD사업에 쏟아부었다. 당시 삼성이 허덕이는 것을 고소해한 일본업체들은 2세대11인치에 치중하며 느긋한 표정으로 3세대12인치 라인 건설 일정표를 만지작거리고 있었다. 이건희는 이 틈을 놓치지 않고 대규모 자금을 집중 투입해 곧바로 3세대로 치고 나갔다. 삼성이 곧 LCD사업에서 손을 뗄 것이라며 느긋해하던 일본업체의 허를 찌른 것이다. 허허실실의 전형이 아닐 수 없다.

많은 사람이 '위험한 선택'이라며 그의 공격경영 행보에 커다란 의구심을 표했다. 그러나 일본 노트북PC 업체들은 11인치 대신 12인치를 표준으로 선택함으로써 삼성의 손을 들어주었다. 줄곧 적자를 기록하던 LCD사업은 1997년부터 빛을 내기 시작했다. 일본업체들이 투자를 늦추면서 공급이 달리자 가격이 천정부지로 치솟은 것이다. 삼성전자는 곧 누적적자를 충당하고도 1조 원 이익을 내면서 일본업체들을 추월하기 시작했다. 삼성은 5세대17인치와 6세대32인치, 7세대46인치에서도 연이어 대박을 터뜨렸다. 그의 공격경영이 휘황한 빛을 발한 대목이다.

이는 그가 평소 사업의 본질을 꿰는 데 남다른 일가견을 갖고 있는 사실과 무관하지 않다. 그는 기본적으로 LCD사업을 '시간사업'으로 파악했다. 시간과의 싸움에서 승패가 갈린다고 본 것이다. 이를 뒷받침하는 그의 언급이다.

"공장 직원이 잠깐 실수해 불량품이 나오는 것은 아무것도 아니다. 그러나 경영자가 기회를 상실하면 회사의 흥망이 좌우된다."

그가 '반도체 신화'에 이어 또 한 번의 'LCD 신화'를 쓴 배경이 바로 여기에 있다. 선발업체들이 느긋해할 때 칼을 갈며 실實을 꾀하다가 결정적인 순간에 상대방의 허虛를 찔러 반격할 여지를 남기지 않은 채 승부를 가리는 것이다.

당시 선발주자였던 일본의 반도체·LCD 업체가 모두 삼성의 발 아래 무릎을 꿇은 이유가 바로 여기에 있다. 반도체와 LCD를 포함해 삼성이 세계시장에서 수위를 달리고 있는 20여 품목의 소위 '월드 베스트 제품'이 모두 이런 과정을 거쳐 탄생한 것이다. 이를 두고 일각에서는 '돌다리도 두드리며 건넌다'는 삼성의 기존 문화 대신 '나무다리도 있으면 건너고 그것도 달음질쳐 건넌다'는 새로운 문화가 들어선 결과로 보고 있다.

그러나 삼성의 경영문화를 이병철과 이건희 부자의 상이한 리더십이 구현된 것으로 파악하는 것은 부분적으로만 타당하다. 이병철은 시종 신중한 모습을 보였지만 내면적으로는 매우 도전적인 개척정신을 가진 '외유내강'의 인물이다. 그의 치열한 승부근성과 도전정신이 바로 삼성 경영문화의 핵심요소로 자리 잡았다고 볼 수 있다. 이는 이병철의 다음 언급을 보면 쉽게 알 수 있다.

"내가 언제나 안일을 혐오하고 도전과 시련을 선택한 건 생명력을 확인하고 창조력을 지속시키기 위한 이유 때문인 것 같다. 한마디로 사업 확장은 나 자신의 인간적 성숙과 평행되어 나간 게 아닌가 여겨진다."

그가 보여준 사업가로서의 도전정신과 개척정신은 바로 사업을 자아실현의 장으로 삼은 데서 비롯된 것이다. 이병철에게 삼성의 도전과 성취과정은 자신의 인간적 성숙과정을 반영한 것이기도 했다. 이것이 아들 이건희에게 그대로 전수된 것은 말할 것도 없다.

삼성의 경영문화는 기본적으로 이병철과 이건희 부자의 왕패병용 리더십 위에 서 있다. 시대적 흐름에 따른 방점의 차이만 있을 뿐 근본적인 차이가 있는 것은 아니다. 당초 반도체사업을 그다지 탐탁지 않게 여기던 이병철이 이내 아들 이건희보다 더 적극적으로 뛰어든 것이 그 증거다. 부자 공히 제왕술帝王術의 요체인 '왕패병용'의 이치를 일찍이 깨우쳤다고 평할 만하다.

# 3부

# 상혼商魂 리더십

"경영은 하나의 종합예술이다. CEO가 무능하면 그 기업은 망한다고 해도 틀림이 없을 정도로 CEO의 역할은 막중하다. 그러나 의욕과 권한만 가지고는 안 된다. '종합예술가'에 비유될 정도의 자질과 능력을 갖춰야 한다."

1

品 품
質 질
經 경
營 영

천하명품으로
시선을 모으다

"영국이 산업혁명은 제일 먼저 하고도 미국이나 독일에 뒤처진 이유는 지금 우리 사회처럼 기술자를 '장이' 처럼 천시하고 사회적으로 대접해주지 않았기 때문이다. 반면 미국은 기업가와 기술자들이 부와 명예를 얻고 선망의 대상이 된 나라다. 이것이 미국을 세계 최강으로 만든 동기다."

# 품질과
# 상혼

        1995년 3월 9일 아침, 삼성전자 구미사업장에 '품질은 나의 인격이요, 자존심!' 이라는 큼지막한 현수막이 내걸렸다. 오전 10시경 사업장 한쪽의 운동장에 '품질 확보' 라고 쓰인 머리띠를 두른 2000여 명의 직원이 사업부별로 줄지어 섰다. 철제의자에 앉아 있는 임원들의 표정은 굳어 있었다. 이들 곁에는 해머를 든 현장 근로자 10여 명이 서 있었다. 무선전화기를 포함해 키폰과 휴대폰 등 15만 대의 제품이 운동장 한복판에 산더미처럼 쌓였다.

  곧 해머의 매질이 시작되자 제품들이 산산조각 났다. 폐물이 된 제품이 이내 시뻘건 불구덩이 속으로 던져졌다. 직원들의 땀과 정성이 그대로 깃들어 있는 제품이 순식간에 잿더미로 변한 것이다. 불량제품 화형식이었다. 당시 시가로 500억 원어치에 달했다. 이는 이건희가 임직원들에게 '질' 경영의 중요성을 알리기 위해 벌인 퍼포먼스였다.

  당시 삼성은 그의 질경영 선언 이후 품질개선을 위해 비서실 직할로 '소비자문화원'을 세우고 사장단 평가 자료로 품질지수를 도입하는 등 강력한 드라이브를 걸고 있었다. 얼마 후 설이 되자 선물로 휴대폰 2000여 대가량을 임직원들에게 돌렸다. 통화가 제대로 이뤄지지 않자 '속았다' 라는 이야기가 일부 임직원의 입을 통해 흘러나왔다. 곧이어 불량 휴대폰이 시중에 유통되고 있다는 보고가 접수됐다. 대로한 이건희는 임원들 앞에서 말을 잇지 못했다.

"아직도 휴대폰 품질이 그 모양인가…. 고객이 두렵지도 않나… 돈 받고 불량품을 팔다니…."

휴대폰에 대한 그의 애착은 유별나다. 휴대폰의 전신으로 볼 수 있는 900메가 무선전화기가 인기를 끌 때였다. 그는 수시로 무선사업부 개발자들을 불러 개발품에 대해 이것저것 세세히 지적하면서 깊은 관심을 나타냈다. 삼성 최초의 아날로그 휴대폰 개발을 앞두고 그는 들뜬 어조로 말했다.

"이제 통신 세상이다!"

휴대폰을 반도체에 이어 삼성의 미래를 책임질 사업으로 여겼던 그는 '휴대폰 사건'이 터지자 초강수 극약처방이 필요하다고 판단했다.

"시중에 나간 제품을 전량 회수해 공장 사람들이 모두 보는 앞에서 태워 없애도록 하시오!"

시판된 제품은 이미 10만 대가 넘었다. 서비스센터를 통해 회수에 들어가면서 생산라인도 멈춰 섰다. 당시 화형식은 '품질경영'의 새 장을 열기 위한 하나의 의식이었다. 관련부서 이사로 있으면서 현장을 지켜본 K씨의 술회가 이를 뒷받침한다.

"내 혼이 들어간 제품이 불에 타는 것을 보니 말로는 표현할 수 없는 감정이 교차했습니다. 그런데 희한하게 타고 남은 재를 불도저가 밀고 갈 때쯤 갑자기 각오랄까, 결연함이 생겼습니다."

휴대폰 업그레이드 작업은 이렇게 잿더미에서 다시 시작됐다. 그러나 그 과정은 만만치 않았다. 우선 기술자 확보가 쉽지 않았다. 해외기술자 확보는 더욱 어려웠다. 가까스로 러시아 출신 기술자들을 영입했다. 기술자들이 밤새 스스로 공부하고 토의하고 주말이면 대학교수를 초빙해 강의를 듣는 식의 연구가 진행되었다. 애니콜 신화가 탄생한 배경이다.

당시 잿더미 속에 버려진 총 500억 원은 삼성전자 총이익의 5.3퍼센트에 이를 정도로 엄청난 규모다. 그러나 500억 원의 손해는 7년 반 만에 3조 원이라는 이익으로 다시 되돌아왔다. 이후 10년이 지나면서 공감대가 엷어지는 현상이 일부 나타났다. 그 결과가 '삼성비자금 사건'으로 비화했는지도 모른다. 이건희는 서부영화의 〈돌아온 장고〉처럼 2010년 벽두에 다시 복귀했다. 복귀 일성은 어게인 '신경영 선언'이었다. 그의 '신경영 정신'은 사라진 것이 아니라 거듭 진화하고 있음을 보여주는 대목이다.

# 격물치지와
# 기술중시

     ■■■■ 이건희의 경영일선 복귀를 전후로 이미 '신경영 신화'의 위력을 목도한 바 있는 재계가 그의 복안에 깊은 관심을 기울인 것은 자연스러운 일이다. 그가 제시한 신수종 사업은 태양전지·자동차용 전지·발광다이오드·바이오제약·의료기기 등 모두 다섯 가지다. 그는 이들 5대 신수종 사업에 2020년까지 모두 23조 원을 투자하겠다고 밝혔다.

  경영환경이 불확실하고 다른 글로벌기업이 머뭇거릴 때 오히려 과감히 투자해 시장을 선점하고 국가경제에 보탬이 돼야 한다는 평소 지론에서 나온 것이다. 그의 이런 과단성 있는 행보는 경제계에 커다란 활력을 불어넣고 있다. 그의 발언 직후 재계 내에서 '삼성도 투자에 나서는데 우리도 해야 하는 것 아니냐'는 분위기가 순식간에 퍼진 게 그 증거다.

  그런 점에서 이건희는 앞날을 미리 내다보는 현자賢者의 부류에 속한다. 현자와 범인의 가장 큰 차이는 오동잎이 떨어지는 것을 보고 가을이 오는 것을 읽을 줄 아는 안목이다. 말이 쉽지 이게 그리 간단한 일이 아니다.

통상 사람들은 자신이 살아온 경험을 통해 세상을 바라본다. 문제는 그 경험이 지극히 협소하다는 것이다. 동서고금의 현자들이 하나같이 독서를 통한 '간접경험'과 사물의 본질을 통찰하기 위한 '숙려熟慮' 훈련을 역설한 이유다. 《대학》의 맨 첫머리에 나오는 소위 '격물치지格物致知'가 바로 이를 언급한 것이다.

그러나 독서와 숙려를 통한 격물치지가 과거의 성리학자들처럼 현실과 동떨어진 사변思辨으로 치달을 경우 이는 격물치지를 하지 않는 것만도 못하다. 니덤Joseph Needham이 《중국의 과학과 문명》에서 지적 했듯이 동양은 격물치지를 과학으로 연결시키지 않고 사변으로 연결시키는 바람에 끝내 과학기술의 후진 지역으로 전락하고 말았다. 이는 기본적으로 주희를 비롯한 성리학자들이 《대학》의 기본취지를 제대로 이해하지 못한 데 따른 것이다.

격동하는 21세기 동북아시대를 맞아 위정자와 기업CEO는 친히 군사를 이끌고 원정에 나선 강희제가 군막 안에서 선교사와 함께 삼각함수를 풀며 과학에 지대한 관심을 기울인 사실에 주목할 필요가 있다. 과학기술에서 패하면 결코 21세기의 선진국이 될 수 없기 때문이다. 이는 품질경영에 실패할 경우 기업의 앞날을 예측하기 어렵다는 이야기와 같다.

좋은 실례가 있다. 지난 2009년 〈타임〉이 올해의 발명품으로 꼽은 '날개 없는 선풍기'를 생산해낸 영국의 대표적인 가전회사 다이슨이 그렇다. 이 회사는 2009년 말 4년간의 연구 끝에 선풍기는 반드시 날개가 있어야 한다는 고정관념을 127년 만에 날려버린 '날개 없는 선풍기'를 사상 처음으로 출시했다. 시판 직후 폭발적인 인기를 끌어 겨울에도 구하기 어려울 정도의 '대박 상품'이 됐다. 창업주 제임스 다이슨James Dyson은 1992년 세계 최초로 먼지봉투 없는 청소기 개발에 성공해 지난 2007년 엘리자베스 여왕으로부터 기사작위를 받은 바 있다. 그가 '영국의 스티브 잡스'로 불리며 영국국민의 지극한 사랑을 받는 이유다.

지난 2002년 그는 영국 제조업체에 만연한 소위 '할 수 없다can't do' 문화를 바로잡기 위해 재단을 세워 젊은 산업디자이너들에게 '제임스 다이슨 상'을 수여하고 있다. 2007년에는 런던디자인협회 회장을 지내기도 했다. 〈하버드 비즈니스 리뷰〉가 2008년 다이슨을 애플과 더불어 세계에서 가장 성공한 '디자인중심 기업'으로 소개한 것은 바로 이 때문이다. 그러나 정작 당사자는 2010년 7월 초 〈조선일보〉 '위클리 비즈'와 가진 인터뷰에서 정반대로 이야기했다.

"하버드 비즈니스 스쿨이 우리 회사를 완전히 잘못 이해하고 있습니다. 우리는 결코 '디자인중심 회사'가 아닙니다. 우리는 어디까지나 '기술중심 회사'입니다. 다만 제품을 팔면서 디자인이 엉망인 제품을 내놓을 필요는 없지 않느냐는 게 내 생각입니다. 그러나 강조하고 싶은 건 우리가 디자인이 아니라 기술을 중심에 놓고 제품을 판다는 것입니다!"

이건희도 프랑크푸르트의 신경영 선언 당시 세탁기를 날림으로 조립하는 것을 본 후 국제화나 복합화보다 품질개선이 더 시급하다고 판단한 바 있다. 질경영을 최우선 과제로 내세우면서 품질경영의 중요성을 이같이 역설했다.

"불량제품을 만드는 건 회사를 좀먹는 암적 존재이자 경영의 범죄행위다. 품질은 국제경쟁력의 가늠자로서 그룹 생존의 문제이므로 불량품을 단 하나라도 만드는 건 어떤 이유로도 용납될 수 없다. 품질 문제에서 가장 모범을 보여야 할 곳이 가전 분야다. 최고 수준의 품질만 확보할 수 있다면 1~2년 만에 더 큰 성장과 시장 확보가 가능하다.”

품질경영은 제조업체에게 영원한 화두가 될 수밖에 없다. 일본은 한국과 달리 하나의 주제를 선택하면 천하제일의 수준까지 올라가기 전에는 결코 멈추지 않는 소위 ‘오타쿠御宅 문화’를 갖고 있다. 일본이 늘 새로운 기술로 앞서 질주하는 이유다. 중국도 만만히 볼 상대가 아니다. 이미 ‘세계의 공장’에서 ‘세계의 시장’으로 재빨리 변신하고 있다. 막대한 규모의 이공계 인력을 배경으로 한국을 바짝 추격하고 있다. 소위 ‘역逆 샌드위치론’이 없는 것은 아니나, 일본과 중국 사이에서 설 자리마저 잃을 수 있다는 ‘샌드위치론’이 여전히 유효한 이유다.

이건희가 과거 치열하게 경쟁했던 일본의 경쟁업체와 유대를 강화하며 일본의 앞선 기술을 도입하기 위해 부단히 노력하는 것도 이런 맥락에서 이해할 수 있다. 이는 그가 어렸을 때 일본에 유학하면서 오타쿠 문화의 세례를 받은 사실과 무관하지 않다. 1989년 한 월간지와 가진 인터뷰가 이를 뒷받침한다.

“제 성격이 여러 분야에 관심이 많아 파고들고, 또 세계 일류라고 하면 특히 관심이 많습니다. 어떤 사람이 대한민국 1등이라면 전 만나서 이야기하고 싶고 그렇습니다. 학창시절 일본에서 일류 야쿠자 집단의 사람들과도 한 1년 놀아본 경험도 있습니다.”

실제로 그는 일본 유학 시절 야쿠자 두목과 친교를 맺고 역도산을 흠모해 레슬링을 배우기도 했다. 삼성의 ‘기술중시’ 기조가 부친에 이어 그의

'오타쿠 기질'과 무관하지 않음을 방증하는 대목이다. 일각에서는 그가 심혈을 기울였던 삼성자동차의 중도하차도 평소 '자동차광'으로 불렸던 그의 오타쿠 기질과 연관시켜 해석하고 있다.

그러나 부산에 공장을 둔 삼성자동차의 중도하차는 당시 부산을 정치기반으로 삼고 있던 김영삼과 정치은퇴 선언 번복 후 청와대 입성을 노린 김대중 간의 공방 등 정치지형과 복잡하게 뒤엉켜 있다. 삼성의 뼈아픈 실패 사례를 그의 오타쿠 기질과 연관시켜 해석하는 것은 지나치다. 이건희가 기술중시를 내세우는 이유는 그보다 훨씬 차원이 높다. 지난 2003년 그는 사장단 앞에서 이같이 말한 바 있다.

"영국이 산업혁명은 제일 먼저 하고도 미국이나 독일에 뒤처진 이유는 지금 우리사회처럼 기술자를 '장이'처럼 천시하고 사회적으로 대접해주지 않았기 때문이다. 반면 미국은 기업가와 기술자들이 부와 명예를 얻고 선망의 대상이 된 나라다. 이것이 미국을 세계 최강으로 만든 동기다."

그의 기술중시 입장은 엔지니어 중용에서도 그대로 드러난다. 그가 사령탑에 오른 후 삼성전자의 CEO는 모두 공학을 전공한 엔지니어 출신이다. 어찌 보면 그의 취임 이후 행보는 기술중시의 경영풍토를 정착시키는 과정이었다고 해도 과언이 아니다. 이는 선친 때부터 내려온 전통이기도 하다. 1986년 6월 이병철은 삼성종합기술원 기공식에서 기술중시 배경을 이같이 설명한 바 있다.

"기술은 국력이며 기술을 지배하는 자가 세계를 지배하는 시대에 우리는 살고 있다. 따라서 경제 발전과 기업 성장의 기반이 되는 핵심기술과 첨단 제품을 우리 스스로 개발하여 경쟁력을 높여나가는 일이 우리에게 주어진 시대적 사명이다."

삼성이 세상에 없는 새로운 제품을 가장 먼저 만드는 '월드 퍼스트'와 기왕의 제품도 최상의 품질로 만들어낸다는 '월드 베스트'의 목표를 세운 것도 이런 맥락에서 이해할 수 있다. 이는 기술 인력을 극도로 존중하는 풍토에서만 가능한 일이다. 그가 연구개발비를 매출액의 10퍼센트까지 끌어올리고 연구수당을 추가로 지급한 것 등이 좋은 사례다.

그런 점에서 오늘의 삼성은 바로 그의 이런 '기술중시' 행보가 굳건히 견지되었기에 가능했다고 할 수 있다. 이는 고객이 만족하지 않는 제품은 만들지 않는다는 품질경영의 기본원칙을 충실히 이행한 것이기도 하다.

# 연수원과
# 연구개발

＂＂＂＂ 삼성은 지난 1982년에 종합연수원인 호암관이 개관한 이래 연수원 원장 자리를 비워놓고 있다. 부원장이 원장의 업무를 대행하고 있다. 이는 삼성 내에서 유일무이한 경우다. 이유가 뭘까? 인재양성을 중시한 이병철이 생전에 '인력개발원의 원장은 나다' 라고 말한 것을 이유로 드는 해석이 가장 그럴 듯하다. 사실 이병철은 평소 인재양성은 그룹 전체를 책임지는 회장이 맡아야 한다는 생각을 갖고 있었다. 그룹의 운명을 가르는 인재양성을 아무에게나 맡길 수는 없다는 취지였다.

재계에서 삼성인력개발원과 삼성종합기술원을 두고 '창조경영' 의 산실로 부르고 있는 것도 이와 무관하지 않을 듯싶다. 이는 인재훈련이 그만큼 성공적으로 운영되고 있다는 이야기다. 이를 뒷받침하는 일화가 있다. 지난 2002년 5월, 삼성의 용인연수원을 찾은 일본의 산요그룹 회장 이우에 사토시井植敏는 연수원 건물인 '창조관' 을 둘러보며 신음소리에 가까운 탄식을 토해냈다.

"우리가 진 데에는 이유가 있다!"

30여 년 전 삼성과 합작회사를 만들기 위한 일본 측 책임자였던 이우에는 매주 한국 출장을 왔다. 당시 삼성의 전자사업은 걸음마 단계였다. 그는 산요의 도움으로 겨우 전자사업을 시작한 삼성이 불과 수십 년 만에 산요를 누르고 세계 최고의 전자업체로 등장하리라고는 상상도 하지 못했다. 현재 산요는 삼성의 경영교육 콘텐츠를 구입해 사원교육에 활용하고 있다.

임직원에게 기업의 경영철학과 노선 등을 정확히 이해시켜 적극적이면서도 자발적인 참여를 유도하기 위해서는 먼저 기업이 처한 현실을 가감 없이 드러내는 게 필요하다. 임직원에게 긴장감을 불어넣기 위해서다. 필요가 발명을 낳듯이 긴장된 분위기 속에서 위기의식을 공유해야만 늘 앞으로 나아갈 수 있다. 매사가 그렇듯이 자족은 안주를 낳고, 안주는 태만을 낳고, 태만은 패배를 낳기 마련이다. 이건희가 늘 사원들에게 '자각'을 주문하는 이유다.

"스스로 잘 알고 있다고 생각하는 건 맹랑한 짓이다. 사람은 늘 배우는 자세로 깨어 있어야만 진보할 수 있다."

그가 연구개발에 투자를 아끼지 않는 것은 바로 이 때문이다. 직원 세 명 가운데 한 명꼴로 회사를 떠나는 IMF환란 당시 한 해에 무려 52개의 기업연구소가 문을 닫았다. 그러나 삼성종합기술원은 무풍지대였다. 가시적인 성과가 없다는 이유로 구조조정 1호 대상으로 지목되던 시절에 삼성종합기술원이 버틸 수 있었던 것은 삼성 특유의 기술중시 풍토 때문이었다.

이를 방증하는 일화가 있다. 신경영 선언 직후 삼성종합기술원은 그룹의 경영진단을 받았다. 설립 이후 6년 만에 처음 있는 일이었다. 당시 기술원은 그룹 안팎에서 '뭐하는 곳인지 모르겠다'는 비판을 받고 있었다. 그가 말했다.

"연구개발은 일종의 보험이다. 이를 제대로 하지 않는 건 마치 농부가 배가 고프다고 파종할 종자를 먹는 것과 같다."

과거 농부들은 흉년이 들어 아무리 굶주릴지라도 다음해에 파종할 종자를 먹는 일만큼은 삼갔다. 바늘구멍만한 미래의 가능성마저 불태우는 짓이라는 것을 본능적으로 알았기 때문이다. 이는 그가 미래의 먹을거리를 얼마나 중시했는지를 방증한다. 실제로 그는 계열사 사장단을 앞에 놓고 여러 업종의 업業개념을 설명하는 자리에서 삼성종합기술원의 존재 이유를 이같이 설명한 바 있다.

"사실 마음만 먹으면 삼성종합기술원은 아무 것도 안 하고 한없이 게으름을 피울 수 있다. 하지만 그리 되면 3~5년 후 그룹 전체로는 몇 천억 원, 몇 조 원의 기회손실이 생긴다. 그룹의 미래를 먹여 살리는 본연의 업무에 충실하기 위해서는 리더의 역할이 중요하다. 속히 유능한 기술원장을 맞아들여야 한다."

여러 사람이 후보로 올랐지만 그는 계속 '노'였다. 1993년 말부터 2년 동안 공석으로 있던 이유다. 결국 아이오와대 공대학장을 지낸 L씨가 삼고초려 끝에 취임했다. 오랫동안 주미 유학생들의 좌장역할을 한 인물이다. 그에게 스카우트 총책을 맡긴 것이다. 실제로 그는 이공계 인재를 유치하는 데 결정적인 공헌을 했다.

21세기에 들어와 세계적인 경제위기 속에서도 한국이 OECD 국가 중 가장 먼저 위기를 탈출한 것도 삼성의 이런 기술중시 행보와 무관할 수 없다. 세계적인 불황 속에서도 삼성과 LG를 비롯한 많은 대기업이 첨단 기술을 선도하기 위한 연구개발에 공격적인 투자를 하고 있는 게 그 증거다.

문제는 이를 기업 전반으로 확산시키면서 독자적인 기술을 개발하는 일이다. 삼성은 우리나라 기업 중 가장 많은 특허기술을 보유하고 있음에도 독일의 지멘스 등과 비교할 때 아직 현격한 차이가 있다. 원천기술이 없기 때문이다. 그도 이런 사실을 잘 알고 있다. 2005년의 신년사다.

"그간 우리는 세계의 일류기업들로부터 기술을 빌리고 경영을 배우면서 성장해왔다. 그러나 이제부터는 어느 기업도 우리에게 기술을 빌려주거나 가르쳐주지 않을 것이다. 앞으로 우리는 기술 개발은 물론 경영시스템 하나하나까지 스스로 만들어야 하는 자신과의 외로운 경쟁을 해야 한다."

실제로 미국의 퀄컴은 이동통신기술의 핵심인 코드분할다중접속CDMA의 원천기술을 바탕으로 삼성과 LG 등으로부터 막대한 로열티를 챙겼다. 3세대인 광대역부호분할다중접속WCDMA 시대가 될 때까지 이런 상황은 지속됐다. 더 큰 문제는 이런 일이 반복될 가능성이 크다는 데 있다. 스마트폰의 운영체제가 그 실례다. 삼성이 뒤늦게 독자적인 플랫폼 '바다'를 내놓았으나 아직 반응이 신통치 않다. 구글의 안드로이드 체제가 언제 유료로 전환될지 아무도 모른다.

3D TV도 그렇다. 삼성은 핵심인 패널과 3D칩은 자체 개발해 생산하고 있지만, 2D를 3D로 변환하는 기술 중 좌우영상을 분리하는 기술은 영국의 한 회사가 아이디어성 개념 특허를 갖고 있다. 3D를 제작하는 장비와 기기, 제작 장비와 콘텐츠 분야는 더 심각하다. 소프트웨어 장비의 90퍼센

트 이상이 외국산이다. 게다가 구글과 애플은 아이폰 및 아이패드와 연동되는 소위 '콘넥티드 TV' 시장을 선점해 3D까지 이를 확산시킬 조짐을 보이고 있다. 자칫 한국업체는 하드웨어만 조달하는 하청업체가 될 수도 있다.

현재 로열티 지출은 매년 증가하고 있고, 적자 규모도 기하급수적으로 늘고 있다. 특단의 대책이 필요한 시점이다. 정부와 기업이 합심해 지적재산권 등의 확보에 깊은 관심을 기울이면서 관련정책을 총괄하는 사령탑을 설치하는 등 후속대책을 서둘러야 하는 이유다. 삼성의 역할과 책임이 큰 것은 말할 것도 없다.

# 리콜과
# 복귀

　　　**••••** 세계 최고의 첨단기술을 자랑하던 소니가 삼성에게 무릎을 꿇은 후 도요타는 소니를 대신해 일본경제의 지주 역할을 수행했다. 그러나 지난 2009년 말 렉서스를 비롯한 도요타 자동차에 대한 대규모 '리콜' 사태가 터지면서 기술대국 일본의 자존심은 무참히 무너지고 말았다. 미국의 GM과 포드 등을 누르고 세계 최정상에 오른 지 얼마 안 된 시점에 빚어진 도요타의 갑작스런 하산은 품질경영의 중요성을 새삼 일깨우는 타산지석이다.

　　토머스 프리드먼Thomas L. Friedman의 《렉서스와 올리브나무》에서 렉서스가 세계화와 문명화를 대변한 데서 알 수 있듯이 렉서스는 '도요타웨이' 가 자랑하는 품질경영의 상징이나 다름없었다. 자동차는 우주로켓처럼 수많은 부품이 들어간다. 나로호 발사 연기과정에서 본 것처럼 어느 한 라인에 사소한 문제라도 발견되면 모든 생산라인을 중단시켜야 한다. 도요타는 불필요한 움직임을 최소화하고 수시로 다른 라인의 작업도 하게 만들어 전체 공정을 바라보는 안목을 키움으로써 생산라인이 거의 멈춰서는 일이 없도록 하는 데 성공했다.

이처럼 거의 무결점에 가까운 생산방식을 통해 만들어진 도요타 자동차는 연비와 안전성 등 모든 면에서 단연 발군이었다. 여기서 만족했으면 아무 문제가 없었다. 그러나 도요타는 세계시장 점유율 1위, 판매대수 1위를 이루기 위해 욕심을 냈다. 여기서 사고가 났다. 갑자기 늘어난 주문생산을 맞추기 위해 도요타만의 자랑이던 자동차 생산라인 방식을 무시한 것이다. 이것이 급발진 등 인명을 앗아가는 사고로 연결되고 급기야 리콜 사태로 비화한 것이다.

당시 경영일선에서 물러나 있던 이건희는 이 소식을 접하고 큰 충격을 받았다. GM에 이어 모든 제조업체의 벤치마킹 대상인 도요타마저도 위기를 겪는 것을 보니 삼성의 앞날이 걱정됐다. 삼성도 이제 막 글로벌 일류기업으로 명함을 내민 터였다. 일본의 경쟁업체 추월을 목표로 삼아 한눈팔지 않고 일로매진했던 그는 삼성의 앞날을 생각하니 도무지 잠을 이룰 수 없었다.

"삼성도 언제 어떻게 될지 모른다."

그가 뜬눈으로 밤을 새는 와중에 그의 퇴진 이후 삼성을 이끌어가던 사장단 회의도 구수회의를 거듭하고 있었다. 그에게 구원요청을 논의하기 위한 것이었다. 불확실성이 증폭되는 이때 강력한 리더십이 절실하다는 이유였다. 결국 '복귀건의'로 가닥을 잡은 후 건의문을 작성해 전달했다. 돌아온 답은 의외였다.

"생각해보자."

복귀 이후 삼성이 나아갈 향후 진로와 관련해 밑그림을 그릴 시간이 필요했다. 복귀건의를 받은 지 한 달여가 흐른 2010년 3월 24일 그는 마침내 경영일선에 복귀했다. 복귀 배경과 관련해 중국삼성 대표를 지낸 바 있는 L씨는 이같이 분석했다.

"도요타는 삼성의 벤치마킹 기업 중 한 곳이었다. 그런 도요타가 속절없이 무너지는 모습을 보면서 이 회장의 위기감이 커졌을 것이다."

결과적으로 도요타의 리콜 사태가 그의 경영일선 복귀를 재촉하는 배경으로 작용한 셈이다. 사실 도요타 리콜 사태가 한국사회에 던진 충격은 매우 컸다. 한국경제를 상징하는 삼성도 유사한 사태를 맞는 것 아니냐는 우려의 목소리가 여기저기서 터져나온 게 그 증거다. 그가 2009년이 저물기 직전 특별사면된 것도 이와 무관하지 않을 듯싶다.

# 잡스와
# 이건희

    ■■■■ 이건희의 복귀가 점쳐질 당시 가장 충격적으로 다가온 것은 스마트폰 돌풍이었다. 그가 복귀 후 석 달 만에 스티브 잡스에게 '진검승부'의 칼을 빼든 이유다. 더 이상 방치할 경우 삼성의 존립기반을 뿌리 째 흔들 공산이 크다는 판단에 따른 것이었다.

  당시 글로벌시장의 강자로 우뚝 섰던 휴대폰 부문은 스마트폰 돌풍이 불어닥친 후 크게 흔들렸다. 삼성의 2009년 글로벌 스마트폰시장 점유율은 3퍼센트 안팎에 불과했다. 대만의 중소업체 HTC보다도 못한 상황이었다. 반도체에 이어 LCD 신화를 써온 그로서는 스마트폰에서 밀릴 경우 장차 TV를 포함한 모든 가전제품시장에서 자칫 하청업체로 전락할지도 모른다는 우려를 하지 않을 수 없었다.

  실제로 그가 23개월 만에 복귀한 2010년은 세계의 경제지형이 완전히 뒤바뀌었다는 점에서 매우 특기할 만하다. 그 이전까지만 해도 컴퓨터 회사인 애플이 휴대폰을 내놓고, 인터넷 검색업체인 구글이 TV를 만들리라고 생각한 사람은 거의 없었다. 삼성도 자신들의 반도체를 갖다 쓰는 고객이 어느 날 갑자기 한판 붙자며 도전장을 내밀 줄이야 꿈에도 생각지 못했을 것이다. 이 모든 것이 그가 자리를 비운 사이에 벌어진 일이다.

지금은 완전히 달라졌지만 삼성이 소니를 한창 추격할 당시만 해도 적잖은 외국인이 삼성을 일본업체로 오해했다. 품질경영의 상징인 첨단기술은 오직 일본업체만이 가능하다는 생각 때문이었다. 실제로 삼성이 반도체와 LCD 등에서 일본의 경쟁업체를 따돌리기 위해 혼신의 노력을 기울인 것은 첨단기술 습득과 개발이었다. 그런 노력이 문득 삼성을 하드웨어부문 최강자로 만드는 결과를 낳은 것이다.

그러나 2007년 애플이 아이폰을 출시한 이후 세계의 경제지형이 크게 바뀌기 시작했다. 소프트웨어가 하드웨어시장을 잠식해 들어가는 구도가 만들어진 것이다. 하드웨어시장 석권을 겨냥해 품질경영을 기치로 내걸고 최첨단 기술 개발에 몰두해온 삼성이 아이폰 돌풍에 우왕좌왕하는 모습을 보인 것도 이 때문이다. 삼성 수뇌부는 최상의 품질을 자랑하는 제품을 더 작고 더 싸게 만들어 파는 것에 열중한 나머지 경제지형 자체가 바뀐 것을 전혀 눈치 채지 못했던 셈이다. '소탐대실'이다.

이는 여러모로 과거 '메이드 인 재팬'으로 미국 본토를 강타하던 일본이 미국의 소프트웨어 파워에 밀려 이내 패퇴한 것과 닮았다. 이제는 하드웨어와 소프트웨어의 구분마저 사라져 싸움의 규모가 훨씬 커졌다. 패할 경우 기업의 존립 자체가 위험해질 수 있으나 승리할 경우 세계의 재부를 손안에 틀어쥘 수 있다. 국가경제가 흥망의 기로에 서 있는 셈이다. 삼성의 분발을 주문하는 이유다.

# 고객제일로
# 감동을 자아내다

"우리사회에는 미래의 큰 이익을 가꾸기보다 당장 눈앞에 보이는 작은 이익에 집착하는 풍조가 만연돼 있다. 사회 전체의 분위기도 목전의 이익에만 집착하는 '단파인간短波人間'이 많아지면서 한탕주의가 성행하고 있다. 비록 오늘의 작은 이익을 포기하는 한이 있더라도 더 큰 미래의 이익을 가꿔나가는 '장파인간長波人間'이 필요한 시점이다."

# 갑과 을의
# 역전

<sup> </sup>•••• 19세기 이래 20세기 말까지 근 200년 동안 기업은 '갑', 소비자는 '을'의 신세였다. 물건은 공장에서 출하되는 즉시 크고 작은 장터를 통해 날개 돋친 듯이 팔렸다. 소비자를 특별히 신경 쓸 일이 없었다. 그러나 21세기에 들어와서는 이것이 통하지 않게 되었다. 인터넷을 비롯한 통신수단의 발달 때문이다. 브랜드 가치가 높은 독일과 일본의 자동차가 저렴한 가격으로 들어오자 관세장벽의 보호막 속에 안주하던 국내 자동차업체가 황급히 가격을 내리는 등 허둥지둥하는 모습을 보인 것이 그 증거다. 갑과 을의 처지가 바뀐 것이다. 단순한 '소비자'가 아닌 '고객'으로 역전된 결과가 바로 고객경영의 중요성을 부각시킨 계기로 작용했다.

최근 세계 유수의 경영컨설팅 회사인 맥킨지Mckinsey & Company사가 조사한 결과에 따르면 고객과의 소통에 애쓰는 기업은 제품개발의 타이밍을 적중시키는 확률이 그렇지 못한 기업보다 17배나 높은 것으로 나타났

다. 투자 대비 목표수익 달성 역시 두 배가량 높은 것으로 드러났다. 고객과의 교신이 곧 기업의 존망을 가르는 관건임을 보여준다. 이건희도 이같이 말한 바 있다.

"정치인은 주기적으로 투표를 통해 심판을 받지만, 기업은 시장에서 매일 끊임없이 고객의 심판을 받는다. 한 번 등을 돌린 고객은 그 한 사람으로 끝나지 않는다. 고객만족은 하면 좋은 게 아니라 안 하면 망하는 것이다."

그러나 문제는 과연 어떤 식으로 고객과 교신할 것인가 하는 점이다. 무턱대고 마구 접근했다가는 오히려 역효과를 낼 수도 있다. 먼저 고객의 마음을 효과적으로 읽어낼 수 있는 능력을 갖추는 데서부터 출발할 필요가 있다. 이는 단순히 성능과 디자인 등의 기능적 측면 개선만으로 이룰 수 있는 것이 아니다.

대표적인 예로 스푼 없이 짜먹는 요구르트를 개발한 미국의 식품회사 제너럴밀스General Mills Inc.의 사례를 들 수 있다. 이 회사는 먼저 요구르트의 주요 고객인 어린이들을 관찰했다. 관찰 결과 아이들은 손에 음료수를 든 채 뛰어다니고 놀면서 마신다는 것을 알게 되었다. 스푼으로 떠먹는 기존의 요구르트로는 '놀면서 마시는' 두 가지 욕구를 충족시킬 수가 없다. 회사는 포장기법을 혁신적으로 바꾸어 아이들이 스푼 없이 먹을 수 있는 튜브 형태의 요구르트를 출시했다. 선풍적인 인기를 모은 것은 말할 것도 없다. 고객의 행동과 생활패턴을 면밀히 관찰한 결과다.

21세기에 들어와 고객의 니즈가 더 복잡해지고 다양해지는 까닭에 고객경영 필요성은 더욱 커지고 있다. 고객의 니즈를 파악할 때 과거처럼 설문 중심의 시장조사 등에 지나치게 기대는 것은 금물이다. 변화의 폭과 깊이가 워낙 큰 까닭에 고객이 원하는 어제와 오늘의 니즈가 다르기 때문이다. 고객의 집을 장기간 방문해 제품과 서비스 선호패턴을 관찰하거나 고객과 함께 쇼핑하며 구매행동을 살피는 식의 접근이 훨씬 낫다. 심도 있는 의견을 나누는 인터뷰 방식도 쓸 만하다.

삼성은 비록 스마트폰에서는 한 발 뒤처지기는 했으나 전체적으로 볼 때 이런 고객 니즈의 변화에 가장 발 빠르게 대응한 편에 속한다. 이는 고객의 수요에 맞추기 위해 끊임없이 제품을 개선하며 고객만족에 대한 나름대로의 노하우를 축적한 결과로 볼 수 있다. 이를 뒷받침하는 일화가 있다. 1990년대 초, 이건희는 실무진과 '도미'를 놓고 즉석 토론을 벌인 적이 있다. 그가 물었다.

"도미는 어디서 나는 것이 좋습니까?"

"남해안에서 나오는 게 최고입니다. 플랑크톤이 많고 수온이 적당한 청정지역이기 때문입니다."

"몇 kg짜리가 가장 맛있습니까?"

"1.5~2kg입니다."

"열량은 얼마나 됩니까?"

"……"

그는 곧 실무진에게 좋은 서비스는 고객의 건강상태까지 서비스해줘야 한다는 취지에서 구체적인 수치까지 자세하게 일러주었다. 아는 것만으로는 부족하고 끊임없이 혁신하고 이를 행동으로 옮겨야만 고객을 만족시킬 수 있다는 판단에서 나온 것이다.

이를 실천한 구체적인 사례로 세계적인 오토바이 메이커인 할리데이비슨Harley-Davidson을 들 수 있다. 이 회사는 다음해의 오토바이 모델을 디자인하기 전에 경영층이 직접 '고객과의 오토바이 여행'에 참여해 고객의 니즈를 직접 파악하고 있다. 미국의 GE 메디컬GE Medical도 고객으로부터 혁신적인 아이디어를 얻고 이를 실행에 옮기는 기업으로 유명하다. 최근 자사의 홈페이지나 웹사이트를 통해 접수되는 고객의 참신한 아이디어를 경영활동에 반영하는 기업이 부쩍 늘고 있는 것도 이들의 성공에 자극받은 결과로 볼 수 있다.

'창조경영'이 강조되고 있는 21세기에 고객과의 소통이 원활하지 못할 경우 이는 이미 실패를 예고한 것이나 다름없다. 과거와 달리 아무리 좋은 품질과 가격 우위를 갖춘 제품일지라도 고객을 감동시키지 못하면 이내 시장에서 외면받을 수밖에 없기 때문이다.

# 기업흥망과
## 고객

▪▪▪▪ 일련의 연구결과에 따르면 고객과의 소통을 중시하는 기업은 내부고객인 종업원과의 소통도 게을리하지 않는다는 특징을 보이고 있다. 고객은 외부고객만 있는 것이 아니다. 삼성에 종사하는 내부고객부터 만족시키지 못하면 무망한 일이다. '집에서 새는 바가지 밖에 나간들 다를 리 없다'는 속담이 내부고객의 중요성을 잘 설명해주고 있다. 종업원은 내부고객이어서 경영진과 다른 시각을 갖고 있다. 외부고객보다 오히려 더 건전한 비판을 할 수 있다. 종업원을 '제2의 고객'으로 부르는 이유다.

승승장구해 정상에 오른 기업에 이런 사실을 망각한 모습이 빈번히 나타나고 있다. 자만에 따른 현실안주와 태만이 그 원인이다. 회사 내에 회의가 잦아지고 경색된 관료주의가 팽배하는 이유가 여기에 있다. 거대한 공룡으로 성장했던 IBM이 1980년대 말 위기에 봉착한 게 그 증거다. 새 CEO가 취임해 조직 간 장벽을 허물고 고객과의 소통을 강화하면서 가까스로 위기를 넘길 수 있었다. '바가지' 운운의 우리 속담이 지적하고 있듯이 외부고객의 니즈를 맞추기에 앞서 내부고객인 종업원의 니즈부터 맞출 필요가 있다. 그래야 이들과 늘 접촉하는 외부고객도 자연스레 감화되어 신뢰를 보내게 된다.

지속적인 성장을 거듭하며 백년기업으로 살아남을 수 있는 비결도 여기에 있다. 동양에서는 이를 기원전부터 통찰하고 있었다. 맹자가 소위 '귀민경군貴民輕君'을 역설하며 국가통치의 소비자인 백성을 생산자인 군주보다 더 높이 평가한 게 그것이다. 《맹자》〈만장 상〉편에 이를 뒷받침하는 대목이 나온다.

"《서경》〈주서·태서〉에 이르기를, '하늘은 우리 백성들이 보는 것을 통해 보고, 우리 백성들이 듣는 것을 통해 듣는다'고 했다. 이는 천명이 바뀌는 이치를 말한 것이다."

천명이 바뀌는 것은 곧 새로운 왕조가 들어서는 것을 의미한다. 고객과의 소통을 게을리하는 기업은 비록 현재 세계시장을 석권하고 있을지라도 조만간 고객의 사랑을 받는 기업에게 그 자리를 내주고 이내 몰락한다는 이야기가 된다. 백년기업을 꿈꾸는 기업 CEO라면 늘 가슴에 새겨두어야 할 경구다.

그런 점에서 이제 기업도 발상의 전환이 필요하다. 고객으로부터 거둬들인 이익을 다시 고객에게 돌려준다는 차원에서 새롭게 전략을 짜는 것이 그것이다. 이는 과거 제왕들이 백성을 사랑하고 이익을 주는 일에 늘 부심한 이치와 같다. 왕조 및 정권의 존립근거가 백성의 지지에 있다는 사실을 통찰하고 있기 때문이다. 이에 관한 일화가 《순자》〈노애공〉편에 나온다.

하루는 노애공이 공자에게 물었다.

"과인은 깊은 궁안에서 태어나 부인들 손에 자랐소. 그래서 슬픔과 걱정, 노고, 두려움, 위험 등에 대해 아는 바가 없소."

"군주의 질문은 성군의 질문입니다. 저는 소인인데 어찌 그런 것을 알리 있겠습니까?"

"선생 아니면 이에 대해 아는 사람이 없을 것이오."

공자가 말했다.

"군주가 도성의 4대문을 빠져나가 사방을 둘러보면 망국의 폐허가 반드시 여러 곳 보일 것입니다. 제가 듣기로는 '군주가 배라면 백성은 물이다. 물은 배를 띄울 수도 있고, 배를 뒤엎을 수도 있다'고 했습니다. 군주가 이로써 위험을 생각하면 어찌 위험이 느껴지지 않겠습니까?"

왕조와 정권이 교체되고 세계시장을 석권하는 초일류 글로벌기업의 흥망이 엇갈리는 이유가 여기에 있다. 고객인 백성 내지 소비자와 제대로 소통하고 있는지의 여부에 따라 결판이 나는 것이다. 이건희도 이를 통찰하고 있다. 한때 담배를 하루 두 갑씩 피울 정도로 애연가였던 그는 이같이 말한 바 있다.

"회장 앞에서는 담배를 피워도 좋지만 고객 앞에서는 절대로 피우지 말라!"

삼성은 고객경영과 관련한 일화가 많다. 1995년 말 삼성서울병원에 비상이 걸린 적이 있었다. 회장이 입원할 것이라는 소식 때문이다. 이건희는 3일 동안 20층 특실에 머물다가 퇴원했다. 원장의 권유로 간단한 건강검진만 받은 것이나, 사실 이는 병원의 고객경영 상태를 체크하기 위한 것이었다. 그는 매일 한두 시간씩 외래환자가 빠져나간 저녁시간을 이용해 모자를 푹 눌러쓴 채 휠체어를 타고 병원 곳곳을 둘러봤다. 환자와 내방객들의 동선을 일일이 확인하고, 시설과 서비스 등을 직접 점검한 것이다.

당초 그는 국내 최대 병상을 갖춘 최신식 시설의 병원을 만들고자 했지만 영안실만큼은 별반 나을 게 없었다. 곧 개·보수공사가 진행돼 휴게소와 샤워실, 향냄새를 흡수하는 특별 환기시설 등이 설치됐다. 해마다 감사를 펼쳐 염할 때마다 관행으로 받는 촌지를 포함해 모든 비리도 근절했다. 의사들이 환자를 대하는 태도와 장례 서비스에 대한 인식이 크게 바뀐 것은 말할 것도 없다.

그의 고객경영은 연간 20퍼센트 이상의 국민이 찾는 놀이공원 에버랜드에서 더욱 두드러진다. 1994년 서비스 아카데미가 만들어지고 2년 뒤 1300여 명의 전 직원이 일본 도쿄의 디즈니랜드와 미국 올랜도 디즈니랜드를 찾았다. 선진 서비스가 뭔지를 배우기 위한 시찰이었다. 2001년 6월 에버랜드를 찾은 그는 인기가 높은 물놀이 리조트 시설을 둘러본 뒤 이같이 말했다.

"돈 남길 생각 말고 깨끗한 물로 양질의 서비스를 해야 합니다. 에버랜드가 이윤만 추구하는 기업이 아니라, 친절과 질서 등을 터득할 수 있는 교육의 장이 돼야 합니다."

삼성화재에 교통안전문화연구소, 호텔 신라에 조리연구소 등이 설치된 이유다. 이는 '사후 서비스'를 뛰어넘어 '사전 서비스'를 제공해야 한다는 그의 신념에 따른 것이다. 매사가 다 그렇듯이 '사전예방'이 '사후치료'보다 훨씬 효과적인 것은 말할 것도 없다.

# 장파인간과
# 서비스화

"""" 리츠칼튼 호텔은 '한 번 고객은 영원한 고객이다' 라는 모토를 갖고 있다. 새로운 고객을 개발하기보다는 기존의 고객을 '충성고객' 으로 모시기 위해 전사적인 노력을 기울이는 이유다. 이는 고객만족의 차원을 넘은 고객감동에 초점을 맞춘 결과로 볼 수 있다.

21세기는 얼마나 뛰어난 '상혼' 을 발휘해 고객의 마음을 사로잡을 수 있는지의 여부가 기업의 흥망을 가르는 시대다. 고객감동의 비결은 고객을 단순한 구매자가 아닌 제품의 사용자로 간주하는 데 있다. 내가 만든 물건을 사용할 소비자가 과연 얼마나 만족하고 감동을 받을 것인지를 고민해야 한다. 고객감동의 현장은 뛰어난 공연예술가들의 모습에서 쉽게 찾아볼 수 있다. 이들은 공연 때마다 늘 초연하는 심경으로 혼이 담긴 공연을 하기 위해 애쓴다. 바로 고객인 관객에게 최고의 감동을 선사하기 위해서다.

장기적인 관점에서 볼 때 고객감동을 연출하는 기업과 그렇지 못한 기업의 성패는 분명하다. 혼이 담긴 제품을 만들고자 하는 기업 CEO는 결코 고객인 소비자의 박수소리에 도취하지 않는다. 한 번의 커튼콜이 다음 공연의 성공까지 보장하는 것이 아니기 때문이다. 이건희는 이런 CEO를 소위 '장파인간長波人間'으로 규정했다. 《생각 좀 하며 세상을 보자》의 해당 대목이다.

"우리사회에는 미래의 큰 이익을 가꾸기보다 당장 눈앞에 보이는 작은 이익에 집착하는 풍조가 만연해 있다. 사회 전체의 분위기도 목전의 이익에만 집착하는 '단파인간短波人間'이 많아지면서 한탕주의가 성행하고 있다. 비록 오늘의 작은 이익을 포기하는 한이 있더라도 더 큰 미래의 이익을 가꿔나가는 '장파인간'이 필요한 시점이다."

장파인간에 대한 그의 이런 생각은 최고의 서비스를 추구하는 감동경영으로 구체화된다. 이에 관한 일화가 있다. 2002년 월드컵 당시 그는 신라호텔에 방을 잡았다. 월드컵 VIP 전용호텔로 지정되자 걱정이 앞선 것이다. 그는 스위트룸을 옮겨 다니며 무려 2주일을 머물렀다. 월드컵이 지난 뒤에는 경영진에게 호텔경영에 관한 전문서적 등 300여 권의 책을 보냈다. 하루는 자정께 전 임원을 방으로 불렀다.

"삼성을 찾는 외국인의 입장에서 보면 호텔은 '현관'입니다. 서비스가 예술적 차원으로 승화돼야 합니다."

호텔 신라 임원과 팀장들은 매주 화요일 그가 보낸 책으로 세미나 형식의 윤독회를 가졌다. 초일류 글로벌기업으로의 도약에 그의 이런 감동경영이 지대한 역할을 한 것은 말할 것도 없다. 그가 구두선처럼 되뇌는 '5~10년 후 먹을거리'도 이런 맥락에서 나온 것이다.

안방에서 단 한 번의 마우스 클릭으로 전 세계에 널려 있는 상품을 선택할 수 있는 21세기의 소비자는 전문가 뺨치는 수준의 안목과 식견을 갖고 있다. IT혁명이 소비자들을 세계화시킨 결과다. 감동경영을 하지 않을 수 없는 객관적 경영환경이 조성된 셈이다. 최근 몇 년간 도요타 배우기 열풍에 휩싸였던 전 세계가 이제는 삼성을 주목하고 있다. 도요타의 모토마치 공장을 견학하기 위해 1년 내내 몰려들던 각국 기업의 발길이 삼성전자 수원공장을 찾고 있는 게 그 증거다. 견학 열풍은 중국과 동남아를 넘어 아프리카 대륙까지 번지고 있다. 이건희가 최근 임직원들에게 '마불정제'의 화두를 던진 것도 더욱 겸손한 자세로 감동경영에 전진하라는 메시지에 다름 아니다.

과거에는 품질과 가격이 제조업체의 역량을 판가름했으나 이제는 서비스 경쟁력이 좌우하고 있다. 이는 제품을 판매할 때 다양한 형태의 서비스를 함께 제공해야만 소비자가 비로소 눈길을 주는 데 따른 새로운 현상이다. 삼성경제연구소 측의 분석이다.

"이제 제조업 성장의 비결이 '서비스화'에 있다. 제품 경쟁에서 벗어나 서비스로 경쟁하겠다는 발상의 전환이 필요하다."

사실 외국에서는 제품의 서비스화가 오래전부터 진행됐다. 미국 농기계 업체인 디어앤드컴퍼니Deere & Company는 농기계에 GPS를 탑재해 농부가 있는 곳의 토양 산도, 유기물 함량 등을 파악해 가장 적절한 양의 비료와 제초제 등을 알려준다. 스위스 양말회사 블랙삭스닷컴Blacksocks.com은 양말 사는 것을 귀찮아하는 소비자를 겨냥한 배달서비스를 실시해 유럽 내에서만 4만 명의 고객을 확보했다. 세계 3대 시멘트 업체인 멕시코의 세멕스Cemex는 빈민을 대상으로 맞춤형 건축설계 조언을 해주고 재료비를 대출하는 방식으로 연간 5억 달러 이상의 새로운 수요를 창출했다.

2010년에 들어와 삼성을 비롯한 한국기업에 제품과 서비스를 결합하는 소위 '서비스화' 돌풍이 불고 있다. 이를 자극한 것은 애플이다. 앱스토어를 통해 서비스 생태계를 구축한 덕분이다. 애플의 아이폰 돌풍에 아연 긴장한 삼성도 발 빠른 대응을 하고 있으나 좀더 속도를 낼 필요가 있다. 한국경제를 대표하는 삼성의 임직원에게 '제품만 좋아서는 안 되니 반드시 제품에 서비스를 입혀야 한다' 는 특명이 떨어진 것이나 다름없다.

일등삼성으로
위신을 높이다

"삼성과 국가와 민족이 일류로 가지 않는다면 나 개인의 존재도 별게 아니다. 자신이 속해 있는 민족·국가·재계 전체가 이류에서 일류로 올라서야 전 세계에서 인정을 해주고 인간대접을 받는다. 사람이 사람대접을 못 받을 때가 가장 비참하고 화가 난다. 이는 삶의 질 문제다."

# 브랜드와
# 품격

▪▪▪▪ 경영현장에서 사용되는 '브랜드'는 원래 가축의 등에 소유자 구별을 위해 찍는 소인燒印과 형벌의 일환으로 죄인의 이마 등에 찍은 낙인烙印을 뜻하는 말이다. 그것이 상품의 겉포장에 찍는 상표의 뜻으로 사용되다가 마침내 해당 회사 상품 전체의 성가를 나타내는 의미를 지니게 됐다. 한마디로 '기업의 얼굴'이나 다름없다. 실제로 '브랜드 가치'는 해당 기업 제품의 품격을 뜻하는 용어로 사용되고 있다.

이건희는 특이하게도 브랜드 가치를 소위 '류流'로 표현하길 좋아한다. 이는 제품의 생산과정을 '양'과 '질'의 상호관계로 파악한 결과다. 강승구의 《이건희 이야기》에 따르면 그는 사람들이 양과 질의 상호관계를 제대로 이해하지 못하고 있는 것을 이같이 개탄했다.

"삼성과 국가와 민족이 일류로 가지 않는다면 나 개인의 존재도 별게 아니다. 자신이 속해 있는 민족·국가·재계 전체가 이류에서 일류로 올라서야 전 세계에서 인정을 해주고 인간대접을 받는다. 사람이 사람대접을 못

받을 때가 가장 비참하고 화가 난다. 이는 삶의 질 문제다.”

그가 문민정부를 겨냥해 소위 '4류 정치'로 비유한 것도 이런 논리 위에서 있었다. 그러나 당시 문민정부는 그가 말한 취지를 제대로 헤아리지 못하고 화부터 냈다. 스스로 '1류'로 착각한 것이다. 그 결과는 IMF환란이었다.

이건희는 '3, 4류'를 달리 '물리적物理的'으로 표현하고 있다. '물리적 출근' '물리적 박수' 등이 그것이다. 물론 이는 자연과학의 '화학적' 개념과 대비되는 '물리적' 개념은 아니다. 오히려 '판에 박은' 내지 '형식적인'의 의미에 가깝다. 박원배의 《마누라 자식 빼고 다 바꿔라》에 이를 뒷받침하는 언급이 나온다.

“내가 회의장에 들어선다고 물리적으로 박수치지 마라. 군사문화의 잔재다. 내 강연을 듣고 잘한다고 생각할 때 박수를 쳐라.”

'1류'는 그가 선호하는 단어인 데 반해 '3, 4류'는 그가 가장 싫어하는 단어다. '2류'는 1류로 나아갈 가능성이 있는 까닭에 분발을 촉구하는 의미로 사용된다. '특류特流'와 '특A류'도 있다. 이는 '3, 4류'와 대비되는 개념이다. 《마누라 자식 빼고 다 바꿔라》에 나오는 대목이다.

“2류 국가에서 1, 2류 기업이 3류로 떨어지는 것은 간단하다. 나라가 2, 3류일지라도 기업은 특류 또는 1류가 될 수 있다. 삼성은 나라가 비록 1.5, 2류라 할지라도 국제화를 통해 1류, 특류, 특A류도 될 수 있다.”

동양에서는 브랜드 가치와 가장 가까운 뜻으로 '류' 이외에도 '급級'과 '품品', '격格' 등을 두루 사용했다. 류는 일본에서 가장 널리 쓰였다. 조선조는 1류와 2류 대신 1품과 2품 등의 용어를 즐겨 썼다. 현대 중국은 류와

품 대신 '급級'을 훨씬 많이 쓴다. 3국 모두 공히 사용하는 것으로 '품격'을 들 수 있다.

통상 품격의 '품品'은 글자 자체가 '입 구口' 자 세 개가 모여 만들어진 데서 알 수 있듯이 여러 사람이 해당 인물이나 사물에 대해 평가하는 것을 뜻한다. 전문가에 의한 객관적인 비교평가라는 뜻을 내포하고 있다. 올림픽의 금메달은 1품, 은메달은 2품, 동메달은 3품에 해당한다. 전문가가 아닌 사람이 모여 주관적으로 평가하는 건 품이 될 수 없다. '입 구口' 네 개가 모여 만들어진 '즙㗊'은 바로 이런 경우를 말한다. '중구난방'을 의미한다.

그러나 세상이 사뭇 달라졌다. 한국만 하더라도 대학 이상의 고등교육을 이수한 사람이 전 국민의 3분의 1에 달하고 있다. 인터넷의 발달로 고급정보에 대한 접근이 용이해지면서 전문가와 비전문가의 경계가 크게 무너졌다. 특히 정치학의 경우 조선조 이래의 선비문화로 인해 거의 전 국민이 정치전문가 수준에 올라 있어 '강단 정치학'은 거의 맥을 못 추고 있다.

사회과학에서 가장 '과학적'이라는 평가를 받는 경제학의 경우도 위협을 받기는 마찬가지다. 지난 2009년 초 세상을 떠들썩하게 만든 소위 '미네르바' 사건이 그 증거다. 사건의 주인공은 독학을 통해 내로라하는 경제학자와 재경 분야 베테랑 관원을 무색하게 만들었다. 우리는 바야흐로 비전문가의 품평인 즙이 전문가의 고유영역인 품을 뛰어넘는 시대에 살고 있는 셈이다. '격格'은 '나무 목木' 자에 서로 다르다는 뜻의 '각咎' 자를 덧붙여 만든 데서 알 수 있듯이 대상 인물이나 사물을 평가하는 잣대 내지 기준을 의미한다. 예컨대 사람들의 키는 모두 다르지만 키를 재는 나무에 눈금을 그어 재어보면 평균값을 중심으로 키가 크고 작은 사람이 좌우로 분포한 종모양의 소위 '정규분포곡선'을 그리고 있다. 통계학은 분석대상의 68.3퍼센트가 늘 평균값에서 좌우로 제1 표준편차만큼 벌어진 범위 안에 존재하고, 95.5퍼센트가 제2 표준편차, 99.7퍼센트가 제3 표준편차 안에 있다는 사실을 밝혀냈다.

격은 바로 통계학에서 전체의 분포도를 한눈에 알 수 있게 해주는 평균값과 표준편차를 뜻한다. 만일 평균값을 '중격中格'으로 삼을 경우 오른쪽으로 진행되는 제1 표준편차는 '상격上格', 제2 표준편차는 '상상격上上格', 제3 표준편차는 '최상격最上格'이 된다. 마찬가지로 왼쪽으로 진행되는 제1 표준편차는 '하격下格', 제2 표준편차는 '하하격下下格', 제3 표준편차는 '최하격最下格'이 된다. 통계학의 관점에서 볼 때 고금동서의 모든 사람은 키와 몸무게는 물론 지능에 이르기까지 최하격에서 최상격까지 중격을 중심으로 고루 분포하고 있는 셈이다. 사물은 물론 제품의 경우도 이와 유사한 잣대를 적용할 수 있다. 그것이 바로 브랜드 가치에 해당하는 것이다.

결국 사람과 사물, 제품의 브랜드 가치, 즉 품격은 최하격의 왼쪽 제3 표준편차 범위 내에 속하는 최하품부터 최상격의 오른쪽 제3 표준편차 범위 내에 속하는 최상품까지 모두 일곱 가지 종류가 존재하는 셈이 된다.

여기서 주목할 것은 정규분포곡선에서 좌우의 제3 표준편차 범위 밖에 있는 존재다. 그 비율은 0.3퍼센트밖에 안 된다. 좌우로 각각 0.15퍼센트의 비율로 존재하는 이들은 '기인奇人'의 범주에 속한다. 동양에서는 이들을 소위 '파격破格' 내지 '극품極品'으로 분류했다. 인물이나 사물을 판별하는 통상적인 품격의 잣대로는 헤아릴 수 없다는 의미다. 제왕의 자리를 '극위極位', 극위에 오르는 것을 '등극登極'으로 표현한 이유다. 일상생활에서 좌우의 어느 한쪽에 극단적으로 치우친 것을 '극우' 내지 '극좌'로 부르는 것도 같은 맥락이다.

역사적 인물로 보면 공자와 석가, 예수 등의 성인과 도척盜 등의 천하대도大盜가 파격의 전형에 해당한다. 극과 극이 통하는 것으로 간주한 동양에서는 좌와 우의 파격을 대표하는 공자와 도척을 같은 반열에 놓고 생각했다. 이를 뒷받침하는 일화가 《장자》〈거협〉편에 나온다.

하루는 도적의 무리가 두목인 도척에게 물었다.

"공자의 무리는 도가 있는데 도둑질에도 도가 있습니까?"

도척이 대답했다.

"어디를 간들 도가 없겠는가? 남의 집 안에 감춰진 재물을 짐작해 알아내는 건 성聖, 먼저 들어가는 건 용勇, 뒤에 나오는 건 의義, 도둑질의 성사여부를 아는 건 지知, 도둑질한 것을 고르게 나누는 건 인仁이다. 이 다섯가지를 갖추지 않고 대도가 된 자는 천하에 없다. 이로써 볼 때 선한 사람은 성인의 도를 얻지 못하면 입신할 수 없고, 나 같은 도적도 성인의 도를 얻지 못하면 도적질을 할 수 없다. 천하에 선한 사람은 적고 선하지 않은 사람은 많으니 성인이 천하를 이롭게 하는 건 적고 천하를 해롭게 하는 건 많다. 그래서 입술이 없어지면 이가 시리듯이 성인이 생기자 도둑이 일어난다고 말하는 것이다. 성인을 없애면 도둑도 따라서 사라질 것이고 천하또한 비로소 다스려질 것이다."

《장자》는 도척을 공자보다 위에 놓았다. 이는 전국시대 말기에 이르러

공자의 사상적 제자를 자처하며 허례허식에 매몰된 유가를 비판하기 위한 것이었다.

그렇다면 21세기에는 과연 어떤 사람이 파격 내지 극품에 해당하는 것일까? 기업 차원에서 보면 운영체제 및 검색체제 등으로 대박을 터뜨린 마이크로소프트의 빌 게이츠와 애플의 스티브 잡스 등이 이에 해당한다. 이들은 정규분포곡선을 찾아낸 수학의 천재 가우스Garl Friedrich Gauss, 사물의 상대성원리를 찾아낸 물리학의 천재 아인슈타인Albert Einstein 등에 비유할 만하다.

만일 삼성이 애플의 도전을 성공적으로 제압하고 소프트웨어 분야까지 석권할 경우 이건희 역시 확실히 이 범주에 들어가 있다는 사실이 자연스레 드러날 것이다. 사실 그는 기왕에 이뤄놓은 성과만으로도 이미 제3 표준편차 밖에 존재하는 0.3퍼센트의 극히 희소한 인물에 꼽힐 만하다. 다만 지금은 모바일 인터넷 등의 새로운 현상으로 인해 가입시기가 약간 늦춰지고 있는 것으로 볼 수 있다.

品位經營 02

# 브랜드 가치와
# 스포츠 마케팅

**▪▪▪▪** 통상 전문가들은 기업홍보를 '직접홍보'와 '간접홍보'로 나눈다. 전자 부문의 최정상에 서 있는 삼성의 경우는 간접홍보가 훨씬 효과적이다. 소비자들이 삼성이라는 '상호'와 '상표'의 브랜드 가치를 익히 알고 있는 상황에서 굳이 직접홍보를 할 필요는 없기 때문이다. 실제로 삼성은 이 방향으로 초점을 맞춰왔다. 국내에서 '이공계 육성', '천재 육성', '여성인력 육성', '2만 달러 돌파' 등 여론을 자발적으로 선도하기 위한 이슈를 간접홍보의 주제어로 삼은 게 그 증거다.

그러나 애플의 아이폰4의 대항마로 출시한 갤럭시S와 같은 경우는 다르다. 이는 오히려 직접홍보를 통해 전 세계 소비자들에게 갤럭시S의 이미지를 깊이 심어줄 필요가 있다. 대선 등에서 흔히 써먹는 '대세몰이' 홍보 전략이 이에 해당한다. 악대가 지나갈 때 사람들이 궁금해하며 모여들고 이를 본 나머지 사람들도 무작정 그 뒤를 따르면서 군중이 더욱 불어나는 소위 '밴드왜건Band-Wagon' 효과를 겨냥한 것이다. 이건희가 홍보 담당자에게 소위 '섭외의 예술화'를 주문하고 있는 이유다.

"기업은 고객을 포함한 대중의 신뢰와 사랑을 받지 못하면 존립할 수 없다."

실제로 스포츠 마케팅 등 굵직한 홍보 프로젝트는 모두 그의 결단이 반영된 것이다. 2005년부터 시작된 프리미어리그 명문 구단 첼시에 대한 후원이 대표적인 예다. 삼성은 첼시를 후원하는 기간 동안 유럽에서 브랜드 인지도가 급상승하는 등 커다란 효과를 봤다. LCD TV가 3위에서 1위, 휴대폰이 4위에서 2위로 껑충 뛰어오른 게 그 증거다. 품질과 효과적인 마케팅이 주효한 것이기는 하나 첼시 후원을 통한 홍보 또한 단단히 한몫을 했다는 것이 안팎의 평이다. 실제로 첼시 후원 전인 2004년 유럽에서의 브랜드 인지도가 33퍼센트였으나 2010년에는 두 배 가까이 높아졌다.

현재 삼성의 브랜드 가치는 기록적인 상승률 덕분에 세계 19위로 치솟았다. 여기에는 신경영 선언 이전의 매출이 2009년에 이르러 200조 원으로 5.6배 성장하고, 순이익은 같은 기간 12조 원으로 무려 70배 넘게 늘어난 사실이 크게 작용했다. 해외 현지법인의 수가 500여 개로 대폭 늘어난 것도 초일류 글로벌기업으로서의 브랜드 가치를 상승시키는 데 일조했다.

브랜드 가치를 더욱 높여 최정상을 차지하겠다는 삼성의 의지는 매우 강하다. 신경영 선언 17주년을 맞은 2010년 6월 사내방송을 통해 전달된 삼성전자 사장 최지성의 각오다.

"삼성전자는 그간 브랜드와 디자인, 서비스 등 소프트 경쟁력을 강화해온 결과 '밀라노 디자인 전략회의'를 계기로 TV와 휴대폰 등에서 세계 일류로 도약했고, 프리미엄 브랜드 이미지도 확보했다. 그러나 이제는 기존의 하드웨어와 디자인 등의 강점 위에 삼성만의 소프트 경쟁력과 컨버전스 역량을 배가해 고객에게 새로운 경험과 감동을 주어야 한다. 그럼으로써 장차 지구촌 모두로부터 사랑받는 브랜드로 거듭나고자 한다.”

삼성의 브랜드 가치가 급상승한 저변에 양보다 질을 중시한 신경영 선언이 자리 잡고 있음을 반증하는 대목이다. 지난 1999년 브랜드 가치 31억 달러로 100위권에서 헤매던 삼성이 불과 10년 만에 10위권대로 수직 상승한 것은 전례 없는 일이다.

애니콜을 비롯한 삼성 제품이 세계시장에서 선전하고 있는 것은 브랜드 가치를 키워야 세계시장에서 살아남을 수 있다는 절박감에서 비롯된 것이다. 중저가의 제품을 파는 싸구려 회사 이미지를 완전히 벗어나 최첨단 디지털기업으로 변신한 계기가 바로 여기에 있다. 이를 뒷받침하는 일화가 있다.

1996년 8월 14일 호텔 신라, 삼성의 경영진 60여 명이 모여 애틀랜타올림픽을 참관하고 돌아온 그를 위해 ‘IOC 위원 피선 축하연’을 마련했다. 국제 스포츠계 활동상을 담은 영상물이 상영되면서 주연 분위기가 무르익었으나 정작 당사자의 표정은 그리 밝지 않았다. 그가 말문을 열었다.

“다가올 21세기는 브랜드가 경쟁의 핵심이 되는 소프트경쟁의 시대입니다. 사장들이 앉아서 광고 카피나 고치고 있어서야 어디 될 일입니까? 브랜드나 광고는 전문적인 분야입니다. 전문가에게 맡겨 삼성의 이미지를 높일 전략을 짜도록 하세요.”

당시 그가 애틀랜타올림픽 현장에서 본 삼성의 이미지는 초라하기 짝이 없었다. 이내 축하연은 그의 ‘브랜드 특강’ 자리로 변했다. 당초 그는 애틀랜타로 떠나기 직전 비서실에 이런 지시를 내려놓은 바 있다.

"C⁺ 수준의 삼성 이미지를 2000년까지 A⁻ 수준까지 올리기 위한 방안을 강구하라."

그가 지적한 대로 당시 삼성의 이미지는 해외에서 C⁺ 수준에 지나지 않았다. 이런 상태로 글로벌기업으로의 도약은 요원했다. 그때까지만 해도 삼성은 물량 위주로 나가면서 단발성 광고를 하는 것이 고작이었다. 이를 일거에 바꾼 것이 바로 '올림픽 마케팅 전략'이다.

당초 올림픽 마케팅 시장은 삼성과 거리가 멀었다. 브랜드 가치 1위인 코카콜라와 2위 IBM을 비롯해 비자와 파나소닉 등 10여 개의 글로벌 다국적기업이 과점하고 있었다. 삼성이 내밀 수 있는 전자 부문은 파나소닉이 기득권을 주장하고 있는 상황이었다. IOC가 백색가전 쪽을 제안하자 그는 협상에 나선 제일기획 임원에게 이같이 지시했다.

"차제에 삼성의 이미지를 한 단계 도약시키는 계기를 만들라. 코카콜라나 IBM 같은 회사가 어떻게 올림픽 스폰서를 하는지 알아보라."

당시 올림픽 마케팅 효과를 제대로 내려면 1억 달러 이상이 소요됐다. 삼성전자의 연간 광고비 총액과 맞먹는 액수다. 설령 투자를 해도 백색가전으로는 삼성의 이미지를 제고시키기도 어려웠다. 그는 미래사업인 통신 분야 협상을 지시했다. 그러나 당시 모토롤라가 IOC와 이 분야 스폰서 협상을 하고 있었다. 그때만 해도 국내 1위 애니콜은 세계무대에서 명함도 내밀지 못하는 미미한 존재에 지나지 않았다. 도박에 지나지 않는다며 비관적인 견해가 나돈 것을 탓할 수도 없었다.

그러나 그의 의지는 강고했다. 차제에 싸구려 가전 이미지를 완전히 끊고 첨단 통신기기 회사라는 이미지를 심어주지 않으면 앞날을 기약하기가 어렵다고 판단한 탓이다. 이내 애니콜 홍보를 위한 그룹 차원의 총력전이 전개됐다. 그 결과는 놀라웠다. 단박에 세계 시장 9위에 머물던 점유율이 이듬해 초에 네 배나 도약해 세계 3위의 10.5퍼센트 점유율로 수직 상승했다. '애니콜 신화'가 만들어진 배경이다. 신화의 8할은 올림픽 마케팅에 있었다는 것이 전문가들의 중평이다.

삼성의 스포츠 마케팅을 이야기할 때 빼놓을 수 없는 것이 박세리로 대표되는 스포츠 스타 육성책이다. 1990년대 중반 그는 이같이 강조한 바 있다.

"좋은 골퍼를 기르면 국가엔 명예, 개인엔 돈과 영광, 스폰서인 기업엔 브랜드 가치 제고로 연결된다."

삼성은 눈여겨봐둔 박세리를 후원하고자 했다. 당시로서는 예산도 적은 데다 성공가능성도 낮았다. 게다가 까다로운 조건이 한둘이 아니었다. 그가 독려했다.

"본인이 원하는 대로 다 해줘라. 책임은 내가 진다."

삼성은 1996년 여고졸업반인 그녀와 계약금 8억, 연봉 1억 원의 파격적인 조건으로 계약을 체결했다. 스폰서십 계약 2년이 채 되지 않은 1998년, LPGA에서 삼성 상호가 선명한 모자를 쓴 한국 낭자가 사상 첫 우승을 했다. 대박이었다. 1999년 31억 달러에 불과했던 삼성의 브랜드 가치가 100억 달러 선을 훌쩍 넘어섰다.

삼성이 단기간에 브랜드 가치를 이처럼 수직 상승시킬 수 있었던 것은 미래를 내다보는 이건희의 형안炯眼과 브랜드 가치 제고에 대한 강력한 의지가 있기에 가능했다. 삼성이 초일류 글로벌기업으로 우뚝 서는 데에는 이처럼 브랜드 가치 제고를 위한 힘겨운 과정이 있었다. 그러나 그 열매는 달았다. 브랜드 가치가 몇 배로 뛰어올랐기 때문이다. 올림픽과 월드컵 등을 통한 스포츠 마케팅의 경우 투자 대비 산출 효과가 크다는 게 전문가들의 하나같은 주장이다.

실제로 세계 유수의 자동차기업 중 유일하게 2010 남아공월드컵 공식 파트너로 참여한 현대기아차는 경기장의 광고판 홍보로만 8조6000억 원의 마케팅 효과를 본 것으로 집계됐다. TV광고와 각종 거리응원 후원 등을 통한 브랜드 인지도 상승분까지 합하면 약 20조 원에 달한다. 국제축구연맹FIFA에 지불한 1억 달러와 기타 마케팅 비용을 합쳐도 30배 이상 효과를 거둔 셈이다.

# 노렌과
# 상호

▪▪▪▪ 경영 현장에서 기업의 품격에 해당하는 브랜드 가치는 통상 상표商標와 상호商號 두 가지 형태로 나타난다. 갤럭시S가 상표, 삼성이 상호에 해당한다. 상호의 브랜드 가치가 높으면 상표의 가치도 덩달아 올라가고, 해당 제품이 잘 팔려 상표의 브랜드 가치가 올라가면 덩달아 상호의 가치도 상승한다. 이와 반대되는 현상이 똑같이 성립하는 것은 말할 것도 없다.

상호와 상표의 브랜드 가치 상승은 과거 '명문가'에서 잇달아 과거급제자를 배출하는 것에 비유할 수 있다. 명문가의 브랜드 가치가 히트상품에 해당하는 과거급제자의 잇단 배출에 달려 있기 때문이다. 여기서 실패하면 과거의 명예를 먹고사는 소위 '한문寒門'이 되고 만다. 몰락한 명문가인 셈이다. 조상 중에 누가 영의정과 판서를 지냈다는 것을 자랑하는 것은 곧 자신이 한문 출신임을 떠벌이는 것이나 다름없다. 중요한 것은 현재다. 아무리 한문 출신일지라도 본인이 노력하기에 따라서는 얼마든지 최고의 명문이 될 수 있다. 기업의 상호와 상표 관계와 하등 다를 바가 없는 것이다.

세계 유수의 회사가 새로 출시한 제품이 소비자의 외면을 받을 경우 상호의 브랜드 가치는 매우 높은데도 불구하고 상표의 브랜드 가치는 형편 없을 수 있다. 명문가에서 과거급제자를 내지 못한 경우에 해당한다. 상호의 브랜드 가치가 낮은 벤처기업이 신제품을 내놓아 소비자들로부터 극히 좋은 평가를 받을 경우 이와 정반대되는 양상이 빚어진다. 이는 한문 출신이 과거에 급제해 가문을 빛낸 것에 비유할 수 있다. 흔히 세계시장의 지배권이 뒤바뀌는 과도적인 시기에 이런 양상이 나타난다.

10여 년 전만 해도 소니는 삼성을 2류로 취급했다. 삼성에서 정보 교류와 업무 상담을 위해 면담을 신청하면 좀처럼 만나주지도 않았다. 삼성에서 상무가 면담을 신청하면 소니에서는 과장을 내보내는 식이었다. 이런 상하관계가 평등한 관계로 바뀌기 시작한 것은 2001년부터다.

당시 삼성은 소니의 절반에 불과한 매출액으로 두 배가량의 순이익을 냈다. 소니 추월의 신호탄이었다. 소니를 위시한 일본 유수의 전자회사들이 내부적으로 비틀거리기 시작한 것도 이때였다. 세계시장의 지배권이 이동하는 과정에서 삼성과 소니 모두 상호와 상표 간의 브랜드 가치가 엇박자를 낸 것이다. 이로부터 3~4년 뒤 삼성이 순이익은 물론 매출 면에서도 소니를 완전히 따돌리면서 상호와 상표의 브랜드 가치가 동조同調 양상을 보이게 됐다.

일본의 역사문화 전통에 따르면 소니는 '노렌暖簾을 더럽히다'는 일본 관용어처럼 굴욕적인 상황을 맞은 셈이다. 상점 입구에 내거는 노렌은 상호를 새겨넣은 천을 말한다. 원래는 가게 안에 직접 풍광이 들어오는 것을 막거나 추위를 덜기 위한 목적으로 만들어졌다. 우리의 선술집에 해당하는 이자카야居酒屋 중 전통 있는 곳은 천에 동아줄을 나란히 걸어놓는 '나와노렌繩暖簾'을 선호한다.

노렌은 영업 중일 때만 내걸고 문을 닫을 때 반드시 떼어놓는 까닭에 그 가게의 신용과 품격을 상징한다. 이는 사무라이들이 가계의 혈통과 지위 등을 드러내는 소위 '가몬家紋'을 목숨과 동일하게 여긴 것처럼 상인들이 자신의 상호를 매우 중시한 데서 비롯된 것이다. 에도막부 시절 사무라이들은 칼과 투구, 갑옷 등 모든 무기에 가몬을 새겨넣었다. 오사카를 거점으로 한 상인들도 자신들이 만들어내는 모든 상품에 상호를 새겨넣었다. 상호와 상표를 일치시킨 셈이다. 현재는 사무라이들이 사라진 까닭에 가몬보다 상호가 일본의 전통문화를 드러내는 대표적인 상징물이 되어 있다.

삼성이 상호를 애지중지하는 것은 일본 상인 못지않다. 지난 2003년 말에 삼성의 상호를 둘러싼 분쟁이 그 증거다. 이는 콘크리트 등 건축기자재를 만드는 지방의 중소기업 '삼성산업'이 자사 상표의 등록을 출원한 데서 비롯됐다. 뒤늦게 이 사실을 안 삼성은 크게 당황해 2005년 말 특허심판원에 취소청구를 냈다. 유사 상호로 인해 삼성의 국제적 브랜드 가치를 훼손할 우려가 크다는 게 이유였다.

현재 한국에서 상호에 '삼성'이라는 단어를 사용하는 곳은 1만5000여 곳에 이른다. 이 중 일정 규모가 돼 상공회의소 데이터베이스에 등록된 업체는 900여 곳이다. 대부분 삼성과 관계없는 중소기업이다. 그러나 그 중에는 삼성제약과 삼성출판사 등 건실한 업체도 있다. 삼성출판사는 1920년에 출범한 장수기업이기도 하다. 삼성과 이들 기업 간에는 상호를 둘러싼 마찰이 전혀 없다. 상식 차원에서 판단하면 초일류 글로벌기업인 삼성과 여타 중소업체가 상호를 둘러싸고 싸울 일이 전혀 없다.

# 문화입국으로
# 향기를 남기다

"경영은 하나의 종합예술이다. CEO가 무능하면 그 기업은 망한다고 해도 틀림이 없을 정도로 CEO의 역할은 막중하다. 그러나 의욕과 권한만 가지고는 안 된다. '종합예술가'에 비유될 정도의 자질과 능력을 갖춰야 한다."

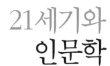

21세기와
인문학

    디지털 기술은 모든 것을 숫자로 바꿔 기계가 처리할 수 있도록 만들었다. 기존 산업의 패러다임을 완전히 뒤바꾼 배경이다. 아이폰이 보여주듯이 일반인도 일상생활에서 전에는 생각지도 못한 변화와 경험을 매일 겪고 있다. 스탠퍼드대 컴퓨터공학 박사과정에 다니던 구글의 공동창업자 래리 페이지Lawrence E. Page와 세르게이 브린Sergey Brin은 수학적 알고리즘을 신봉하며 디지털 기술 진화를 선도했다. 어떤 주어진 문제를 풀기 위한 절차나 방법을 뜻하는 알고리즘은 컴퓨터 프로그램에서 실행명령어들의 순서를 의미한다. 아랍의 수학자 '알콰리즈미'의 이름에서 유래한 말이다.

그러나 인간의 마음과 그 표현에 해당하는 모든 사회현상은 아무리 디지털 기술이 발전해도 알고리즘에 등장하는 숫자로 측정하기가 쉽지 않다. 혁신이 일상화된 디지털 기술 분야에서 오히려 인문학적 성찰이 더욱 필요한 이유다. 이런 역설이 가능한 것은 사람이 상대적으로 극히 더디게

변하기 때문이다. 애플의 최고경영자 스티브 잡스는 이를 통찰하고 있다. 2010년 6월 7일 샌프란시스코 모스콘센터에서 열린 아이폰4 출시행사에서 한 말이 그 증거다.

"애플은 단지 기술기업이 아닙니다. 그 너머에 있는 기업입니다."

그는 '기술과 인문학의 결합'이 애플과 다른 회사를 구별하는 기준이라고 덧붙였다. 공교롭게도 비슷한 시기에 애플의 시가총액은 수십 년 동안 1위 자리를 지키던 마이크로소프트를 제쳤다. 잡스가 말한 바대로 애플은 단순한 '기술기업'이 아님을 공언한 덕분에 이런 일대 역전극을 이뤄낸 것인지도 모른다.

사실 기술과 인문학의 결합은 2010년 1월 애플이 태블릿 PC인 아이패드를 발표할 때 이미 등장한 화두다. 당시에도 잡스는 '애플은 인문학과 기술의 교차로에 서 있다'고 역설한 바 있다. 그가 이처럼 인문학을 구두선처럼 되뇌는 것은 최첨단의 디지털 기술도 결국은 인간의 이용후생利用厚生에 이바지하기 위한 것이라는 매우 단순하면서도 중요한 사실을 통찰한 데 따른 것이다.

잡스는 진보적 인문학의 전통이 강한 리즈대학을 다니다 첫해에 중퇴한 바 있다. 그는 중퇴 후에도 리즈대학의 다양한 인문학 강좌를 청강했다. 특히 붓글씨 강의가 그를 매혹시켰다. 2005년 스탠퍼드대 졸업식 축사에서 그는 이같이 말한 바 있다.

"붓글씨는 멋지고 역사성을 담고 있는데다 과학으로 분석할 수 없는 미묘한 아름다움이 있다."

그는 붓글씨에 매료된 청년 시절의 지적 호기심이 훗날 '맥컴퓨터'를 만드는 데 커다란 도움이 됐다고 덧붙였다. 일견 불필요한 듯이 보이는 인문학을 중시하는 풍조는 미국 실리콘밸리에 널리 퍼져 있다. 정보기술을 다루는 대부분의 업체가 잡스와 똑같은 생각을 갖고 있다. 실제로 샌프란시스코에 소재한 단문블로그 업체 트위터는 컴퓨터 전공자뿐만 아니라 다양한 경력의 직원이 함께 모여서 일하고 있다.

원래 아이팟과 아이폰, 아이패드로 이어지는 애플의 히트작은 음악재생기·휴대전화·태블릿 PC 분야에서 처음 나온 제품이 아니다. 애플은 후발주자였다. 그럼에도 마치 애플이 처음으로 이뤄낸 성과처럼 보이는 것은 사용자의 직관을 충족시켜주는 기능을 전면에 내세웠기 때문이다. 시장을 선점했던 이전의 기업들은 이런 간단한 이치를 무시 내지 간과했다. 애플의 성공비결은 기존의 '공급자 관점'을 버리고 '사용자 관점'을 택한 데 있다. '사람'을 중심에 둔 인문학 애호가 빚어낸 성공 스토리에 해당한다.

많은 사람이 아이폰4 출시행사에서 별반 새로울 것도 없는 잡스의 화상통화 서비스에 열광한 것도 이런 맥락에서 이해할 수 있다. 잡스의 뛰어난 언변과 상술이 한몫 한 것이 사실이나 그보다는 많은 사람이 사용자 관점을 중시하는 애플의 정신에 매혹된 결과로 보는 게 옳다. 실제로 출시행사에서 잡스는 눈물샘을 자극하는 마케팅 전략을 구사했다. 전방의 군인이 병원에 누워 있는 아내와 통화하는 과정에서 태아의 초음파사진을 화상전화로 보고는 감격하고, 연인 사이인 두 청각장애인이 말이 없는 전화통화를 하는 장면 등이 그것이다. 표정과 눈빛, 수화로 나누는 사랑의 대화가 진한 감동을 자아내면서 별반 새로울 것도 없는 화상전화가 문득 21세기 최첨단 디지털 기술인 양 착각을 불러일으킨 것이다.

음악재생기와 화상전화를 가장 먼저 출시하며 세계 최강의 하드웨어를 자랑했던 한국의 IT업체는 이를 간과했다. 삼성도 예외가 아니다. 이런 일이 반복되면 알맹이는 다 빼앗긴 채 껍데기만 들고 있는 황당한 상황이 빚어질 수 있다. 이를 실감하게 해주는 일화가 있다.

최근 전 세계에 동시 출시된 무료 인터넷전화 '스카이프'의 원천기술은 당초 한국의 한 벤처 기업가가 이미 10여 년 전에 찾아낸 것이다. 당시 한국의 이동통신사는 편히 앉아서 돈을 버는 유선망 인터넷에 안주한 나머지 상용화에 난색을 표했다. 결국 스카이프가 최근 아이폰용 스카이프 2.0 버전을 한국을 포함한 전 세계에 출시했다고 밝히자 뒤늦게 3G망을 개방하는 등 뒷북을 치는 모습을 보였다. '죽 쒀서 개 준다'는 속담이 절로 연상되는 대목이다.

더 큰 문제는 이런 병폐가 더욱 확산될 조짐을 보이고 있다는 데 있다. 인문학을 '돈벌이에 도움이 안 되는 학문'으로 치부하는 국내 대학의 그릇된 풍조가 그 증거다. '기술과 인문학의 결합'으로 상징되는 천하대세와 거꾸로 가고 있는 꼴이다. 'I자형 인재' 대신 'T자형 인재'를 찾은 이건희의 선구적 행보가 더욱 가슴에 다가오는 이유다.

# 여성과
# 예술경영

　　▪▪▪▪ 삼성 내에서 여성인력 문제가 이슈화된 것은 1980년대 말부터다. 당시에는 낮은 활용이 문제가 아니라 아예 활용할 여성이 없는 것이 문제였다. 이건희는 회장 취임 이후 여성인력을 대거 선발할 것을 누차 강조했다. 실무진이 신규채용 인력의 20퍼센트 이상을 여성으로 뽑고 육아시설도 더 늘리는 등 서둘러 제도적인 지원책을 마련했으나 그가 보기에 미흡했다. 그는 30퍼센트 수준으로 올릴 것을 주문했다. 1992년 비서와 디자이너 등 여성 전문직 공채에 이어 1993년 대졸 여성 공채가 처음으로 실시된 배경이다. 취업의 기회를 잡기 어려웠던 여성들이 구름처럼 몰려들었다.

　　더 큰 문제는 그 다음이다. 현업에서는 아무도 대졸 여성사원을 받으려고 하지 않은 것이다. 비서실 인사팀이 중간에서 완전히 샌드위치 신세가 돼 별다른 진척이 없자 그가 관계자들을 불러놓고 여성인력의 중요성을 조목조목 설명했다.

"현대사회는 남성에게 없는 여성의 감수성이 보완돼야만 세계 경쟁에 뛰어들 수 있다. 사회적인 편견을 무릅쓰고 뛰어난 재능을 발휘할 수 있는 여성인력이 매우 많다. 이들이 가세해야만 비로소 국가 또한 세계무대에 통할 수 있는 경쟁력을 지닐 수 있다."

이후 회장의 의중을 어느 정도 반영했다고 생각한 실무진이 회의석상에서 그간의 성과를 보고하자 이건희가 오히려 질책했다.

"더 파격적인 안을 만들라. 좀 손해를 보더라도 기존의 잘못된 관행을 바꾸기 위해서는 우리가 먼저 나서야 한다."

계열사의 볼멘소리가 이어지는 와중에 1994년 학력과 성별 철폐를 골자로 하는 '열린 인사 개혁안'이 나왔다. 월급체계를 똑같이 만든 것이 골자였다. 당시로서는 획기적인 방안이었다. 그는 이같이 역설했다.

"출산율이 낮아지고 고령화가 진행되면서 생산가능 인구가 줄어들고 있다. 장기적으로 인력 부족과 소비 위축 등으로 경제가 활력을 잃게 될 것이다. 이를 막기 위해서는 집안에 사장돼 있는 여성인력을 끌어내야 한다."

비서실 인사팀은 싱가포르 등 국민소득이 2만 달러가 넘는 나라를 조사한 결과 맞벌이 가구의 비중이 높은 것을 발견했다. 싱가포르는 95퍼센트에 달했다. 여성인력의 참여 없이는 국민소득 2만 달러 달성이 요원하다는 그의 지적이 통계로 증명된 셈이다.

우리나라에서 통용되는 지폐 가운데 가장 고액권인 5만 원권의 배경인물은 '신사임당'이다. 율곡의 모친이기도 한 그녀는 생전에 '시·서·화'에도 뛰어나 당시에도 많은 문인과 사대부로부터 칭송을 받았다. 그녀가 생존한 시기는 당쟁이 시작되기 직전인 인종과 명종의 치세였던 까닭에 남녀차별이 조선조 후기만큼 심하지 않았다. 딸도 아들과 똑같은 비율의 유산을 받은 게 그 증거다. 실제로 율곡은 외가로부터 받은 적잖은 유산 덕분에 재물에 신경 쓰지 않고 학업에 매진할 수 있었다.

그러던 것이 당쟁이 격화되고 경직된 성리학 이론이 횡행하면서 소위 '남존여비' 풍조가 만연하기 시작했다. 성리학의 가장 큰 병폐 중 하나는 무조건 남자를 높이고 여자를 한없이 낮추는 남존여비이다. 명대 말기의 이탁오李卓吾는 《분서》에서 성리학의 왜곡된 여성관을 신랄히 지적한 바 있다.

"사람에게 남자와 여자의 차이가 있다고 하는 건 가능하지만 보는 것에 남자와 여자의 차이가 있다고 할 수 있는가? 보는 것에 길고 짧음이 있다고 하는 건 가능하지만 남자가 보는 건 모두 길고 여자가 보는 건 모두 짧다고 한다면 이 어찌 말이나 되는가? 남자가 현명치 못하면 비록 주색에 빠지지 않는다 해도 나라와 가정과 자신을 망치고 말 것이다. 성리학자들은 오로지 주색을 좋아하는 것만 탓하면서 근본적인 문제는 살피지 않으니 이러한 속유俗儒들은 정치를 논할 수 없다."

남존여비 풍조가 만연한 당시의 상황에서 볼 때 이는 가히 혁명적인 주장에 해당했다. 그는 현실과 동떨어진 공리공론을 일삼는 성리학자들을 겨냥해 이같이 개탄했다.

"세상에는 성리학을 논하지 않고도 부귀영화를 얻은 자가 적지 않은데 사람들은 왜 꼭 성리학을 논한 후에 부귀해지려는 것일까? 이는 재능과 식견이 없어 평생 빈천하게 살 수밖에 없는 자들이 성리학을 논하는 것으로 부귀를 취하는 밑천으로 삼기 때문이다. 오늘날 재능과 식견도 없으면서 큰 부귀를 얻은 자가 반드시 성리학을 논하는 이유가 바로 여기에 있다."

세상이 어지러울수록 식견이 짧고 무능한 자들이 입만 열면 무슨 이념이나 이데올로기 등을 떠들며 부귀를 거머쥔다고 지적한 것이다. 《논어》〈자한〉편에 이런 구절이 나온다.

"공자에게는 네 가지가 없었다. 사사로운 뜻이 없었고, 꼭 하겠다는 것이 없었고, 고집하는 것이 없었고, 내가 아니면 안 된다는 것이 없었다."

재능과 식견이 없는 자들이 높은 벼슬을 하는 것만큼 무서운 일이 없다. 공자가 보여준 소위 '4무四無'가 그 증거다. 식견이 짧은 자들이 입만 열면 무슨 이념이나 이데올로기 등을 떠드는 풍조는 예나 지금이나 별반 다를 것이 없다. 누구보다 먼저 위정자와 기업 CEO들이 인문학에 대한 폭넓은 소양을 지닐 필요가 있다. 수많은 사람이 그들을 '롤 모델'로 삼고 있기 때문이다.

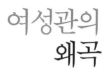

# 여성관의
# 왜곡

<sup>■■■■</sup> 아직도 많은 사람이 공자가 여성을 낮춰본 것으로 생각하고 있으나 이는 잘못이다. 《논어》에 대한 성리학자들의 잘못된 해석이 그대로 수용된 결과다. 《논어》〈양화〉편에 공자의 다음과 같은 언급이 나온다.

"오직 여자와 소인만은 기르기가 어렵다. 가까이하면 불손하고, 멀리하면 원망하기 때문이다."

성리학자들은 바로 이런 대목 등을 근거로 남존여비를 주장했다. 지난 2007년 중국에 거주하는 공자의 77대손인 '덕德'자 항렬의 적손嫡孫들이 모여 족보 개편작업을 진행하면서 사상 처음으로 공씨 여성의 이름을 올리기로 결정해 화제가 된 바 있다. 이 소식을 처음으로 전 세계에 타전한 〈신화통신〉 기자는 이런 해설을 덧붙여 놓았다.

"'오직 여자와 소인만은 기르기가 어렵다'며 여성을 경시한 공자는 이런 일이 벌어지리라고는 생각지 못했을 것이다."

5·4운동 이래 오랫동안 공자를 성차별주의자로 규정한 잘못된 관행이 21세기까지 지속되고 있음을 보여주는 대목이다. 공자는 유아 때 부친을 잃고 편모슬하에서 생장하다가 소년시절에 모친과도 사별했다. 모친을 그리워했던 그가 여성을 비하했을 리 없다. 《예기》〈단궁 상〉편에 이를 뒷받침하는 대목이 나온다.

"옛날에는 묘를 쓰고 봉분을 하지 않았다고 한다. 그러나 지금 나는 사방을 떠돌고 있으니 봉분을 만들어 표시하지 않을 수 없다."

이는 조실부모하여 천하의 그 어느 곳에도 마음을 붙일 곳이 없게 된 망극한 심경을 표현한 것이다. 〈양화〉편의 '여자' 운운 대목이 아직까지 공자가 여인을 비하한 근거로 원용되고 있는 것은 보통 큰 문제가 아니다. 공자는 여인을 비하한 적이 결코 없다. 공자가 '효'를 언급할 때 반드시 '부모'에 대한 효를 언급한 사실이 이를 증명한다.

〈양화〉편의 '여자'는 현재 사용되는 '여인'이나 '여성'의 개념과 다르다. 이는 '비첩婢妾'의 의미로 사용된 것이다. '노복奴僕'을 뜻하는 '소인'과 대비시킨 것이 그 증거다. 이 대목은 공자가 위정자에게 소위 신첩臣妾을 기르는 기본자세를 언급한 것이다. 위엄과 자애로써 이들 신첩을 기르면 불손과 원망의 두 가지 병폐가 사라질 것이라는 취지를 담고 있다. 본래 신첩의 '신臣'은 남자 노복을 뜻하고 '첩妾'은 여자 노비를 의미한다. 〈양화〉편에서는 '신첩' 대신 '소인'과 '여자'로 나눠 표현한 것이 다를 뿐이다.

원래 춘추전국시대만 하더라도 지금과 전혀 다른 의미로 사용된 글자가 매우 많다. '공자公子'도 이 경우에 속한다. 이는 후대에 들어와 오직 남자만을 지칭하는 용어로 굳어졌으나 애초에는 제후의 아들과 딸을 통칭하는 말이다. 굳이 여성을 표시하고자 할 때는 '공녀公女'로 표현하지 않고 '여공자女公子'로 표시했다. 당시까지만 해도 '자子'라는 글자에는 남녀의 성구별이 존재하지 않았다. 아직도 많은 사람이 〈양화〉편의 '여자'가 '소인'으로 표현된 신臣과 짝을 이루는 첩妾의 의미로 사용된 사실을 알지 못하고 있다. 안타까운 일이다. 공자는 후대의 성리학자들처럼 '아무리 뛰어난 여인도 아무리 못난 남자만 못하다'는 식의 황당한 주장을 결코 편 적이 없다.

남존여비의 풍조는 패망의 길이다. 실제로 남녀평등을 역설한 이탁오를 이단으로 규정해 죽음으로 몰아간 명나라는 이내 패망하고 말았다. 조선조는 명나라보다 한술 더 떴다. 조선조가 후기에 들어와 피폐를 면치 못하다가 일제에 의해 패망한 것도 이와 무관하지 않다. 《도덕경》은 여인의 위대함을 이같이 칭송한 바 있다.

"그 웅성雄性 : 수컷의 본성을 알고 그 자성雌性 : 암컷의 본성을 지키면 천하의 계곡이 된다. 천하의 계곡이 되면 상덕常德이 떠나지 않아 어린아이로 복귀한다. 그 영화榮華를 알고 그 수욕羞辱 : 부끄러움과 욕됨을 지키면 천하의 계곡이 된다. 천하의 계곡이 되면 상덕이 이내 넉넉해져 질박質樸으로 복귀한다."

삼국시대 위나라의 왕필은 이 대목을 '지웅수자知雄守雌'와 '지영수욕知榮守辱'으로 요약했다. 지웅수자는 스스로 앞서려고 하면 반드시 뒤처지게 된다는 사실을 알고 있는 까닭에 조용히 뒤에 서는 것을 말한다. 지영수욕은 높은 곳에 오르면 반드시 내려와야 한다는 사실을 알고 있는 까닭에 스스로 낮은 곳에 처하는 것을 뜻한다. 약하고 부드러운 모습을 취하는 것이 궁극적인 승리를 얻는 길임을 설파한 것이다. 《도덕경》은 '계곡'의 비유를 통해 여인의 위대함을 절묘하게 드러낸 셈이다.

예술은 우아함과 아름다움을 기본속성으로 삼고 있는 까닭에 여인과 불가분의 관계를 맺고 있다. '예술경영'을 '여인경영'으로 바꿔 표현할 수 있는 이유다. 최근 한국 여성의 활약은 눈부신 바가 있다. 이건희가 신규 사원 채용 때 여성인력을 대거 발탁할 것을 주문한 것도 이런 시대적 추세와 무관하지 않을 것이다.

최근 '감성경영'과 '디자인경영' 등이 유독 강조되고 있는 점 등을 감안할 때 21세기는 가히 '여인의 시대'로 부를 만하다. '웅성'을 뜻하는 하드웨어보다 '자성'을 뜻하는 소프트웨어가 중시되는 현실이 이를 뒷받침한다. 하드웨어 분야에서 세계 최강자로 우뚝 선 삼성은 '지웅'의 단계에 비유할 만하다. 그러나 여기서 멈춰서는 안 된다. 소프트웨어의 최강자를 상징하는 '수자'의 단계로 나아가야만 한다. 이건희가 여성의 중요성을 부쩍 강조하는 것도 이를 통찰한 결과로 볼 수 있다. 실제로 여성계는 삼성의 여성인력 활용 드라이브 정책에 커다란 관심을 표명하면서 많은 기대를 걸고 있다.

# 디자인과
# 예술경영

     많은 전문가가 21세기를 '감성의 시대'로 규정하고 있다. 그 중 일부는 20세기를 상징하는 '이성의 시대'와 작별했다는 단언적인 어법을 구사하기도 한다. 그러나 이는 한쪽만 본 것이다. 21세기를 감성의 시대로 파악하는 것은 나름 의미가 있다. 그러나 이성주의에 입각한 '체계경영'과 '품질경영'을 포기할 수 없듯이 이성의 시대와 영원히 결별할 수는 없는 일이다. 이성과 감성은 상호 보완적인 관계에 있는 까닭에 이성을 배제한 감성, 감성을 배제한 이성은 존재할 수 없다.

    최근 뇌과학과 임상심리학의 발달로 여성은 감성을 지배하는 우뇌가 발달하고, 남성은 논리를 지배하는 좌뇌가 발달했다는 기존의 주장이 잘못이라는 사실이 드러났다. 에모리대 심리학과 릴리언펠드Scott O. Lilienfeld가 2009년 펴낸 《유혹하는 심리학 50》에 따르면, '좌뇌형 인간'과 '우뇌형 인간'을 구분하는 것 자체가 비과학적이다. 좌뇌와 우뇌가 서로 다른 기능을 수행하는 것은 사실이나 그 차이가 미미하다는 것이다. 실제로 신경과학에서는 뇌의 한쪽이 손상을 입으면 다른 쪽이 그 기능을 완벽하게 대신한다는 사실을 과학적으로 입증했다. 여성과 남성, 감성과 이성을 엄격히 구분지으려는 과거의 잘못된 통념과 상식에 대한 통렬한 반박에 해당한다. 기업 CEO들이 명심해야 할 대목이다.

이를 망각할 경우 역효과를 낳을 수 있다. 감성경영의 꽃으로 불리는 '디자인경영'에 과도하게 매달린 나머지 '이성경영'을 상징하는 품질을 소홀히 한 채 겉만 화려한 제품을 내놓는 경우가 이에 해당한다. 이는 소비자를 우롱하는 것이다. 최근의 도요타 리콜 사태가 그 생생한 증거다. 어느 시대를 막론하고 뛰어난 품질을 바탕으로 한 디자인만이 소비자들의 환영을 받을 수 있다.

그런 점에서 뛰어난 품질과 세련된 디자인으로 세계적인 '명품'을 만들어온 삼성은 성공적인 경우에 속한다. 이는 이건희의 예술경영에서 기인한 바 크다. 그는 1996년 신년사에서 이같이 선언한 바 있다.

"디자인은 상품의 겉모습을 꾸미고 치장하는 것에서 한 걸음 더 나아가 기업의 철학과 문화를 담아야 한다. 기업 경쟁력 또한 가격과 품질의 시대를 거쳐 21세기는 디자인 경쟁력이 기업 경영의 승부처가 될 것이다."

소위 '문화경영'을 설파한 것이다. 사실 이는 최근의 연구결과와 부합하는 것이기도 하다. 소비자의 30퍼센트는 가격을 보고 물건을 사지만, 60퍼센트는 디자인 등 부가가치를 보고 제품을 구입하는 것으로 나타나고 있다. 일찍이 노벨경제학상을 수상한 미국의 허버트 사이몬Herbert Alexander Simon은 이같이 단언한 바 있다.

"대다수 조직과 사람들이 혁신을 기치로 내걸고 모든 것을 바꾸고 있지만 결국 가장 주목받는 차별화는 바로 디자인 혁신에 있다.”

과거에는 최상의 제품을 얼마나 빨리 그리고 값싸게 공급하는가 하는 것이 기업의 성패를 갈랐다. 이병철은 이를 신봉했다. 당시에는 이게 맞았다. 그러나 21세기는 이것만으로는 부족하다. 인터넷을 통해 해당 제품에 관한 다양한 정보를 접하면서 소비자의 취향이 수시로 바뀌기 때문이다. 해당 제품과 서비스가 얼마나 매력 있고 독특한가 하는 것 등이 더 중시되는 이유다. 아무리 뛰어난 제품과 서비스일지라도 고객의 눈높이를 맞추지 못하거나 감동을 주지 못할 경우 이내 퇴출될 수밖에 없다. 이는 신자유주의 논쟁을 떠나 누구도 거스를 수 없는 천하대세다.

이건희는 이를 진즉에 간파했다. 부회장 시절에 일본 디자인계의 거목 후쿠다 시게오를 고문으로 영입한 게 그 증거다. 당시 그는 다나카 이코, 가츠이 미츠오 등과 함께 일본의 대표적인 그래픽 디자이너로 명성을 떨치고 있었다. 간결한 구도와 명쾌한 조형, 대담한 색상, 착시를 이용한 ‘트릭 아트 기법’ 등을 사용해 ‘시각의 마술사’로 불리기도 했다. 그는 2005년 5월호 월간 〈디자인〉과 가진 인터뷰에서 디자인의 중요성을 이같이 비유했다.

“디자이너는 야구선수와 같아서 어떠한 테마도 받아 칠 수 있는 자신만의 타법이 있어야 한다. 상대의 예상을 뒤엎을 수 있는 훈련을 늘 해야 하는 이유다.”

‘디자인 삼성’은 후쿠다를 영입한 데서 시작됐다고 해도 과언이 아니다. 현재 삼성은 디자인 뱅크 시스템을 가동하면서 디자인 경영센터를 운영하고 있다. 유행을 선도하기 위한 노력의 일환이다. 이는 그가 늘 디자인의 중요성을 역설해온 사실과 무관하지 않다.

"소니나 벤츠는 멀리서 봐도 소니나 벤츠임을 알 수 있다. 그러나 삼성은 모방만 하다 보니 삼성만의 아이덴티티가 없다."

그의 '삼성' 상호에 대한 자부심과 디자인에 대한 욕심은 끝이 없다. 2005년 4월 13일 그는 디자인 혁명선언 10주년을 맞아 이탈리아 밀라노에서 사장단 회의를 열고 소위 '제2의 디자인 혁명'을 선언한 바 있다. 당시 밀라노 시내 포시즌 호텔에서 저녁을 겸해 시작된 전략회의는 밤늦게까지 이어졌다. 삼성전자와 글로벌 외국기업의 제품에 대한 비교품평을 겸한 까닭이다. 그는 이 자리에서 사장단의 분발을 촉구하고 나섰다.

"삼성의 디자인 기술은 아직 부족하다. 애니콜만 빼면 나머지는 모두 1.5류다. 최고경영진에서부터 현장사원에 이르기까지 디자인의 의미와 중요성을 새롭게 재인식해 삼성 제품을 세계적인 명품 수준으로 만들어야 한다."

여기서 밀라노 4대 디자인 전략이 확정되었다. 독창적 디자인 구축, 우수한 디자인 인력 확보, 창조적이고 자유로운 조직문화 조성, 금형기술의 인프라 강화가 그것이다. 그는 이같이 당부했다.

"요즘은 기획력과 기술력이 아무리 뛰어나도 디자인이 약하면 다른 요소까지 그 힘을 발휘할 수 없다. 한국의 문화를 담고 삼성의 철학이 반영된 디자인 개념을 정립하는 작업을 그야말로 혁명적으로 추진해나가야 한다. 그러기 위해서는 경영자는 젊은이들과 자주 대화하고, TV인기 드라마도 보면서 유행을 알고 디자인 감각을 키워야 한다."

디자인이 신경영 선언의 근간을 이루고 있는 질경영의 핵심요소로 간주된 것은 그의 끊임없는 관심과 독려가 있기에 가능했다. 삼성은 이제 초일류 글로벌기업 달성이라는 1차 과제를 이룬 만큼 앞으로는 시장과 유행을 선도해나가는 노력과 안목이 필요하다. 그야말로 '전인미답前人未踏'의 길을 외롭게 가는 셈이다.

그러나 이같이 해야만 원천기술 확보 등의 커다란 선점효과를 누릴 수 있다. 성공할 경우 전인미답의 길을 떠난 데 따른 리스크는 충분히 보상받을 수 있다. '반도체 신화'와 '애니콜 신화' 등이 그 증거다. 이건희의 복귀를 계기로 삼성이 또다시 새로운 신화를 만들어낼 경우 이는 국가 차원의 쾌거에 해당한다. 삼성의 향후 행보에 국내는 물론 세계가 주목하는 이유다.

# 동양의 '우미'와
# 예술경영

•••• 원래 히포크라테스가 말한 '인생은 짧고 예술은 길다' 는 잠언에 나오는 '예술' 은 지금의 '예술'과 그 뜻이 다르다. 당초 영어 '테크닉'의 어원인 그리스어 '테흐네' 는 라틴어로 번역되는 과정에서 '아르트' 가 됐다. '테흐네' 와 '아르트' 모두 지금의 '기술' 내지 '의술' 을 뜻했다. 의술은 죽어가는 사람을 살리는 '활인술' 인 까닭에 면면히 이어질 수밖에 없다는 취지에서 나온 말이다. 라틴어 '아르트' 는 이후 지금의 영어 '아트' 처럼 예술개념으로 그 의미가 바뀌었다.

예술의 기본 속성은 '아름다움' 이다. '미美' 가 결핍돼 있으면 예술이라고 할 수 없다. 아리스토텔레스는 《미학론》에서 미를 자연의 모방 내지 재현으로 드러나는 객관적 아름다움으로 파악했다. 이에 반해 헤겔Georg Wilhelm Friedrich Hegel은 예술가가 느끼는 주관적 아름다움으로 보았다. '사실주의' 와 '낭만주의' 의 대립이 등장한 배경이다. 서구의 예술과학과 예술철학은 이처럼 예술개념을 이원적으로 파악하고 있는 까닭에 낭만주의와 사실주의의 접점을 찾는 것이 쉽지 않다.

이와 달리 동양은 단순히 아름다움에만 초점을 맞추지 않았다. 낭만주의와 현실주의가 대립할 이유가 없는 것이다. 동양에서는 우아함을 가미한 소위 '우미優美'의 경지에 이르러야만 비로소 예술 대접을 받았다. 조선조에서 매화와 난초 등을 화제畵題로 삼아 사대부들이 즐겨 그린 '문인화文人畵'를 궁중의 도화원 소속 화공이 그린 '원화院畵'보다 더 높게 평가한 이유다. '우'가 배제된 '미'는 속태를 벗어나지 못한다고 본 것이다.

서구의 미학개념으로 풀이하면 자연의 아름다움을 모방한 '사실주의적 아름다움' 위에 작가 자신의 고아한 인품이 투영된 '낭만주의적 우아함'이 덧붙여져야만 진정한 예술로 평가받은 셈이다. 실제로 높은 수준의 필력을 바탕으로 한 호방한 필세筆勢 위에 학문적 성과를 반영한 문기文氣가 자연스레 드러나야 진정한 문인화 대접을 받았다. 시와 글, 그림이 하나로 녹은 소위 '시서화詩書畵 3절三絶'만이 '명품 문인화'로 간주된 이유다.

원래 문인화는 당나라 때 시성詩聖 두보와 시선詩仙 이백과 더불어 시백詩伯의 칭송을 받은 왕유로부터 시작됐다. 그는 《화학비결畵學秘訣》에서 이같이 주장했다.

"화도畵道 가운데 수묵水墨이 가장 뛰어나다."

먹만 사용해 그리는 수묵화는 채색화가 지닐 수 없는 담담한 맛과 운치를 구현하기에 좋았다. '문인화'가 곧 '수묵화'로 통용된 배경이다. 부친 소순 및 동생 소철과 더불어 '당송8대가'로 꼽히는 소동파는 수묵 중에서도 특히 묵죽墨竹에 뛰어났다. 당쟁에 휘말려 귀양을 가는 등 파란이 많았던 그는 대나무의 변함없는 청절한 자태와 지조를 사랑했다.

수묵화는 남쪽 강남의 사대부를 중심으로 널리 유행한 까닭에 훗날 '남종문인화南宗文人畫'로 불렸다. 이는 채색을 위주로 한 '북종화원화北宗畫員畫'와 대비된다. 조선조도 '남종문인화'가 유행한 까닭에 담담하고 격조 높은 수묵화가 많이 제작되었다. 대표적인 인물이 조선 후기의 김정희다. 그가 제주도 유배 중에 그린 〈세한도歲寒圖〉는 천고의 절품으로 칭송받고 있다. 대원군이 그린 소위 〈석파란石坡蘭〉도 묵란墨蘭의 절품으로 손꼽히고 있다.

동양의 문인화는 기본적으로 공자가 《논어》에서 역설한 소위 '선부후교先富後敎' 사상에서 비롯된 것이다. '금강산도 식후경'이라는 우리 속담의 취지와 같다. 먹고사는 기본 문제가 해결돼야 능히 예술도 감상할 수 있다는 뜻이다. 선부후교의 '후교'는 곧 문화국가의 건설을 뜻한다.

이병철과 이건희 부자가 대를 이어 관철하고 있는 '보국경영'과 '예술경영' 행보는 각각 선부와 후교의 취지에 부응한다. 보국경영은 부국부민의 달성, 예술경영은 문화대국 건설을 지향하고 있다. 이병철은 생전에 기업 자체를 자아실현의 무대로 간주한 까닭에 기업을 돈벌이 수단으로 여기는 사람을 비루하게 여겼다. 한나 아렌트가 국가를 자아실현의 유일무이한 무대로 간주한 것과 맥을 같이하는 것이다.

실제로 이병철은 기업을 국가의 복심腹心 : 배와 가슴으로 여겼다. 사람이 생존을 영위하기 위해서는 부국부민이 전제되어야 한다고 판단한 결과다. 그는 경영일선에서 물러난 뒤 이같이 술회한 바 있다.

"나는 가끔 나의 과거를 돌이켜보면서 막중한 사명감 속에서 청신한 창조력을 지속해나가기 위해 쉴 새 없이 사업을 벌여나간 것이 아닌가 하고 생각할 때가 있다."

그가 생전에 일본 등 해외에 나가 있던 귀중한 문화재를 천금을 아끼지 않고 사들인 이유다. 선부후교를 몸소 실천한 셈이다. 기업경영이 삶의 활력이자 '업業'이었던 그는 삼성의 상호를 단 제품은 그 어떤 것일지라도 마치 장인匠人의 예술품이 그러하듯이 삼성의 혼을 담고 있어야 한다고 생각했다. 기업이라는 무대 자체가 기업가로 살아가는 장인의 삶 그 자체라면 해당 기업의 제품 역시 응당 장인의 혼이 살아 숨 쉬는 명품이 돼야 한다고 생각한 것이다.

지난 1965년 55세 생일을 맞은 이병철은 가족회의를 열고 '삼성문화재단'의 설립 취지를 밝힌 바 있다. 30년간 기업경영을 통해 쌓아온 재산의 일부를 사회에 환원한다는 차원에서 제일모직과 제일제당 등의 주식 10억 원과 부산시 용호동의 임야 10만여 평을 출연해 '삼성문화재단'을 세운 배경이다. 문화재단 설립 취지의 골자는 이렇다.

"개인 생활을 영위하기에 필요한 범위를 넘는 재산을 계속 사유해 사장시키는 것보다는 국가와 사회를 위해 유용하게 활용하도록 하는 것이 옳다."

그의 쾌척은 기업의 사회공헌이라는 개념 자체가 낯설었던 1960년대 당시 커다란 화제가 됐다. 실제로 '삼성문화재단'은 삼성장학회를 세워 어려운 환경에서 공부하는 학생들에게 지속적으로 장학금을 지원해오고 있다. 학술연구기관이나 학자들의 연구자금을 지원하는 제도가 만들어진 것도 같은 취지다. 이는 '인재제일'과 '기술자립'의 신념이 '문화경영'으로 수렴된 결과로 볼 수 있다.

많은 양서를 저렴한 가격에 널리 배포한다는 취지에서 나온 '삼성문화

문고'도 같은 맥락이다. 이는 한국에서 '문고판 도서'의 단초를 열었다. 삼성문화재단이 1971년에 첫 발간한 책은 독일 철학자 피히테Johann Gottlieb Fichte가 지은 《독일국민에게 고함》 번역본이다. 기업과 국가의 흥망성쇠가 모두 구성원 개개인의 자각에 달려 있다는 그의 생각이 반영된 결과였다. 이는 '문화입국'을 위한 삼성의 '상혼'이 얼마나 철저히 발휘되고 있는지를 반증한다.

'문화입국'을 향한 그의 집념 어린 상혼은 아들 이건희에게 면면히 이어지고 있다. 문화입국에 대한 이건희의 해석이다.

"경영은 하나의 종합예술이다. CEO가 무능하면 그 기업은 망한다고 해도 틀림이 없을 정도로 CEO의 역할은 막중하다. 그러나 의욕과 권한만 가지고는 안 된다. '종합예술가'에 비유될 정도의 자질과 능력을 갖춰야 한다."

부자 2대에 걸친 예술경영의 정신이 하나로 응축된 것이 에버랜드 부지 위에 서 있는 호암박물관이다. 현재 이곳에는 1300여 점의 고미술품이 수장돼 있다. 이 중에는 국보 134호 금동보살삼존상을 비롯한 국보가 12점, 보물 559호 유문칠우를 비롯한 보물이 8점이나 있다. 호암박물관의 자랑은 현존하는 고려불화 중 최고의 불화로 평가받는 국보 218호 아미타여래도다. 일제강점기 때 반출돼 일본의 야마도 미술관에 소장하고 있던 것을 1979년에 거금을 주고 사들인 것이다. 이병철의 이런 행보는 일제강점기 때 전 재산을 들여 문화재가 일본으로 넘어가는 것을 막은 간송澗松 전형필에 비유할 만하다. 그가 전형필과 더불어 우리나라 최대의 골동품 수집가였다는 사실은 그다지 널리 알려져 있지 않다.

이병철의 예술경영 정신 역시 아들 이건희에게 면면히 이어져 내려오고 있다. 2010년의 갤럭시S로 이어지는 '애니콜 신화'가 그 증거다. 실제로 삼성이 내놓는 신제품은 거의 예외 없이 명품으로 손꼽히고 있다. 오늘날 세계시장에서 1등을 차지하고 있는 삼성 제품은 단순한 1등이 아니라 천하 제일의 명품이라는 이미지를 확실히 구축하고 있는 셈이다. 삼성의 상호가 찍힌 제품은 모두 명품이어야 한다는 선친 때부터의 고집이 예술경영으로 승화된 결과로 볼 수 있다.

# 상혼과
# 한국문화의 결합

￭￭￭￭ 이건희는 예술경영을 문화경영의 일환으로 해석했다. 1994년 관계자들에게 홍보의 초점을 문화에 맞출 것을 주문한 게 그 증거다.

"이제는 문화사업 등으로 국민에게 차원 높은 삼성의 이미지를 심어주는 전략을 짜야 한다. 국민에게 좋은 일도 하고 대국민 삼성 이미지도 제고시켜 줄 수 있는 대책을 마련할 필요가 있다."

삼성이 '문화 홍보방안'을 마련한 배경이다. 이에 관한 일화가 있다. 1995년 9월 말부터 새해 신년사를 직접 준비하면서 그는 모두 15번이나 고칠 정도로 세심한 주의를 기울였다. 과연 그는 신년사에서 문화를 화두로 제시했다.

"21세기는 '문화의 시대'이자 지적 자산이 기업의 가치를 결정짓는 시대입니다. 기업도 단순히 제품을 파는 시대를 지나 기업의 철학과 문화를 팔아야 합니다."

이는 삼성 제품에 한국의 문화가 깃들어 있지 않으면 끝내 단명에 그치게 되리라는 판단에 따른 것이었다. 그의 이런 생각은 메트로폴리탄 박물관의 한국관 건설로 구체화했다. 영국 빅토리아&알버트 미술관의 한국실과 프랑스 기메 박물관의 한국관 개관도 같은 취지에서 만들어진 것이다. 그의 배경 설명이다.

"밖에서는 아직도 삼성 하면 일본기업으로 잘못 아는 사례가 허다합니다. 한국을 알리기 위해서는 한국 문화를 직접 알릴 필요가 있습니다."

이는 삼성 제품이 인정받으려면 한국 제품이 인정받아야 하고, 한국 제품이 인정받으려면 한국이 먼저 인정받아야 한다고 판단한 결과다. 삼성 본관 주변을 '문화의 거리'로 만든 것도 이런 맥락에서 이해할 수 있다. 현재 본관 앞은 동양문화의 상징인 십장생이 새겨져 있고, 뒤는 각종 첨단 디지털 제품 전시장으로 꾸며져 있다. 동과 서, 과거와 현재의 만남이다.

본관 바로 옆 삼성생명 빌딩에는 로댕의 명작인 〈지옥의 문〉이 상설 전시돼 있다. 〈지옥의 문〉이 서울에 오게 된 사연도 흥미롭다. 로댕은 죽기 전에 유언으로 작품 판권을 프랑스 정부에 넘기면서 자신의 작품철학을 제대로 이해하는 나라에 팔도록 당부한 바 있다. 입찰 가격은 이미 정해져 있었다. 삼성이 유치 신청을 하자 로댕박물관장이 직접 서울로 와 삼성의 문화사업과 문화마인드를 세밀히 조사한 뒤 결정했다.

해외에 흩어져 있는 우리 문화재에 대한 그의 관심도 선친 못지않다. 1990년대 중반에 일본 오쿠라 호텔 뒷마당에 나뒹굴고 있던 자선당의 기단이 원래의 자리에 오게 된 것도 그의 덕분이다. 자선당은 세자의 공부방이었다. 문화예술계 인재에 대한 집중 지원도 그의 문화경영 의지가 반영된 결과로 볼 수 있다. 1996년부터 삼성문화재단이 시행하고 있는 '멤피스트'가 좋은 예다. 이는 문화예술계 인재 유학 및 연수 지원을 말한다. 선친의 고미술품에 대한 식견이 문화예술 전반에 대한 그의 광범위한 안목으로 이어진 셈이다.

# 삼성웨이와
# 문화입국

···· 1990년 이후 이건희가 한 번도 빠짐없이 참석하는 행사가 있다. 매년 6월 1일에 열리는 '호암상' 수상식이 그것이다. 행사 후 만찬도 그가 직접 주재한다. 이는 단순히 선친에 대한 존경심과 효심에서 비롯된 것이 아니다. 이에 관한 일화가 있다. 1990년대 중반 그는 비서실 팀장들과 가진 오찬 간담회에서 문득 이같이 말했다.

"스웨덴 경쟁력의 원천은 '노벨상'이다. 노벨상 수여로 얻는 스웨덴의 국가 인지도는 소니나 IBM 등에 비할 바가 아니다."

1991년 첫 수상자가 결정된 그해 2월 말, 삼성 수뇌부는 수상자의 자리 배치 문제로 크게 고심했다. 수상자를 단상으로 올리고 그를 포함한 그룹 수뇌부를 단하로 하자는 안과 그 반대의 안이 팽팽히 맞섰다. 이야기를 전해들은 그가 답을 제시했다.

"수상자가 고객이다."

1997년 호암재단이 삼성복지재단에서 떨어져나와 호암상 관련 업무를 전담하게 된 것도 같은 맥락이다. 호암상의 권위를 높이기 위한 조치다. 가급적 삼성의 냄새를 제거해야 한다는 것이 그의 생각이다.

현재 호암재단은 노벨상을 목표로 노벨재단을 끊임없이 벤치마킹하고 있다. 대상자를 외국에서 활동하고 있는 한인들로 확대한 이유다. 호암상 수상자 가운데 노벨상 수상자가 나오기를 기대하는 것이다. 실제로 최근 몇 년 동안 호암상 수상자 중 서너 명이 노벨상 후보에 올라간 적이 있다. 삼성의 예술경영이 문화경영으로 발전한 배경이 무엇인지 짐작하게 해주는 대목이다.

기업의 존재이유를 사업보국에서 찾은 삼성의 궁극적인 목표는 문화대국 건설이다. 삼성이 왜 끊임없이 혁신하며 발전을 거듭하고 있는지를 이보다 더 잘 설명해주는 것도 없다. 의리를 중시한 영남 유림의 꼿꼿한 선비정신이 21세기에 들어와 삼성을 통해 활짝 꽃을 피우고 있는 셈이다.

그런 의미에서 법무팀장을 지낸 김용철을 비롯해 일부 시민단체들이 '삼성해체' 운운하는 것은 매우 유감스런 일이다. 선친의 뒤를 이어 홍익인간정신에 입각한 사업보국에 일로매진하고 있기 때문이다. 그가 신경영선언 17주년을 맞아 마불정제를 외친 게 그 증거다. 그의 '제왕적 경영'에 대한 재평가가 절실히 요구되는 이유다. 그의 리더십은 서구 역사문화 전통에 기초한 잣대로는 제대로 평가하기가 어렵다. 그럼에도 서구의 잣대를 들이댄 일각의 비판까지 겸허히 수렴해 스웨덴의 발렌베리처럼 전 국민의 전폭적인 지지를 받는 명실상부한 '국민기업'으로 거듭 태어나길 기대한다. 높은 산과 넓은 바다는 토석과 하천을 가리지 않기 때문이다. 그것이 초일류 글로벌기업이 나아갈 방향이기도 하다.

통상 격렬한 싸움을 두고 '유혈전流血戰'으로 표현한다. 이를 최초로 언급한 고전은 《서경》〈주서·무성〉편이다. 전장에서 죽은 병사의 피가 내를 이뤄 무거운 절구공이가 떠다닐 정도였다는 '혈류표저血流漂杵' 구절이 그것이다. 중국 특유의 과장된 표현이기는 하나 당시 싸움이 얼마나 처절하게 전개됐는지를 선명히 드러내고 있다.

애플로 상징되는 소프트웨어와 삼성으로 상징되는 하드웨어 최강자의 생사를 건 한판 승부도 성격상 유혈전이 될 공산이 크다. 이 싸움에서 이기는 자는 하드웨어와 소프트웨어를 통틀어 명실상부한 지존의 자리에 오르게 된다. 거시사의 관점에서 볼 때 이는 동서의 힘이 정면으로 맞부딪치는 네 번째 사례에 해당한다.

첫 번째 충돌은 1840년대에 빚어진 아편전쟁이었다. 프랑크Andre Gunder Frank가 쓴 《리오리엔트》에 따르면 객관적인 국력 면에서 천하의 중심을 자부했던 청국은 인도를 포함해 전 세계에 식민지를 두고 있던 대영제국에 결코 뒤지지 않았다. 그러나 청국은 태평천국의 난 등으로 인해 제대로 힘도 써보지 못하고 패퇴하고 말았다. 이후 청국은 1900년의 의화단 사건이 일어날 때까지 미국까지 합세한 서구 열강의 연합세력에 번번이 밀려 반식민지 신세로 전락한 후 이내 역사무대에서 사라지고 말았다. 신해혁명 이후 중국은 20세기 후반까지 근 100년 동안 국공내전과 정치투쟁 등으로 인해 국제무대에서 크게 힘을 쓰지 못했다.

두 번째 충돌은 제2차 세계대전 와중에 빚어진 소위 '태평양전쟁'이다. 러일전쟁 이후 동아시아의 패자로 등장한 일본은 중국을 대신해 '동풍'의 주인공을 자처하며 근 100년 동안 서구 열강으로 상징되는 '서풍'과 맞섰다. 일본은 중일전쟁이 벌어지는 1930년대부터 동아시아의 중심에 천황이 군림하는 소위 '대동아공영권'을 기치로 내세웠다. 이는 서구 열강에 신음하는 전 아시아를 해방시킨 후 천황의 덕정을 통해 지상낙원을 건설하는 소위 '왕도낙토王道樂土'로 포장됐다. 임진왜란 때 도요토미 히데요시豊臣秀吉가 천황의 왕궁을 교토에서 북경으로 옮겨 덕정을 펴겠다고 장담한 지 400여 년 만에 이와 유사한 복안이 다시 등장한 셈이다.

왕도낙토의 결과로 빚어진 전쟁이 바로 태평양전쟁이다. 당시 조선과 만주를 완전히 손아귀에 넣은 일본은 남경에 왕징웨이王精衛 괴뢰정권을 세운 뒤 대영제국을 대신한 미국에 도전장을 던졌다. 조선조차도 도이島夷로 취급했던 일본이 문득 힘을 길러 황인의 해방을 기치로 내걸고 백인의 세계지배를 당연시한 대영제국의 후신 미국에 도전장을 내민 것은 놀랄만한 일이었다. 이는 과학기술 문명에서 한참 뒤진 것으로 간주된 동양이 어느덧 서양과 어깨를 나란히 하는 수준에 올라섰음을 뜻했다.

이를 상징한 것이 바로 태평양전쟁 초기 일본군의 승리에 결정적인 기여를 한 '레이센零戰' 전투기다. 미쓰비시중공업의 설계기사 호리코시 지로堀越二郎가 해군의 요청을 좇아 개발한 이 비행기는 당시 세계 최고의 성능을 자랑했다. 1942년 6월의 미드웨이 해전 때까지 태평양의 하늘을 제압한 게 그 증거다.

레이센의 몰락은 미드웨이 해전에서 일본해군이 주력 항모 네 척을 잃은 것이 결정적인 계기로 작용했다. 당시 알류샨열도의 더치하버를 공습하고 귀함하던 레이센 21형 한 대가 아쿠탄 섬에 불시착했다. 수색에 실패한 일본군이 철수하자 얼마 후 미군이 상공에서 우연히 이를 발견했다. 미군은 곧 레이센을 노획해 미국으로 보냈다. 미군은 크게 손상되지 않은 레이센 수리를 끝낸 뒤 다양한 테스트를 통해 성능과 제원 등을 철저히 분석했다. 이는 '레이센 킬러'로 불린 신형 전투기 F6F 헬캣Hellcat의 개발에 결정적인 공헌을 했다. 일본은 전쟁이 끝날 때까지 아쿠탄 섬의 레이센이 노획된 사실을 모르고 있었다.

세 번째 충돌은 1980~1990년대에 벌어진 총성 없는 미일 간의 '경제전쟁'이다. 이는 당시 일본이 독일과 함께 세계 최강의 기술력을 자랑했기에 가능했다. 1980년대 당시 뛰어난 품질을 자랑하는 '메이드 인 재팬'의 최첨단제품이 미 본토를 무차별 폭격하자 미국경제는 제2차 세계대전 이후 최악의 상황에 빠졌다. 무역수지 적자는 해마다 늘어나 매해 최대치를 경신했다. 1970년대 말까지만 해도 자동차·TV·카메라·복사기 등 당시 최첨단제품시장은 모두 미국의 독무대였으나 이때 들어와 미국 제품은 설자리를 잃고 말았다.

반면 일본경제는 유사 이래 최고의 호황을 구가했다. 1989년 당시 일본의 무역흑자는 사상 최대치인 580억 달러를 기록했다. 록펠러센터·라디오시티뮤직홀·콜럼비아영화사 등 미국을 상징하는 건물과 기업이 모두 일본에 넘어갔다. 미국정부와 학계 및 산업계가 '제2의 진주만 공습'을 들먹이며 경악한 것은 결코 과장이 아니었다.

이들 모두 자신들이 패배한 원인이 고비용과 저효율에 있다고 생각했다. 정확한 진단이기는 했으나 미국정부는 일본과 독일의 통화를 절상하는 안이한 방법을 택했다. 상황이 나아질 리 없었다. 이들은 다시 면밀히 검토한 끝에 결국 '품질'이 관건이라는 결론을 내렸다.

당시 미국정부의 '품질경쟁력' 강화 움직임에 앞장 선 인물이 GE의 잭 웰치였다. 그는 모토롤라에서 개발한 품질관리 기법인 소위 '6시그마'를 도입해 GE의 트레이드마크로 삼았다. 여기에 가세하고 나선 사람이 마이크로소프트의 빌 게이츠였다. 이는 세계경제의 중심축이 하드웨어에서 소프트웨어로 이동하는 결정적인 계기로 작용했다. 미국이 역전의 계기를 마련한 배경이 여기에 있다. 이는 태평양전쟁 당시 세계 최고의 성능을 자랑하던 레이센을 철저히 해부한 뒤 헬캣을 만든 것에 비유할 만하다.

이로써 레이센 전투기 대신 최첨단 제품을 내세워 미 본토를 장악하려던 일본의 미국 점령 시도는 실패로 끝나고 말았다. 일본경제는 깊은 침잠에 들어갔다. 도요타는 이 와중에 마지막까지 남아 고군분투한 경우에 속한다. 일본의 언론과 기업들이 도요타에 대한 미 의회의 강도 높은 추궁을 두고 포드와 GM 등을 살리기 위한 정치공세의 일환으로 파악하는 것도 이런 배경과 무관하지 않다. 도요타의 리콜 사태는 제2의 진주만 공습이 완전히 실패로 돌아갔음을 상징한다.

　네 번째 충돌은 2010년 6월에 벌어진 애플 아이폰과 삼성 갤럭시S의 대회전이다. 주역이 일본에서 한국으로 바뀐 것이다. 애플의 하드웨어 시장 잠식은 곧 삼성에 대한 도전이나 다름없다. 애플이 삼성을 제압할 경우 미국은 천문학적인 재정적자와 월스트리트 발 금융위기로 인한 경제침체에도 불구하고 중국의 추격을 따돌리고 세계경제를 다시 지배하는 구도를 구축할 수 있다.

　중국경제는 아직 소프트웨어는 말할 것도 없고 하드웨어에서도 질보다는 양에 치우쳐 있다. 일본도 소니와 도시바, 히타치 등 아직도 유수한 하드웨어업체를 많이 보유하고 있으나 삼성과 비교가 되지 않는다. 결국 한중일 3국에서 애플과 싸울 수 있는 업체는 삼성밖에 없는 셈이다.

　이 싸움은 삼성에 유리하게 전개될 공산이 크다. 우선 세 번째 충돌 때와는 달리 중국이 우호적인 시장으로 형성돼 있는 점을 들 수 있다. 세기적 결판은 결국 중국시장을 누가 장악하는가에 달려 있다. 그간 '중국삼성' 등을 앞세워 공을 들여온 삼성이 선점효과를 누릴 수 있다. 하드웨어 부문의 우세도 득점요인이다.

　문제는 소프트웨어다. 세계 제일의 기술을 자랑하는 일본의 경쟁업체를 제압하기 위해 일로매진해온 삼성에게 소프트웨어는 아직 생소한 분야다. 앱스토어의 규모 차이가 이를 대변한다. 그러나 이 또한 삼성이 앞설 공산이 크다. 일본과 달리 한국은 소프트웨어 최강국이 될 만한 여러 요소를 갖고 있기 때문이다. 한국의 전통문화는 일본과 비교할 때 상대적으로 매우 자유로우면서도 창의적이다. 정부와 기업, 학계, 언론 등이 소프트웨어의 중요성을 깊이 인식하고 이를 주도해나갈 경우 셀 수 없는 '앱'이 이내 등장할 공산이 크다.

종합적으로 고려할 때 이번 세기적 대결은 삼성의 승리로 귀결될 공산이 크다. 이런 기대를 가능케 하는 가장 큰 요인은 말할 것도 없이 '왕패병용'의 제왕술을 구사하는 이건희의 강력하고도 유연한 '제왕적 리더십'이다. 이번 대결은 작게는 한국경제의 성쇠를 좌우하고, 크게는 세계의 중심축을 근 200년 만에 동양으로 환원시키는 '세기적 대결'에 해당한다. 삼성의 선전을 기원하며 거국적인 지원을 아끼지 말아야 하는 이유다.

참고문헌


## 1. 기본서

《논어》《맹자》《관자》《순자》《열자》《한비자》《윤문자》《노자》《장자》《묵자》
《양자》《상군서》《여씨춘추》《안자춘추》《춘추좌전》《춘추공양전》《춘추곡량
전》《회남자》《춘추번로》《신어》《손자병법》《오자》《포박자》《안씨가훈》《세설
신어》《신감》《잠부론》《염철론》《국어》《설원》《전국책》《논형》《공자가어》《정
관정요》《자치통감》《근사록》《송명신언행록》《사기》《한서》《후한서》《삼국
지》《진서》《신오대사》《수서》《구당서》《신당서》《송사》《원사》《명사》《청사
고》《입이사차기》


## 2. 저서 및 논문

한국

가재산, 《10년 후 무엇을 먹고 살 것인가》(쌤앤파커스, 2007)

가지이 아쓰시, 《고사성어로 배우는 경제학》(이동희 역, 모티브북, 2008)

강승구, 《이건희 이야기》(미래사, 1993)

강준만, 《이건희 시대》(인물과사상사, 2005)

곽말약, 《중국고대사상사》(조성을 역, 도서출판 까치, 1991)

권경자, 《유학, 경영에 답하다》(원앤원북스, 2010)

김상헌, 《이건희, 초일류만이 살아남는다》(일터와사람, 1993)

김성홍 외, 《이건희 개혁 10년》(김영사, 2003)

김용철, 《삼성을 생각한다》(사회평론, 2010)

김찬웅, 《이병철 거대한 신화를 꿈꾸다》(세종미디어, 2010)

김현우, 《누가 이건희를 짝사랑하는가》(도원미디어, 2005)

나채훈, 《위대한 CEO 제자백가의 경영정신》(지오북스, 2003)

리쭝우, 《난세를 평정한 중국통치학》(신동준 역, 효형출판, 2003)

모리야 히로시, 《삼국지로 접근하는 인간학》(김욱 역, 중명, 2004).

밍더, 《왼손에는 사기, 오른손에는 삼국지를 들어라》(홍순도 역, 더숲, 2009)

박상하, 《이기는 정주영 지지 않는 이병철》(무한, 2009)

박세록, 《삼성비서실》(미네르바기획, 1997)

박원배, 《마누라 자식 빼고 다 바꿔라》(청맥, 1993)

박한제, 《영웅시대의 빛과 그늘》(사계절, 2003)

사마광, 《자치통감 : 삼국지》(신동준 역, 살림, 2004)

서울대학교동양사학연구실 편, 《강좌 중국사》1~7(지식산업사, 1989)

신동준, 《CEO의 삼국지》(청림출판, 2010)

신현만, 《이건희의 인재공장》(새빛에듀넷, 2007)

야마자키 가쓰히코, 《크게 보고 멀리 보라》(윤성원 역, 김영사, 2010)

야지마 긴지, 《이병철의 기업가 정신》(이정환 역, W미디어, 2010)

유순하, 《삼성, 신화는 없다》(고려원, 1995)

윤내현, 《중국의 천하사상》(민음사, 1988)

이건희, 《생각 좀 하며 세상을 보자》(동아일보사, 1997)

이병철, 《호암어록 : 기업은 사람이다》(호암재단, 1997)

이경식, 《이건희 스토리 : 생애와 리더십》(휴먼앤북스, 2010)

이순창, 《글로벌 삼성에서 만납시다》(천년의시작, 2007)

이원수, 《이병철, 그는 누구인가》(자유문학사, 1983)

이지성, 《스물일곱 이건희처럼》(다산라이프, 2009)

이창우, 《다시 이병철에게 배워라》(서울문화사, 2003)

이채윤, 《이건희, 21세기 신경영노트》(행복한마음, 2006)

전낙성, 《중국통사》(신승하 역, 지영사, 1998)

정현우, 《이건희 신사고 신경영》(자유시대사, 1993)

조일훈, 《삼성공화국은 없다》(한국경제신문사, 2005)

주치호, 《이건희 vs 빌 게이츠》(한국원, 2004)

진순신, 《중국의 역사》(권순만 외 역, 한길사, 1995)

최명, 《삼국지 속의 삼국지》1~2(인간사랑, 2003)

최우석, 《삼국지 경영학》(을유문화사, 2007)

H. G. 크릴, 《공자−인간과 신화》(이성규 역, 지식산업사, 1983)

홍하상, 《이건희》(한국경제신문사, 2003)

−−−−, 《이건희, 세계의 인재를 구하다》(북폴리오, 2006)


중국

金德建, 《先秦諸子雜考》(北京, 中州書畵社, 1982)

童書業, 《先秦七子思想硏究》(濟南, 齊魯書社, 1982)

謝祥皓, 《中國兵學》1~3(濟南, 山東人民出版社, 1998)

徐復觀, 《中國思想史論集》(臺中, 臺中印刷社, 1951)

蕭公權, 《中國政治思想史》(臺北, 臺北聯經出版事業公司, 1980)

蕭統 著 李善 注, 《昭明文選》1~3(北京, 京華出版社, 2000)

孫祖基, 《中國歷代法家著述考》(臺北, 進學書局, 1970)

沈展如, 《新莽全史》(臺北, 正中書局, 1977)

梁啓超, 《先秦政治思想史》(上海, 商務印書館, 1926)

楊榮國 編,《中國古代思想史》(北京, 三聯書店, 1954)

楊幼炯,《中國政治思想史》(上海, 商務印書館, 1937)

吳辰佰,《皇權與紳權》(臺北, 儲安平, 1997)

王德保,《司馬光與'資治通鑑'》(北京, 中國社會科學出版社, 2002)

王文亮,《中國聖人論》(北京, 中國社會科學院出版社, 1993)

王亞南,《中國官僚政治研究》(北京, 中國社會科學出版社, 1990)

袁閭琨 主編,《中國兵法十代名典》1~2(瀋陽, 遼寧人民出版社, 2000)

李錦全 外,《春秋戰國時期的儒法鬪爭》(北京, 人民出版社, 1974)

李宗吾,《厚黑學》(北京, 求實出版社, 1990)

————, 著 劉泗 編譯,《李宗吾與厚黑學》(北京, 經濟日報出版社, 1997)

李澤厚,《中國古代思想史論》(北京, 人民出版社, 1985)

人民出版社編輯部 編,《論法家和儒法鬪爭》(北京, 人民出版社, 1974)

張豈之,《中國儒學思想史》(西安, 陝西人民出版社, 1990)

鄭良樹,《商　及其學派》(上海, 上海古籍出版社, 1989)

曹謙編,《韓非法治論》(上海, 中華書局, 1948)

趙光賢,〈什麼是儒家. 什麼是法家.〉《歷史敎學》1(1980)

趙守正,《管子經濟思想研究》(上海, 上海古籍出版社, 1989)

趙翼,《廿二史箚記》1~2(王樹民 校證, 中華書局, 2001)

曹操,《曹操集》(北京, 中華書局, 1959)

周立升 編,《春秋哲學》(山東, 山東大學出版社, 1988)

周燕謀 編,《治學通鑑》(臺北, 精益書局, 1976)

曾小華,《中國政治制度史論簡編》(北京, 中國廣播電視出版社, 1991)

일본

加藤常賢,《中國古代倫理學の發達》(東京, 二松學舍大學出版部, 1992)

加賀榮治,《中國古典解析史》(東京, 勁草書房, 1973)

岡田武彦,《中國思想における理想と現實》(東京, 木耳社, 1983)

高須芳次郎,《東洋思想十六講》(東京, 新潮社, 1924)

高田眞治,〈孔子的管仲評－華夷論の一端として〉《東洋研究》6(1963)

溝口雄三,《中國の公と私》(東京, 研文出版, 1995)

宮崎市定,《アジア史研究(I～V)》(京都, 同朋社, 1984)

吉川英治,《三國志》(六興出版社, 1953)

渡邊信一郎,《中國古代國家の思想構造》(東京, 校倉書房, 1994)

木村英一,《法家思想の探究》(東京, 弘文堂, 1944)

尾藤正英,《日本文化論》(東京, 放送大學教育振興會, 1993)

小野勝也,〈韓非.帝王思想の一側面〉《東洋學學術研究》10～4(1971)

小倉芳彦,《中國古代政治思想研究》(東京, 靑木書店, 1975)

松浦 玲,〈'王道'論をめぐる日本と中國〉《東洋學術研究》16～6(1977)

守本順一郎,《東洋政治思想史研究》(東京, 未來社, 1967)

狩野直　,《韓非子の知慧》(東京, 講談社, 1987)

安岡正篤,《東洋學發掘》(東京, 明德出版社, 1986)

伊藤道治,《中國古代王朝の形成》(東京, 創文社, 1985)

日原利國,《中國思想史》1～2(東京, ペリカン社, 1987)

張 柳雲,〈韓非子の治道與治術〉《中華文化復興月刊》3～8(1970)

中村 哲,〈韓非子の專制君主論〉《法學志林》74～4(1977)

貝塚茂樹 編,《諸子百家》(東京, 筑摩書房, 1982)

戶山芳郎,《古代中國の思想》(東京, 放送大敎育振興會, 1994)

丸山松幸, 《異端と正統》(東京, 每日新聞社, 1975)

丸山眞男, 《日本政治思想史硏究》(東京, 東京大出版會, 1993)

荒木見悟, 《中國思想史の諸相》(福岡, 中國書店, 1989)


서양

Ahern, E. M., *Chinese Ritual and Politics* (London : Cambridge Univ. Press, 1981)

Ames, R. T., *The Art of Rulership-A Study in Ancient Chinese Political Thought* (Honolulu: Univ. Press of Hawaii, 1983)

Bell, D. A., 〈Democracy in Confucian Societies : The Challenge of Justification.〉 in Daniel Bell et. al., *Towards Illiberal Democracy in Pacific Asia* (Oxford : St. Martin's Press, 1995)

Cohen, P. A., *Between Tradition and Modernity : Wang T'ao and Reform in Late Ch'ing China* (Cambridge : Harvard Univ. Press, 1974)

Creel, H. G., S*hen Pu-hai. A Chinese Political Philosopher of The Fourth Century B.C.* (Chicago: Univ. of Chicago Press, 1975)

Cua, A. S., *Ethical Argumentation-A study in Hsün Tzu's Moral Epistemology* (Honolulu : Univ. Press of Hawaii, 1985)

De Bary, W. T., *The Trouble with Confucianism* (Cambridge, Mass./London: Harvard Univ. Press, 1991)

Fingarette, H., *Confucius : The Secular as Sacred* (New York : Harper and Row, 1972)

Machiavelli, N., *The Prince* (Harmondsworth : Penguin, 1975)

Moritz, R., *Die Philosophie im alten China* (Berlin : Deutscher Verl. der

Wissenschaften, 1990)

Munro, D. J., *The Concept of Man in Early China* (Stanford : Stanford Univ. Press, 1969)

Peerenboom, R. P., *Law and Morality in Ancient China-The Silk Manuscripts of Huang-Lao* (Albany, New York : State Univ. of New York Press, 1993)

Rubin, V. A., *Individual and State in Ancient China-Essays on Four Chinese Philosophers* (New York: Columbia Univ. Press, 1976)

Sabine, G., *A History of Political Theory* (New York : Holt, Rinehart and Winston, 1961)

Schwartz, B. I., *The World of Thought in Ancient China* (Cambridge : Harvard Univ. Press, 1985)

Taylor, R. L., *The Religious Dimensions of Confucianism* (Albany, New York : State Univ. of New York Press, 1990)

Tu, Wei-ming, *Way, Learning and Politics-Essays on the Confucian Intellectual* (Albany, New York : State Univ. of New York Press, 1993)

Waley, A., *Three Ways of Thought in Ancient China* (New York : doubleday & company, 1956)

Wu, Geng, *Die Staatslehre des Han Fei-Ein Beitrag zur chinesischen Idee der Staatsräson* (Wien & New York : Springer-Verl., 1978)

Wu, Kang, *Trois Theories Politiques du Tch'ouen Ts'ieou* (Paris : Librairie Ernest Leroux, 1932)